教育新議題叢書7

教育政策與前瞻創新

吳清基　主編

吳清基　顏國樑　閔詩紜　舒緒緯
劉葳蕤　謝念慈　謝翠娟　饒邦安
彭淑珍　范熾文　郭怡立　張明文
許籐繼　楊淑妃　陳弘偉　卓秀冬
梁金盛　陳盈宏　吳孚佑　蔡進雄
合著

五南圖書出版公司 印行

主編序

　　管理大師彼得・杜拉克（Peter Drucker）曾說：「沒有創新，就會滅亡」（No innovate, perish）。的確，創新是人類社會文明進步的原動力，在企業經營上，產品能不斷創新，有了更好的品質，則市場銷路一定會更好；若是沒有創新，則產品必然沒有競爭力，自然會被市場所淘汰。

　　近年來，教育的發展經營，深受企業經營之影響，也一直強調教育創新與前瞻發展。尤其，在職業校院提倡結合「創意」、「創新」與「創業」的理念，鼓勵年輕人勇於創新思維，幾乎國內各技職院校和一般大學皆有「三創教育中心」，各校也在教育部和經濟部之輔導補助下，結合企業界成立「創新育成中心」，推展創新育成教育及創新產品之研發，這是現代教育發展必然要走的一條道路。

　　尤其，今日是知識經濟社會，強調知識密集將取代勞力密集、資本密集和技術密集，主張「創新力就是競爭力」，任何行業的經營發展要能勝出，只有透過「創新」來創造價值，才能打造無人可以競爭的「藍海策略」（blue ocean strategy），才有機會成為贏家。

　　教育政策之發展與執行，一向是教育工作推展的最高指導，擁有教育政策決策權的人，位居高階，必須掌握世界教育發展最新的前瞻趨勢；同時，也要具有教育專業的先知理念，加上身先士卒的教育奉獻熱忱。如此領導教育工作的創新發展，才能具有前瞻引導的實際效益可期待。

　　本書《教育政策與前瞻創新》，分「教育政策」篇，與「前瞻創新」篇，各章之教育子題，均期盼能扣緊「教育政策的前瞻創新」視野，提供析論，供作國內教育工作同仁之分享與參考。其

中，例如：顏國樑博士、閔詩紜博士所撰「工業 4.0 對教育政策的影響與前瞻」，這是 2011 年德國漢諾威工業博覽會掀起工業 4.0 第四次工業革命後，大家對教育政策因應的共同思維。由於人工智慧的發明與運用，機器人教師未來是否會取代教師工作？人類創新思維的能力是否可超越機器人？這是教育政策對「人」的教育所應有的前瞻問題解決對策。

又如：十二年國民教育新課程綱要，即將自 2019 年開始實施，而對「自主」、「互動」、「共好」的新課綱最高指導原則，學校教師是否準備好了？學生是否準備好了？家長是否也準備好了？的確，十二年國民基本教育的實施，是為了找到學生性向、興趣和能力的亮點，由教師提供啟發性、創新性之教學，去培養學生創新能力的前瞻政策教育作為，不要讓國中生為了升學高中職，整天為準備國中教育會考，而再受填鴨升學之苦，這是一種前瞻創新教育的政策，值得大家一起關心。

本書中郭怡立博士、張明文博士所撰「十二年國教新課綱課程諮詢教師新圖像」，以及劉葳蕤博士、謝念慈博士所撰「學校執行新課綱的策略：校長領導力觀點」二篇大作，均值得大家去賞閱。

此外，卓秀冬博士所撰「第二期美感教育計畫創新策略與教學設計實例」，亦是頗具關注的前瞻教育子題。2011 年本人在教育部長任內，為了《教育部組織法》之修正，獨排眾議，成立了「師資培育與藝術教育司」，因為「找回師道救臺灣」，師尊而後道嚴，尊師重道是中華文化立國之根本。又美育自民國元年蔡元培教育總長提出後，迄今建國 100 多年，成立藝術教育專司推展教育美學，喚起大家重視美感教育，確有其必要性。其他例如：饒邦安博士所撰「大學多元文化發展之研究」、舒緒緯博士所撰「政策規劃探析」、蔡進雄博士所撰「我國中小學校長評鑑的趨勢展望」、彭淑珍博士研究論文「後現代主義與技職教育發展」，以及楊淑妃博

士、陳弘偉所撰「臺北市優質學校 4.0——指標的蛻變與進步」等，及其他各大作，均在在顯示各作者在其研究領域或工作職場上的先知卓見，值得肯定和推薦。

教育政策研究是教育行政專業化發展之核心問題所在，歷來深受教育行政領域研究學者所關注。因為好的教育政策擬訂，有助教育行政計畫之提出與執行，對教育問題的解決可事半而功倍。而參與擬訂教育政策的人，必須有專業學養、豐富經驗和前瞻創新看法，才能為教育歷史留下卓越貢獻的一頁。希望本書之出版，能提供關心教育政策前瞻創新發展者和教育工作同仁，一個共同思考與努力的空間與話題。

臺灣教育大學系統總校長
前教育部長
吳清基 謹誌
2019 年 5 月

目　次

第二篇　前瞻創新

第八章　專業發展學校：師資培育大學與中小學之鍊結　　范熾文

第九章　十二年國教新課綱課程諮詢教師新圖像　　郭怡立、張明文

第一篇
教育政策

第一章

學前弱勢兒童的教育政策與實施

吳清基

壹 前言——兒童是國家社會未來的主人翁

一、擁抱小小孩，國家才有大未來。

二、美國教育家愛默生：「給我一顆種子，我可以創造一座森林」——兒童的未來充滿無限發展的希望。

三、心理學指出，兒童早期發展良好，對其未來人生發展幫助很大。

四、一般幼兒家長擔心「孩子不要輸在起跑線上」？

五、教育學家認為：「啟蒙教育健全發展，對孩子未來教育成長發展，具有顯著性正向相關」——成就動機強，抱負水準高。

六、重視弱勢學前兒童的發展與教育，是世界上教育進步國家所共同關注的重要教育課題。

貳 教育是人類的希望工程

人類和動物禽獸之差異，在於人類有計畫性的教育活動實施，可傳承前人之智慧和經驗。

一、對國家社會發展來說

(一) 教育是國家社會最有利的投資

1. 美國 1960 年代經濟復甦，歸功於：

　　(1) 資本。

　　(2) 勞力。

　　(3) 教育（第三餘留因素）。

2. 臺灣自然資源不多，天然災害不少，其競爭力：

　　(1) 外匯存底：曾經第 3，現在第 4。

　　(2) 世界經濟體：曾經第 14，現在第 18。

　　(3) 瑞士 IMD 國際競力：曾經第 6，現在第 12。

　　(4) WEF 競爭力：曾經第 11，現在第 13。

　　⇨ 歸因在：人力資源的有效開發，即教育的普及化和卓越化發展。

(二) 教育有助國家社會民族精神意識的提升

1. 德國教育家斐希特「告德意志同胞書」，喚起國魂，振奮民心。普法二次戰爭，德國獲勝，歸因於教育功勞——「教育救國論」——精神國防。

2. 日俄戰爭，日本打敗俄國，乃木大將也將功勞歸功於教師——「良師興國」。

二、對個人發展來說

(一) 教育在成就個人認知、技能、情意發展

美國教育家布魯姆（B. Bloom）——教育有三層面目標：

1. 認知層面（cognitive domain）。

2. 技能層面（psychomotor domain）。

3. 情意層面（affective domain）。

(二) 教育可助個人向上社會流動

1. 過去布衣卿相，「十年寒窗無人問，一舉成名天下知」。

2. 今日社會，接受教育，獲得專業知能，增加創業和就業競爭力。

3. 教育可讓窮人子弟脫貧翻身。

參　人道公平正義是 21 世紀人類的普世價值

一、1980 年代後，世界教育發展趨勢——重視 3E 教育

1. 卓越（Excellence）：品質是價值和尊嚴的起點。

2. 績效（Efficiency）：目標管理（MBO），全面品質管制（TQM）。

3. 公平（Equity）：不分種族、階級、性別、能力，不放棄任何小孩。

二、教育機會均等是民主進步的教育人權表現

1. 《憲法》保障人民接受國民教育機會一律平等。

2. 對偏鄉地區及中低社經背景之學生受教權益，應特別給予重視和保障。

三、適性揚才是人類潛能開展的最高方針

1. 孔夫子：「有教無類，因材施教」，是古今中外教育最高的指導原則。

2. 實施特殊教育：有助個人教育潛能之開展，對資優學生和學習不利殘疾學生，均要提供個別化教育計畫（IEP），輔導有利學習。

3. 美國教育家愛默生：「什麼是雜草？它是優點尚未被發掘的植物。」

4. 俗語：天生我才必有用；一枝草、一點露；行行出狀元。

5. 聖經：「上帝爲人關閉一扇窗，祂必也會爲人打開一扇門。」

6. 重視每位學生性向、興趣、能力的亮點，提供創意啓發性教學，有利人才的培育和發展。

肆　臺灣對弱勢兒童教育的政策與實施

一、弱勢兒童分類，有二方面

(一) 先天官能性缺失的兒童
即身心殘障的兒童，包括：

1. 視覺不利（眼盲、弱視……）。

2. 聽覺不利（耳聾、重聽……）。

3. 行動不利（肢體殘障、腦性麻痺……）。

4. 學習不利（過動症、亞斯伯格症、妥瑞氏症……）。

5. 情緒不利（自閉症、躁鬱症……）。

6. 其他（智力不利、中重度智慧障礙……）。

(二) 後天功能性不利的兒童
即環境因素不利的兒童，包括：

1. 父母社經背景因素（中、低收入戶、父母離異、隔代教養、單親家庭……）。

2. 社會、地理、環境因素（偏鄉離島、少數民族、文化刺激不利地區……）。

二、對身心殘障弱勢兒童的教育輔導措施

(一) 實施身心殘障兒童之鑑定安置輔導的早期療育

政府成立特殊兒童鑑定安置輔導小組，積極關照協助身心殘障兒童的早期治療和教育實施。

(二) 成立特殊教育學校機構：進行特殊教育輔導教學

設立啓明學校（眼盲生）、啓聰學校（耳聾生）、啓智學校（智障生）、特殊學校（多元殘障、肢障、腦麻……）、中途學校（情障、暴力傾向）。

(三) 發展特殊教育課程設計

特殊身心殘障學生，學習能力較爲不利，不適用一般正常學生之課程和教材。因此，除鼓勵任課教師自行發展學校本位課程教材外；政府也會輔導學校發展特教課程教材。由各校資源教室教師，轉換正規教材，提供核心能力學習。

(四) 補助身心障礙學生特教學習輔具

身心障礙學生，或眼睛視力不好、耳朵聽力不好、肢體殘障不便行走，政府會補助購置助聽器、盲生打字機、點字電腦、輪椅……等特教學習輔具，協助有效學習。

(五) 提供無障礙學習校園環境

身心障礙學生，在校園學習過程中，除有專人從事陪伴協助外，學校均會提供無障礙學習校園環境，例如：設有導盲磚步道、無障礙電梯、輪椅座位席、盲生專用電腦……等。

(六) 重視身心障礙學生之升學與輔導

身心障礙學生，雖然學習較爲不利，但是，政府有加分優待保障名額、公費留學專項保障名額；考試時間延長、錄取分數減低門檻、成立專班輔導，例如：資源班、益智班，均是爲特殊身心障礙學生專設的。

(七) 設置特殊兒童教育發展基金

身心障礙學生求學過程較辛苦，政府除有專門教育輔導措施外，民間團體也會發動捐款，成立特殊教育愛心基金會，以財團法人或社團法人名義，辦理公益性、教育性、服務性活動，加強對弱勢學生之救助。

(八) 培育特殊教育師資及鼓勵在職進修

特殊身心障礙學生之輔導與教育工作備極辛苦，教師要有愛心、耐心、熱忱之外，更要有專業特教知能。因此，職前養成教育很重要，且要不斷在職進修，終身教育，自我成長。

三、對功能性不利弱勢兒童的教育輔導措施

(一) 訂頒《幼兒教育及照顧法》

《幼兒教育及照顧法》之訂頒，其目的在周全幼兒照顧，維護幼兒權益，讓學前幼兒可獲得更公平進入幼兒園接受教育啟蒙機會，減少功能性不利弱勢兒童之落差效應。

(二) 設立優質、近便、平價、普及的幼兒園

幼兒園的設立，讓幼兒的啟蒙教育，由有專業素養的幼教教師或保育員來替代社經背景較弱父母的教導。因此，廣泛設立優質幼兒園，孩童可就近入學、便利接送、收費低廉、人人讀得起，對弱勢兒童是一大福音。

(三) 提高學前幼兒園教育公共化的比例

幼兒教育公共化政策，是由政府多負起教育學前幼兒的責任。因此，國民小學附設幼兒園；開放小學閒置空間由民間社團法人興辦幼兒園；鼓勵非營利性幼兒園的設立，均可降低幼兒學前教育收費，讓更多弱勢學前兒童獲得公平教育機會。

(四) 實施偏鄉離島及原住民幼兒教育全面免學費

偏鄉離島、原住民子女及新住民子女，通常是父母社經背景較弱的族群，對學前幼兒教育文化刺激較為不利。為免讓孩子輸在起跑線

上，造成未來貧窮再造惡性循環，首先對偏鄉離島、原住民子女及新住民子女的幼兒教育，實施全面免學費政策優惠措施。

(五) 實施社會中低收入戶弱勢家庭子女幼兒教育免學費

社會中低收入戶是一般家庭全戶所得在中低下水準，清寒困苦生活的家庭，其子女可能因無法繳交學費而無法進入幼兒園接受教育。因此，凡是家庭所得屬中低收入戶家庭，其子女入學公立幼兒園，均有優先入學且免收學費之優待。

(六) 全面實施 5 歲幼兒入學幼兒園免學費

自 2011 年開始，臺灣實施 5 歲幼兒全面免收學費。雖然，學前幼兒教育尚未屬於國民教育義務化，非屬強迫入學範圍；但是，5 歲幼兒只要入學幼兒園，不分地區，不分父母社經背景、所得收入，一律免收學費。此對原來弱勢家庭之子女，可以更有機會獲得公平有利之學前教育機會。

(七) 未來 4 歲、3 歲幼兒免學費，2 歲幼兒公共托育

學前幼兒教育公共化，是政府之責任，對弱勢學前幼兒教育是有正向保護功能。雖然，臺灣目前已實施 5 歲幼兒全面免學費政策。但是，政府已宣示在未來財政許可前提下，將實施 4 歲、3 歲幼兒免費入學，甚至 2 歲幼兒由政府實施公共托育。如此，不僅有利弱勢幼童之啟蒙教育成果提升，對鼓勵年輕父母多生育，減低少子女化之社會衝擊，亦會大有幫助。

(八) 重視懷孕母親的幼兒胎教 —— 0 歲教育

幼兒的胎教，也會影響未來出生後之身心健康發展，所謂 0 歲教育，是起始於孩子在媽媽肚子內，要給予正常沒有壓力之成長學習環境。尤其，胎兒在腦部發育時期，懷孕媽媽情緒有壓力或憂鬱，對胎兒之成長發育是不利的。弱勢幼兒之母親尤其要特別給予關注鼓勵，並辦理各種親職講座，健全懷孕媽媽之胎教智慧。

伍　結語——良好幼兒早期教育，有利未來健全發展

一、學前啓蒙教育，讓孩子贏在起跑線上

　　父母望子成龍、望女成鳳，讓孩子有良好的學前啓蒙教育，可養成良好生活習慣、學習態度，有助未來學習成就動機和抱負水準的提升。亦即，弱勢兒童若能獲得良好的優質學前啓蒙教育，將可有助其潛能開展及公平發展機會，不會輸在起跑線上。

二、鑑定安置輔導工作，有利早期療育成功發展

　　特殊教育鑑定安置輔導小組工作很重要，對特殊身心障礙兒童之鑑定安置輔導，有利其早期治療及教育發展。弱勢學童之安置輔導，一定要借重教育醫療專業小組專家學者之鑑定，給予最妥適之教育安排和照顧，早期療育具有事半功倍之教育輔助效果。

三、做好特殊學前教育，是一個國家進步的指標

　　特殊教育的發展，代表一個國家進步發展的指標。因爲特殊教育的實施，關注著在常態分布曲線上兩個極端少數學生之教育需求和滿足。必須在高峰曲線的大多數人教育得到正常發展後，才有餘力去關照資賦優異和學習不利的兩個群組教育實施。通常，特殊教育進步的國家，代表著它的政治民主、經濟發達、社會公平和教育進步。因此，做好特殊學前教育的鑑定、安置和輔導，對弱勢學前幼兒教育，是具有深長意義的。

四、適性揚才永不放棄任何孩子的未來

　　至聖先師孔老夫子揭示：「有教無類、因材施教」，至今仍是古今中外最高的教育指導原則。歷經二千五百多年以來，教育人權高漲，更見證他的眞理名言價值。美國前總統小布希，也提出「永不放棄任何小孩」（No child left behind），即使是家庭弱勢、身心學習能力有障礙之不利學習情形下，亦不能放棄他的教育權利。因此，「適性揚才」，找到每一個孩子性向、興趣、能力的亮點，透過創新創意的翻轉

教學，一定可將其潛能得到最大的開展和自我實現。

　　任何弱勢的學前兒童若能因適性揚才，而沒有被放棄任何教育開展的機會，相信美國臨床心理學家葛雷塞（William Glaser）指出：「每一個孩子都可以成功學習」（Every student can succeed）的理念，一定可以得到實現的。

（本文係作者應邀參加 2018「兩岸弱勢關懷學前幼稚教育論壇」大會專題演講之 PPT 檔彙整）

第二章

工業 4.0 對教育政策的影響與前瞻

顏國樑、閔詩紜

哪個國家的教育能第一個躍升到教育 4.0，就會成為人力發展的領頭羊，並創造 21 世紀新經濟模式。（美國未來學家 Harkins）

教育 4.0 所培育的人才不但學有專精，而且是具有博雅／通識的精神，能將知識整合與靈活運用的人。（國立臺灣師範大學教育學系主辦：邁向教育 4.0 國際學術研討會）

壹　前言

因應工業 4.0 的興起，教育 4.0 亦隨之被提出、想像及建構。過去針對教育 4.0 的論述較少，故本文將著重於工業 4.0 的產品、服務在教育現場中之可應用性與貢獻性。然筆者卻深覺可惜，可惜之關鍵在於各國對於教育 4.0 仍沒有一個清楚、明確且回歸本質的解釋，導致教育 4.0 的定義與定位仍模糊抽象，甚至在教育界的觀點裡，彷彿已將所謂的教育 4.0 定義為先進科技、大數據等技術進入教育場域中被應用的曲解。

有鑒於此，本文冀望藉由工業 4.0 的核心價值出發，連貫其與教育間的可能關聯，建構出教育 4.0 的概念與型態，再聚焦工業 4.0 與教育政策之連結，期能為教育 4.0 下的教育政策另闢蹊徑，提出可能的影響與前瞻。

貳　工業 4.0 之意義與特徵

工業 4.0（Industry 4.0）雖是影響全球製造的重大變革，但卻並非是家喻戶曉的專有名詞，也因此迄今對於工業 4.0 的定義其實都存有些微差異與部分側重。不同領域、製程需求視其規劃重點賦予不同詮釋，也間接導致工業 4.0 之詞被窄化了原意（翁田山，2016），進而被忽略或誤解其初衷與核心價值。

一、工業 4.0 之源起與意義

工業 4.0 為工業製造升級的階段之一，每一階段的工業製造過程

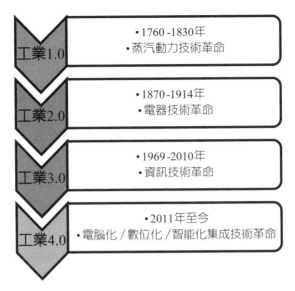

圖 2-1　工業革命階段進程圖

資料來源：研究者繪製。

都與該時代的需求與技術可達性有著密切關聯。自工業 1.0 始至現今的 4.0，工業製造的過程有了大幅的轉變，如圖 2-1 所示，第一次工業革命（工業 1.0）以水力與蒸汽動力進行機械化生產；第二次工業革命（工業 2.0）使用電力進行大量與流水線式生產；第三次工業革命（工業 3.0）導入電子與資訊技術實現自動化生產；第四次工業革命（工業 4.0）建立虛實整合系統（Cyber-Physical System, CPS），即是運用物聯網資通訊系統，將實體智慧機械、工廠乃至客戶，連結成一體進行智慧化生產（汪建南、馬雲龍，2016）。

　　然而，推動工業 4.0 的先驅者 Ulrich Sendler 指出，「很多企業把工業 4.0 理解為工廠自動化和無人化，這是相當危險的。它會蒙蔽了企業，以致看不清大局。」（鄧敏、李現民，2014）過去工業 3.0 之所以公眾較有感的原因，在於自動化生產設備取代人力的出現，例如：關燈工廠、機器人等問世，是一種單純完全的自動化與人力取代擔憂的首次出現。相較於工業 4.0 的無感，關鍵即是在現有工業 3.0 基礎技術之

上，人類智慧的整合投入，其核心價值已超越自動化生產設備取代人力的單向事實，而是更高層次地將未能肉眼親見的已現象化，或未現象化之網絡、科技應用事實與功能，運用人的智慧與思維加以整併、提升並擴充，進而找出可多工處理多案件與多方解決多個案之智慧整合之道。

二、工業 4.0 的特徵

工業 4.0 本身其實就是一個整合型的時代趨勢，其跨足對數位科技蓬勃發展的現況因應與創發，以及試圖解決國家人口結構老化、傳統產業勞動力之困境等因素而生。眼下你我生活日常，其實早已和機器、網絡、資訊密切融合，工業 4.0 的兩大重點：強調生產智能化與重視產品客製化（吳清基，2018）。換言之，在人類思維、設計、督導下，實現網絡和網絡、機器與機器、大數據分析、互聯網、物聯網、數位科技之間等技術與服務的最大化整合，透過虛實整合系統（CPS）將「供、產、銷」做直接有效的串聯（吳孝三，2018），以促成橫縱向緊密、環扣、精練而又可切割的生產結構體，達到即時、有效、彈性又能客製化之「以消費者趨動」且「以消費者為始終」的智能化製程與製法。工業 4.0 有四個基本特徵，能掌握這些特質，方能設計出合適的解決方案（科技資訊室，2018；鄭曜邦，2017）：

(一) 網際網路

工業 4.0 是基於「互聯網思維」下的工業生產模式。網際網路的諸多特徵與效益，將讓工業生產重新改觀，諸如零距離、去中心化與分散式。

(二) 個性化服務

未來商業模式將由傳統大量製造、產品供給推動轉變成個性化的、客製化的與服務的；強調小量、多樣生產的，以及無庫存與訂製生產的趨勢。換言之，是「以使用者為核心的服務」，滿足客戶的真實需求或創造客戶真實需求才是關鍵。再者，此種個性化服務，也會將企業的疆界打破，讓客戶或供應商共同參與公司的技術開發、生產製造與銷售服

務，讓所有供應鏈或生態系統均以提供服務、滿足個性化的需求為最高基準。

(三) 數據決策

因為有了互聯網技術、移動互聯網技術與物聯網技術，生產設備與企業經營的數字化更加提升，所有的經營決策與人力資源都是基於數據而生。數據同時也是智慧製造（或稱智能製造）的基礎。

(四) 高效節能

由於水、電、氣體與石化等資源的逐漸缺少，將讓所有的生產與製造行為朝向綠色製造或節能製造方向前進。

參 工業 4.0 對教育的啟示

一、工業 4.0 的教育運用模式

透過上述對工業 4.0 的剖析，可以明顯感受到在工業 4.0 時代，對跨界人才的需求勢必不減反增，但目前除了人才的培育至關重要且與教育息息相關之外，其實我們更應對工業 4.0 的功能與價值再多些敏銳度。當我們意識到工業 4.0 因應全球市場快速變遷、產品週期縮短等因素，以消費者為主體的客製化「供、產、銷」作為策略，期望藉由外在網絡與科技技術輔助，將製造工廠升級、優化為智慧工廠的事實，全球還有什麼是同步必須關注的？為能因應未來社會快速變遷，以及潛藏其中的諸多不確定性與挑戰，世界各國所紛紛推行的教育政策與方針更是關鍵！舉凡：核心素養、STEM 教育、STEAM 教育、終身教育等，皆揭示欲藉教育引導改變、突破現況與限制的有利途徑。檢視與省思我國的教育改革，試想當前十二年國民基本教育政策所強調的以學生為主體，重視學生適性發展等理念是否與工業 4.0 的運作模式有著異曲同工之妙呢？

有鑒於此，工業 4.0 之功能在教育應用上應當有兩種思維，一是實際可應用於教學、教材、課程與評量上的功能，亦即是可協助工業 4.0 之精神理念落實的外部整合之資源，例如：大數據、市場調查，或甚至

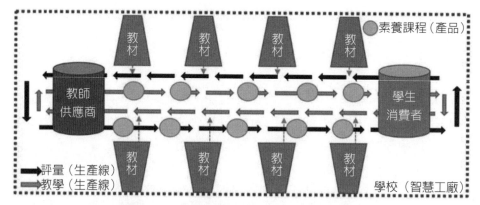

圖 2-2　教育整合工業 4.0 之概念模式

資料來源：研究者繪製。

網域取向行銷等在教育上是否也可有其效用與輔助支援性存在，是為一種實際整合之途徑；二是工業 4.0 模式在教育上可形成的實際運作概念，是為另一種虛擬整合之概念。筆者於是假設智慧工廠為學校；產品為素養導向課程；機器是教材；供應商為教師；終端消費者是學生，生產線則分別以灰、黑代表教學與評量，作為彼此間可調整、改變、增減之連結（如圖 2-2）。

　　此圖像概念不僅呼應並融會了工業 4.0 的意義與核心價值，更將其與教育運作模式相結合，顯示教育 4.0 要能掌握工業 4.0 的精神、優勢與運作型態其實並非難事，更同時解構了教育 4.0 的可能意象與概念。在因應伴隨工業 4.0 而來的教育制度、教學、課程、學生學習等方面的變革中，除了進行更深的反思，更要體認教育在其中的走向、定位與發展，朝更具個別化、精緻化及智慧化的教育服務前進，以利學生能適性、有效且熱衷於學習，此即為教育之所以存在，且最為關鍵的目的；同時，更是所謂教育 4.0 之核心概念與型態。筆者逐將教育 4.0 的核心概念歸納如下：

(一) 個別化課程、教學與評量的精緻設計

　　借鑑於工業 4.0 的客製化、貫徹以服務消費者為始終之理念的成功，十二年國民基本教育的適性、以學生為主體要如何才能不再是口

號，則有賴教師做到課程、教學、評量確實個別化設計。一對一的師生教學、學習都未必能真正落實適性、個別化，更遑論是一對多的教室實景，是故要能實現個別化之課程、教學與評量，實際上對教師而言是有困難度且無力應付的。

此時，工業 4.0 的虛實整合模式（CPS）則能給予教師在個別化課程、教學、評量中一定程度上的協助，例如：

1. 建構個別化數位學習與評量平臺，給予不同學生不同的課程內容，依個別學習情形之差異，調整難易度、深廣度的教師專業課程選擇與決定；同時，教師也能依據學生在平臺上的學習情形、進度、表現以及檢測中，彈性運用量化與質性評量。此不僅能減少學生學習低落與中斷之情形，又能避免學習落後被標籤化之疑慮，也較能增進教師與學生之間一對一的信任感與緊密度。

2. 善用大數據分析系統評估個體與群體的學習差距，以及追蹤個體學習的習性、取向等脈絡化趨勢。換言之，將個體學習表現再拉回群體中檢視，以適時彈性調整課程、教學之內容，做到真正地逐步循序降低學習之落差。

3. 樹立與教師有約之個別化教學會議，此一個別化教學會議的形式並非是純學科知識的教學，此教學會議必須建立在學科知識之上的高層次後設認知與討論，藉此一對一的教學會議，教師也能確實透過實際互動了解學生的學習困惑與問題點，以彌補大量數位科技、技術的數據統計、分析之結果，讓教學產生獨一無二的溫度，同時也增進師生間的連結，避免教師角色的名存實亡。

4. 發展適切學生學習個別差異之教材內容，避免落入教科用書的內容與進度框架，回歸到學生獨立個體能吸收的學習內容或學習流程（Wallner & Wagner, 2016），並設法以多元引導的形式讓學生能在學習過程中維持對學習的熱忱與興趣。

然而，在實體整合模式的面向中，教師的作為就應當更具縝密審慎之思考，伴隨今日數位科技技術發達而來的新科技產品與設備，在教育場域中的實質意義與目的為何？是值得教師反思的。新科技產品與設備對教育產生的實質影響必然是有的，但也並非所有都能對教育產生重

要的意義與作用，教育的本質終歸要回應到教育的目的上，並非隨波逐流、盲從跟風。對於新技術新科技在教育端的使用，更應當掌握謹慎、適度的心態，確實扣合在教育目的上，以確保學生的學習與需求為首要，避免無意義或為用而用，甚至助長新科技、新技術在教育中的濫觴。

(二) 智慧化跨領域的素養導向教學

十二年國民基本教育所著重的核心素養，強調生活情境之於學習者的重要性，關注學習與生活的結合。由此可知，能敏銳知覺、察覺外在環境的變化，進而調適是素養導向教學的關鍵。承前所述，素養並不固著於學科，甚至能超越學科並輕易跨域整合，而要做到真正的跨領域整合，需要教師作為中介者來落實，透過教師之間的教學專業相互切磋、激盪，以學生有意義的學習為始終，整合各自教學專業之範疇與身處地域、情境，來達到真正的跨領域素養導向教學實踐，因此智慧化在此的意涵與重要性不言自明。

現今社會的學習型態已有更多元的途徑，說明教室已不再是學習發生的唯一場所，那麼為何學生還要進教室上課？有鑑於此，教師的教學專業與角色就必須與人工智慧、機器人等做出區隔。教師教育 4.0 扮演關鍵引導角色有下列幾方面：

1. 教師必須形塑自發、互動、共好的共學組織文化：人類之所以與人工智能、機器人等不同，是有創造力、有企圖心、有使命感。不可否認一致性、重複性、單一化的指令或工作，確實科技技術遠超過人的能力，但教育是極其複雜的小型社會系統，教師不能一成不變地面對外在一切挑戰。站在學生學習為本的理念上，教師更應化被動為主動，將人類特有的心與力用在對的教育位置上，與學生共同朝終身學習者的目標前進。

2. 教師必須推動教學的滾動螺旋式創新：亦即是在素養導向教學中，教師必須依據所覺察的學生學習內容做彈性、適時地誘發學習鏈結，非僵化單一的學科知識教學，而是盡可能地引發學生學習、經驗與情境的觸類旁通，促使教學和學習不要在原地打轉，而是有效前進與突破。

3. 教師必須在教學環境中即時處理複雜問題：素養涵蓋了知識、技能與情意，其中情意正是最為複雜且不確定性極高的部分，因學生各有自己的成長背景、經驗與特性等，教師與學生在教學場域中所出現的偶發、未知，以及該做何因應，這些是再高端的技術或科技都無法取代與預測的現實情景。

(三) 永續化人與人、人與自然、人與社會之互動

素養導向教學必須與真實情境相結合，方能使素養之培育成效最大化，然而，人類具備眼、耳、鼻、舌、身之五感，能對周遭環境的人事物有所感受，當教師的教學能引導出學生對於自身周遭人事物的體察、發現、關心或有好奇心，進而願意主動投入各類的學習活動中，積極且好奇地探求一個解答時，那麼人與人、人與自然，以及人與社會的互動就這麼自然而不造作地發生了。

而如何促使學生有感於外在環境的人事物，則有賴於實際體驗、親身感受，讓經驗化為有感，有感而後動，動能再恆動，方能形塑永續互動的持續，此亦即是十二年國民基本教育為何以培育出終身學習之世界公民為依歸。因為學習就如同工業 4.0 一般，是一個持續進行中的過程，其沒有所謂完成了或不再需要改變的狀態，也正因如此開始了永續的概念，教育、教師、教學、學習才能有持續升級、優化的可能，人才的培育也才能做到真正地與時俱進且符合時代需求。

二、工業 4.0 在教育政策上的共通性

陳東園（2016）指出，教育 1.0 時代是由老師對學生單向指導的行為結構，無論就教學端或學習端而言，它們都是在一種封閉統一制度下運作的形式；教育 2.0 時代在電腦多媒體介面的支援下，傳統單向傳授之型態，擴展為老師、學生以及同儕間互動行為的結構，電腦輔助教學、資料庫等，成為老師教學與學生學習的輔助工具；而教育 3.0 時代，因著電腦網路介面發展成熟普及化，無論是教育制度或是教學型態，都朝向以學習者為中心，強調多元、自主、多功型態的學習發展，連同教學法與教學資源的開發應用，亦邁入供給個別化學習需求目

標的導向。

　　既然教育 3.0 已開始注重個別化教與學，那教育 4.0 又該是怎麼樣的定位？關鍵應是在教育內容品質的提升，以及教育服務的便捷與整合，透過教育制度的改革，來開創全新且開放的教育前景。除了著重對學生基礎知識、能力的培養，更強調終身學習基礎之上的專業教育人才培育新模式（李立國，2016），此模式在現今各國紛紛提倡的素養導向教育中得以有效創發。然而這樣的素養導向之人才培育新教育模式，該如何確實實踐，當然有賴國家教育制度的推動。

　　我國的教育發展即是遵循國家教育政策所制訂之方針而產生的結果，因此，論及教育 4.0 時便無法只單論教育的運作型態，而是必須從根本的教育政策著手。教育政策有七大特性：服務性、人為性、公共性、複雜性、導向性、時間性與成本效益性，亦即是教育政策的根本屬性（翁福元，2009；張芳全，1999）。另外，顏國樑、宋美瑤（2013）研究即提出人本、公平、效能、品質、自由、永續等六大教育政策制定或檢視理念的價值規準。

　　回顧前述文獻，可歸納出工業 4.0 的核心價值和功能在於：可連結度更廣、可回應性更高以及可優化目標更加多元，為具有整合性的供、產、銷製程。然而，筆者分析此模式若轉化到教育政策中，與教育政策特性及核心價值有不謀而合之處。以下，透過教育政策的特性，以及制定教育政策的價值依據，歸納出以下工業 4.0 對教育政策之共通性，建構教育 4.0 之教育政策之特性。

(一) 以人本為核心的教育政策制定、執行與評估

　　桑德勒指出，「一切商業活動的開端，始於買方」，工業 4.0 從服務顧客驅動研發、供應鏈和生產，整個系統或整個價值鏈的全生命週期管理與服務（鄧敏、李現民，2014）。換言之，未來教育 4.0 時代下的教育政策從問題形成、規劃、執行到評估皆更應以人為中心，以學生學習為核心，確實透過教育政策之形成過程，將教育與人更緊密地連結，實踐教育的價值與本質。

(二) 建構契合民眾、社會與時代需求之最有利教育政策

誠如第一點所言，工業 4.0 製程皆是以消費者為中心所驅動，然而，消費者的喜好與需求又並非是固著且一成不變的。因此，產品則更應該能讓消費者滿意、買單。猶如教育政策一般，以人為本，以人類福祉驅動的教育政策，必然要是能夠貼近民意，符合社會與時代之所需的政策，否則有違民意或不符社會、時代所需的教育政策終將落得政策終結之命運。

(三) 推動教育政策走向智慧化且有系統、有品質的整合

工業 4.0 的關鍵模式是一個系統，整合了虛擬網絡與實體物理系統（王泰裕，2018），藉由智慧工廠中多元不同的實體設備，在整個產品的生命週期中（包含設計、生產規劃、生產工程與售後服務等），完成並即時更新物聯網所傳來的訊息。換言之，每個實體設備各司其職，在不同崗位上被賦予該有的功能、任務與工作，但卻有效地整合在一個完整的製程系統中。

目前我國之教育政策雖有通盤思考的思維，但卻缺乏有效的整合，以至於教育政策、教育計畫等多有重複、相似概念反覆論述的隱憂，導致教育政策看似聚焦卻又發散，核心概念易模糊化。因此，未來教育 4.0 應當將教育政策與計畫有力地整合在虛擬網絡中，以便教育政策的精簡化與提升民眾的觸及率和知悉度。

(四) 保留並賦予教育政策得以適時、彈性調整與修正的空間

教育政策能夠符合學生、家長、教師、社會及時代所需方能獲得有利之推動，但在現今社會變遷快速與未來不可預測的時代下，教育政策則更應該符合時代需求或走在時代之前。因此，調整、增修都是可能發生之狀況。

然而，教育政策從形成、執行到評估之歷程是經過長時間所得之產物，從無到有畢竟耗時耗力。因此，未來教育 4.0 下的教育政策應當要能在維持核心價值不變的基礎下，除了能經得起修正、調整、刪減外，更要能在政策問題形成時，即預留有可擴充、可優化之空間，以期教育政策日趨完備、完善與系統化。

(五) 從效率與效能評估教育政策目標，以確保政策發展確實與有效

隨著消費者消費習慣的改變、產品週期越發縮短、工廠換線率高、交貨期變短，導致製造的困難性與複雜性逐漸升高，競爭必然也加劇。

既然工業 4.0 強調產品只是服務的載具，那麼借用在教育面來看，教育政策應當就是教育的載具，核心仍是教育政策這項服務是否能在具有高度效率與效能條件之下，服務學生、教師、家長、社會大眾，實踐國家教育的理念與目標。

綜合上述觀點，可知教育政策與工業 4.0 的核心價值及理念具有共通性與解釋性。換言之，我國教育政策應當要更能夠趨向個別化、智慧化與永續化的發展，以擘劃我國教育之藍圖。然而，工業 4.0 時代下的教育制度已然面臨了困難與挑戰，而未來如理想般具有整合化、個別化、智慧化與永續化發展的教育政策又應該如何因應，便是值得深思的觀點。

肆　工業 4.0 對教育政策的影響

教育事業伴隨工業 4.0 時代的強勢入侵，勢必遭受諸多影響與挑戰，甚至得面臨改革與轉變。針對在工業 4.0 時代下，對教育政策所經歷的明顯轉型與變革所產生的影響，歸納出以下四點：

一、未來人才培育之核心能力需要不斷重新建構

2016 年世界經濟論壇所提出的《全球挑戰洞察報告》中，明確指出未來社會所需之十項關鍵能力：(1)解決複雜問題；(2)獨立思考；(3)創新創意；(4)人才管理；(5)與他人合作；(6)情緒智商；(7)決策與判斷能力；(8)服務導向；(9)協商溝通能力；(10)認知彈性（Leopold, Ratcheva, & Zahidi, 2016）。從這十項關鍵能力中，除能發現以個體為中心外，更可加以區分為個體內在思維、個體外在適應以及個體選擇行動三類。

然而，鄭曜邦（2017）的研究指出，工業 4.0 之關鍵人才特性為(1)在隨時多變的工作環境中，依然能夠適應不同的工作環境，保持卓

越表現；(2)具備相當程度的科技基礎知識，以應用不同科技平臺的工具；(3)對於學習保持熱忱，能夠終身學習；(4)可能同時擁有多樣身分或專業，不再僅限於單一企業或職位；(5)強調溝通，必須能夠與不同領域的人才共事合作；(6)重視自主管理，在不同業務中切換調適，找出最適切的規劃與執行方式等六項。

　　顯示，在未來社會不可預測且快速變遷之下，關鍵人才的核心能力不僅需要注重個體內在與外在的良好發展，要能對數位、資訊、科技等具備優良的判讀能力、使用能力，更要能持續、永續地追求新知，建立新能力與新思維，以因應未來社會的種種未知與挑戰。

二、人才需求的轉變，教育培養涵育是關鍵

　　由於科技的進步、資訊的擴張與數位虛擬網路的興起，全球各國無不繃緊神經，在經濟、產業、教育、基礎建設等可提升國家競爭力的環節上力求進步與發展，目前各國政策方案主要著眼於國家經濟層面的建設與發展，試想國家經濟與產業之發展必須要由人來推動、參與；基礎建設更是得為人所用並依循人類需求而立，其中誠然可見人類角色與定位的重要性。顯示教育應當才是最基本的扎根，人才培育與學校教育的變革方能回應工業 4.0 發展態勢。

　　然而，在現今社會快速變遷的時代下，轉變來得急快，未知變得莫測，人類何以有能力因應？答案仍在教育。當教育能洞燭機先並主動回應，在未來人才需求潮發生前即儲備充分且足夠因應市場需求的人力資源，那麼人才斷層、人才荒之現象便能有效消弭，這也正是各國紛紛在自身的教育制度中推陳出新的原因之一，除了是讓國家教育能符合時代需求，更是為培養未來人才做前端的品質把關與形塑。

　　從過去教育所著重的學科能力導向至今日所強調的跨域核心素養養成，便能知道過去教育「背多分」、「考試」所培植的人才已不敷今日社會的需求。當 STEM 教育、STEAM 教育這類跨域教育政策如雨後春筍般的出現，甚或我國十二年國民基本教育政策的實施，顯示在未來無數未知的挑戰與困境中，我們期盼教育所涵育的人才，是能帶領我們走出當代所面臨之困境，並有能力創建下一世代的先驅。因此，教育 4.0

所要培育的人才不單只是具備知識與能力，而是要在學有專精之上，將知識、能力與態度做有效的整合與靈活運用。

可惜的是，我國「學歷重於學力」之風氣仍相當盛行，即便明顯意識到學科知識、學科考試成績在現今社會已不足以評判學生的總體學習歷程與表現，但高中與高職、大學與技職大學間，在社會大眾的觀念裡還是隱隱存在著優劣的名校迷思與差距，顯示我國教育政策的良善立意，並未在升學制度的配套上有完善的發揮與成效，與我國《人才培育白皮書》（2012）所揭示的期望擺脫過往偏重智育的升學主義，全面深入進行適性輔導，實現全人教育之理念，以提升我國整體人力素質，奠定個人及國家發展利基的擘劃仍有落差。教育政策的實施對象是國家未來的人才，其養成、培育與發展過程一旦走錯方向，其影響難以估計（梁金盛，2018）。

是故，教育政策初始之決定便至關重要，其涉及整個教育政策的價值定位與理念選擇，如何敏銳覺察社會變遷走向與發展，並即時適切地提出教育政策應當的轉變方向與改革來因應，是身為教育政策制定者責無旁貸的責任與義務。

三、AI 智慧與數位科技的運用，有助於教育政策的制訂、執行及評估

教育政策攸關國家教育之推行，是影響全國教育施行的未來數十年走向，自我國過去九年一貫教育政策至今日十二年國民基本教育政策的推動，歷時 29 年的人力、物力與資源等投入，相較於整體社會的快速變遷，教育可謂是快不起來，亦急不得的一門服務產業。

但既然已知教育政策從制訂到執行之期程，需要一段長時間的研擬、規劃、決定、協商與合作，那麼我們便應當思索如何運用工業 4.0 所帶來的新興產品與服務，例如：人工智能、大數據、雲端計算、物聯網等，在期程中給予數據儲存、歷年變化、大數據分析等協助，以提升政策制定的正確性與有效性，避免重蹈過去政策缺失所導致的政策終結窘境，以及能掌握教育政策可優質化與整合的可能性，或甚至能在教育政策執行的同時，便即時縱向、橫向追蹤其發展，達到滾動修正與階段調整的彈性，並確保政策之目標能有良好的因應社會變遷需求情況與落實。

四、智慧化的整合，可以有效促使教育政策資源系統化

工業 4.0 著重的就是智慧化整合，將可連結之資源整合成一個完整的系統，而回顧我國教育相關之政策，舉凡：《人才培育白皮書》、《邁向學習社會白皮書》、高等教育深耕計畫、高齡教育中程計畫與各科司之人才培育計畫等，皆具有為因應未來社會變遷之需要，蘊含人才的培養與終身學習的概念，而這正是所謂政策與計畫間的相關性與共通性。

為避免政策或計畫中多有重複的意涵與理念，應進行智慧化的整合，以人才培育與終身教育為永續化概念，整合出我國教育政策的精粹之處與主要方針，避免在各科司的議題中發散，導致人才的培育片段化、斷層化。

伍　工業 4.0 下教育政策的前瞻

綜合上述工業 4.0 對教育的啓示與教育政策的影響，以下筆者提出六點可行之前瞻策略供參考，期望能為我國教育政策帶來新的展望與樣態。

一、人才需求之確實養成，升學制度宜更多元適性

人才養成不易，其所耗費的時間、成本等資源龐大，然而，為因應未來社會變遷的不可知，教育更應該走在工業 4.0 時代之前。過去教育政策的推行往往過於倉促，淪為教育改革的急就章，顯示我國教育制度的決定迄今仍然未能洞察先機，預測並有效掌握趨勢，又或者是政策的配套方案並未確實到位，以至於政策理念的美意無法全然付諸實踐。

未來社會所創造的工作機會、職務與所需之人才變化快速、不可測，正因如此，每個人才才更應該被重視、被有力栽培，或甚至培育具有跨域長才的人才來加以因應，畢竟誰是帶出社會下一個時代變遷的人？答案是人人皆有可能，人人皆有其功。

有鑒於此，我國十二年國民基本教育的核心價值要得以真正落實，實踐成就每一個孩子的理念，升學制度的配套應當有更多元、適性的選

才制度。例如：特殊選才、拾穗計畫、拔尖計畫等選才制度應當在十二年國民基本教育階段即開始落實，讓學生自求學階段開始就能適性地發展自身長才，進而投入相關領域的專業有力栽培，而非是到了高等教育階段才開始擴展長才的專業性與深廣度。

二、以人文為本的教育政策決策，妥善運用數位科技與數據訊息

教育政策以人為中心，影響甚鉅且刻不容緩，然而，為有效解決教育政策形成過程過於冗長及優化教育政策之執行與評估，善用數位科技等技術與服務，例如：雲端計算、大數據、網路功能等訊息處理系統，不失為一種與工業 4.0 接軌的契機，更是優化我國教育政策制定、執行及評估的有效途徑。

與此同時，教育政策制定者更應該具備對教育趨勢的敏銳度與覺察力，切勿過度仰賴與盲從雲端計算、大數據、網路功能等訊息處理功能所帶來的便利性與即時性，就斷然形成教育政策的決策方向，仍需要以「人本」價值為教育政策制定的依據。換言之，教育政策要運用數位科技與數據訊息，以學習者為教育主體，充分挖掘和發揮每位學習者的學習潛能，提供每位學習者適切的受教機會，滿足每位學習者的學習需要，實現人的全面發展為教育的終極目標（顏國樑、宋美瑤，2013）。

三、以人才培育為教育政策的核心，建構具彈性調整、整合的教育制度

工業 4.0 是一種智慧整合的製造模式，其有效掌握並整合可連結之外部資源來促成整個生產製造鏈的完整。然而，教育政策本身即具備所謂的複雜性，其牽涉的層面複雜，欲解決的問題多元，並受到環境變遷與利害關係參與者的影響，因此必須有核心的教育政策主軸加以整合與串聯，教育政策才能有效解決複雜多元的教育困境與問題。

面對不同時代，皆需要培養有用人才為社會國家所用。在各個教育階段，從國民教育至高等教育階段，皆是在培育人才的過程，但並不是終點。因此，以人才培育為教育政策的主軸，然後審慎規劃應透過何種教育政策來達成各階段的人才培育。在做法上，例如：人才培育政策下

分支不同司處的人才培育計畫，統籌以國家人才培育政策作為主軸，形成直系階層概念，但橫向階層間則各自保有疏異性，訂定各司處所需人才培育的方針，但皆是以培育國家未來所需人才為依歸。此舉不僅可以讓我國教育政策獲得完整且有系統的整合，更能讓教育政策得以更有效率與有效能，利於政策的發展與追蹤，並及時獲取相關政策與計畫的連結度。

四、因應 108 新課綱科技新領域，積極建立課程、師資及學習支援系統

科技日新月異，汰換率高，要能確實培育出未來能因應之人才實屬不易，然而，我國十二年國民基本教育課程總綱中，針對國中、高中兩學習階段新納入了科技領域之課程，此舉無疑是想有效解決未來社會對於科技人才品質的保障，在基礎科技能力之上，同時期盼能引領出下一波科技所帶動之變革。

由於過去九年一貫課程並未有科技領域之課程規劃，相對過去國中、高中的師資養成勢必也未能到位，更遑論是學生在科技領域上的學習。有鑒於此，應當積極建立合宜的國、高中科技領域之課程與教材，透過師資養成、在職增能等來強化科技領域教師的專業知能與教學知能，形塑有力的科技領域學習支援系統，促使科技領域課程的學習能更具品質與系統性。

五、妥慎運用 AI 數位科技，以利教育政策的制訂、執行與評估

由於未來社會，你我生活都將與資訊、科技、數位、網路等更密切地結合，當數位科技、大數據分析與網路平臺等充斥生活時，對於這些數位科技、網路資訊與信息的精準判讀、正確使用之能力則更顯重要。

數位平臺、資訊科技、網際網路等所帶來的便利與即時，早已是你我習慣之日常。而這樣的即時與便利，在教育上應當有更廣泛的運用，從教育政策的制定、執行到評估，是繁瑣的歷程，且必須即時追蹤並修正，既然現今社會數位科技、資訊科技如此進步，那便應當掌握其優勢與功能，為教育政策的制定、執行與評估做有效、即時且正確的資

料蒐集、彙整與分析，以確保教育政策目標的實踐。

六、持續評估終身學習政策實施效果並修正，以因應社會不斷變遷發展

有鑒於終身學習方能確實促使個體，在不斷變遷中的社會環境中有良好的適應，以及得以解決所有未知的困難與挑戰，嘗試走出舒適圈，培養跨領域之專業，以及持續對於學習新事物保有熱忱，促使個體自身能不斷自我精進，跟上時代變遷的趨勢，以至於能不被時代所淘汰。吳清基（2018）亦提及爲適應工業 4.0 而來的改變與衝擊，終身學習變成一種必要的課題，顯示出建立終身學習心態與對科技、資訊、數據等之正確理解、適當運用及確實判讀之重要性。

我國 1998 年訂定《邁向學習社會白皮書》，並於 2002 年制定《終身學習法》，具備推動終身教育的法源依據，以及執行的具體目標與策略。《終身學習法》已於 2018 年進行修正，但《邁向學習社會白皮書》尙未檢討與調整。爲因應工業 4.0 的社會變遷，培育適合人才，應重新制定《終身學習白皮書》，評估終身學習政策實施效果，並滾動修正，以建立一套終身學習的教育制度，建構我國教育之終身學習系統。

陸　結語

教育是「產程」而非「製程」，教育不是要「量產」規格化、標準化的學生，而是要「質育」個別化、多元化的學生，這也是爲什麼近年教育的趨勢不斷在提倡以學生爲主體、多元學習、適性教育、個別差異化教學等之主因。正由於未來有太多國際情勢、人口組成、生產力、勞動力等不確定性的未知與挑戰，我國產業也仍在持續轉型的狀態中，是故人才的培育只專注在媒合產業需求勢必也存有隱憂。在此條件下，接納學生的殊異性，無論是資優、普通及身障學生，帶起每一位孩子，將是教育政策所要面臨的艱鉅挑戰，但這同時也是教育之必須存在的理由！數位科技的擴張與發展能量產、規格化、標準化一系列作業流程，但其卻在精緻、質感、個殊上遜色於人爲，而此人爲正是教育政策中至關重要的「人本化」價值規準，教育本質仍是有不變之處。

　　舉例而言，瑞士工藝手錶為何做工令人驚艷？價格居高不下？那是因為人為手工的慢工出細活，對比在教育上亦然。數位科技之功能有其優勢，能短時間量產、品質能達一定水準、服務能一視同仁等，但這與教育的核心價值顯然是大相逕庭的，教育需要長時間的涵養薰陶；教育需要關注個別學習者的多元需求；教育需要觸及到知識、技能以外的情意，必須足以精緻到學習者能體悟、經驗、感受其與他人、環境、社會等的關係，這些都是素養導向教學之所以必要，且人工智能或甚至是數位科技所無法取代的細膩與細緻，這也是制訂教育政策需要特別重視之處。

　　因此，本文期許教育政策制定者或教育工作者，要具備自省與精進的能力，即便外在環境的工業 4.0 如強風般襲來，也要堅定自身的教育專業，以及保持對教育的熱忱與信念，洞察每一處教育可行的途徑與展望，走穩每一步以生命影響生命的教育路。同時，也必須時刻謹記，教育雖沒有隨波逐流的本錢與義務，但必要時教育也要能與時俱進，能掌握趨勢，善用其功。

　　發展 AI 的「大方向是不可逆的」，並非是與 AI 競爭，而是要運用 AI 來掌握、分析資訊，提升原本工作的效率，做好迎接 AI 時代的準備（蘇孟宗，2018）。在教育上亦然，轉變並非是過去教育、教學與專業的無用論與徒勞，而是期望教育相關工作者在面對未來每一次的時代趨勢轉變下，都能意識到自身專業在此時代潮流中所能投入及回饋的長處，以及自身角色之於培育人才扮演著多麼關鍵的地位，敏銳整合外在趨勢所需與優勢，以及自身專業角色之所能，賦予最大的協助與發揮最大的功能，教育政策勢必要能率先勇於走在迎風面上，方能順風而起。如何因應工業 4.0 躍升為教育 4.0，培養學有專精、跨領域及博雅的人才，透過適合的教育制度，這是教育政策規劃與執行者應該共同思考與努力的重要課題。

問題與討論

一、請分析因應工業 4.0 的社會變遷，教育有何變與不變之處？

二、請闡述工業 4.0 如何轉化我國適合教育 4.0 的方向與內涵？

三、請分析工業 4.0 對教育政策的制定、執行及評估有何影響？

四、請分析因應工業 4.0 的影響，要如何建立適切教育人才培育制度？

五、請分析因應工業 4.0 時代的來臨，教育政策有何前瞻性的策略？

參考文獻

(一) 中文部分

王泰裕（2018）。工業 **4.0** 時代來臨：引言。取自 https://scitechvista.nat.gov.tw/c/sgTX.htm

吳孝三（2018）。可靠度、工業 4.0 與系統思考。**品質月刊，54**(6)，24-29。

吳清基（2018）。工業 4.0 對高教人才培育政策的挑戰。載於吳清基（主編），**教育政策與學校經營**（4-21 頁）。臺北市：五南。

李立國（2016）。工業 4.0 時代的高等教育人才培養模式。**清華大學教育研究，37**(1)，6-15。

汪建南、馬雲龍（2016）。工業 4.0 的國際發展趨勢與臺灣因應之道。**國際金融參考資料，69**，133-155。

科技資訊室（2018）。工業 **4.0** 的四大特質與虛實融合系統。取自 http://iknow.stpi.narl.org.tw/Post/Read.aspx?PostID=10691

翁田山（2016）。工業 4.0 品質「人事物」的蛻變之 1——「人事暨組織」運作的蛻變。**品質月刊，52**(4)，20-24。

翁福元（2009）。**教育政策社會學（二版）**。臺北市：五南。

張芳全（1999）。**教育政策分析與策略**。臺北市：師苑。

教育部（2012）。人才培育白皮書。取自 https://depart.moe.edu.tw/ED2100/News.aspx?n=1353704343B62511&sms=2A DD120E8E2615E3

梁金盛（2018）。教育政策決定與執行的省思。載於吳清基主編，**教育政策與學校經營**（26-45頁）。臺北市：五南。

陳東園（2016）。新媒體環境下教育 4.0 經營策略的研究。空大人文學報，**25**，1-36。

鄧敏、李現民（譯）（2014）。**工業 4.0：即將來襲的第四次工業革命**（原作者：Ulrich Sendler）。北京市：機械工業出版社。（原著出版年：2013）

鄭曜邦（2017）。**工業 4.0 下關鍵人才之核心能力**（未出版之碩士論文）。中國文化大學，臺北市。

顏國樑、宋美瑤（2013）。教育政策制定的價值分析。**教育行政研究，3**(2)，113-143。

蘇孟宗（2018）。**AI 時代職業發展兩極化，一技之長是贏家關鍵**。取自 https://www.cna.com.tw/news/firstnews/201807280111.aspx

(二) 英文部分

Leopold, T. A., Ratcheva, V., & Zahidi, S. (2016). *The future of jobs: Employment, skills and workforce strategy for the fourth industrial revolution.* Geneva: World Economic Forum.

Wallner, T., & Wagner, G. (2016). Academic Education 4.0. In *International Conference on Education and New Developments*, pp. 155-159.

第三章

政策規劃探析

舒緒緯

> 凡事豫則立，不豫則廢。言前定，則不跲。事前定，則不困。行前定，則不疚。道前定，則不窮。（《中庸》）

壹　前言

所謂「工欲善其事，必先利其器」，或是「凡事豫則立，不豫則廢」都在說明事先規劃的重要性。政策規劃有稱之為 policy planning，亦有稱之為 policy formulation。傳統的政策分析過程，政策規劃置於政策決定之前。因為經由完善的規劃，後續的執行才可以較為順利的進行。在政策規劃階段，主要的工作是確定並提出解決問題的策略組合，以供決策者作為參考。所以有人認說政策規劃就是處理「什麼」（what）的問題，例如：解決問題的計畫是什麼？目標是什麼？完成目標的選擇是什麼等等（Sidney, 2007）。

政策規劃係有效政策行動的必備條件，經由審慎的規劃，決定政策目的或目標，再依據目的或目標選擇合適的政策手段（翁興利，2004），以解決問題或滿足人民的需求。易言之，政策規劃在政策過程中位居樞紐的地位，因為唯有事前務實詳盡的規劃，研議出可行且為社會接受的方案，政策才能順利推動（丘昌泰，2013）。

貳　政策規劃性質之探討

一、政策規劃的意義

1. Friedmann（1967）認為規劃係指在社會系統內的引導式變遷。具體言之，此一自我引導的歷程包括：促進次系統各部門的成長，政治、經濟、社會等系統結構的轉化，以及在變遷的這一段期間仍能維持系統界限的穩定。

2. Quade（1982）認為以計畫制訂（policy making）來代替規劃較為適當。而計畫制訂包含分析或問題解決（analytic or problem solving）及時程排定（scheduling）兩個階段。問題解決階段主要是問題辨識與分類、確定目標、研擬備選方案、成本預估及方案選擇。時程排定

則係根據資源的獲得與組織因素決定行動步驟（course of action）。

3. Jones（1984）認爲規劃源自於處方（formula），如同醫生開立處方以解除病人的病痛。故所謂規劃係指發展計畫、方案、對策，以滿足人民的需求或解決人民的問題。

4. Mayer（1985）認爲政策規劃是一種以理性方式進行選擇與設計集體行動，以達成未來事務的過程。

5. Anderson（2003）認爲政策規劃係指爲解決公共問題所提出有關、可接受的行動方案建議（通常稱爲備選方案、政策建議，或選擇方案）。

6. Kraft 與 Furlong（2013）將政策規劃定義爲發展系列行動方案以幫助公共問題的解決。

7. 鄭興弟（2003）認爲政策規劃係指「決策者或政策分析人員爲解決政策問題，採取科學方法，廣泛蒐集資料，設計一套以目標爲取向、以變革爲取向、以選擇爲取向、以理性爲取向的未來行動方案之動態過程。」（p.1）

8. 林水波與張世賢（2006）綜合學者論述，認爲所謂政策規劃係指「針對未來，爲能付諸行動以解決公共問題，發展中肯且可接受的方案之動態過程。」（p.128）

綜上所述，所謂政策規劃係指政府爲解決政策問題，滿足人民需求，針對未來之發展，以理性方式發展出計畫、方案、對策之動態過程。具體言之，政策規劃之意義可詳述如下：

1. 政策規劃之目的在解決問題，滿足人民需求。易言之，就是在發揮政府的職能。

2. 政策規劃係針對未來的發展，所以它必須有前瞻性與發展性。

3. 政策規劃係以現況爲基礎，未來爲目標，因此資料蒐集的完整性，將會影響規劃的正確性。

4. 政策規劃是以理性的方式進行，因此應摒除個人主觀的偏見或意識型態。

5. 政策規劃是一個動態的過程，因此面對變動不居的世界，更應隨時掌握最新的資料，進行滾動式的修正。

二、政策規劃的特性

規劃可視為設計和選擇政策行動的理性過程，其特色如下（丘昌泰，2013；翁興利，2004；Mayer, 1985）：

(一) 目標導向（goal orientation）

目標導向是規劃最明顯與最重要的特色，至少應包含兩要件：第一、規劃的方向聚焦於「將來如何做」，而非「過去是如何」的問題。第二、目標導向可稱為未來主義，故規劃是動態的、創新的、前瞻性的。

(二) 變遷導向（change orientation）

規劃的目的在於經由行動或干預手段，改變現有的狀態，以達成所追求的目標。亦即以計畫、方案、政策等方式，促使組織變遷，並朝向美好的方向發展。

(三) 選擇的呈現（expression of choice）

由於政府的資源有限，無法滿足所有的需求，因此必須在眾多競爭性方案中，選擇一項方案讓行政部門執行，所以就如同 Davidoff 與 Reiner 所說的：「規劃的最終任務在擴大選擇和抉擇的機會。」（引自翁興利，2004，頁 30）而這些競爭方案必須具創造性，打破窠臼；但是方案的選擇必須具務實性，不能偏離現實。唯有創造性與務實性兼顧，政策目標才能實現，也才能朝更美好的方向邁進。

(四) 理性（rationality）

規劃涉及選擇與決定，因此為使最後的規劃結果具可行性，會設立許多規準作為決定的基礎，當選擇的結果符合標準時，即為理性的規劃。亦即兼顧工具理性與實質理性的選擇，才是合理可行。

(五) 集體性（collective basis）

政府的政策常常是跨部會、跨部門，因此在規劃之時，必須包括不同的公部門，甚至有時利益團體也扮演夥伴或協助的角色。故所謂的集體性，係指不同團體共同參與、群策群力，發揮一加一大於二的綜效。

參　政策規劃的參與者與原則

一、政策規劃的參與者

因為公共政策關係每個人的權益福祉，所以大家對於公共政策的制訂都很關心，也因此在規劃階段有可能產生百家爭鳴的現象。一般而言，參與或介入政策規劃的個人或團體粗分為下列四種：行政人員、民意代表、利益團體、研究機構，茲說明如下（林水波、張世賢，2006；翁興利，2004）：

(一) 行政人員

行政機關負責政務的執行與推動，因此行政人員乃成為主要的政策規劃者（余致力、毛壽龍、陳敦源、郭昱瑩，2008），而所謂的行政人員包括政務官和事務官（朱志宏，1994；翁興利，2004）。一般而言，行政人員由於久任其職，因此擁有更多特定公共領域的專門知識，所以往往成為政策的主要規劃者。而在總統制的國家，由於民選總統身負選民之託，有時總統直轄之委員會、工作小組，也會參與政策規劃的工作（Lester & Stewart, JR., 2000）。但由於行政事務日益的專門化與複雜性，已非行政人員之能力所能達成，因此有時須借助議會、利益團體、大學或研究機構的協助（朱志宏，1994；翁興利，2004），方能順利完成任務。而行政人員以分析能力和政治技巧為標準，可分為四類（翁興利，2004；Meltsner, 1976）：

1. 技術型（technician）：此型的行政人員多為機構中的學者或專家，其任務主要在政策研究或研究方案，而較不擅於政治的運作。

2. 政客型（politician）：政客型的行政人員長袖善舞，政治敏感度高，熱衷於推銷受歡迎的政策，而非最有效的政策。

3. 企業型（entrepreneur）：企業型的行政人員重視分析的品質以及政策的成效，因此對於如何操作政治以獲取標的團體的認同，是其工作重點。

4. 虛偽型（pretender）：此型的行政人員只求工作的穩定與職位的保持，缺乏改革的熱情與積極求成的動力。

(二) 民意代表

一般而言，民意代表參與政策規劃的方式有二：一是敦促行政機關將公共問題列入政策議程，並對政策方案表示意見；一是提出政策方案，並經由民主程序形成政策（翁興利，2004）。尤其是代表最高民意的國會議員，因為握有預算審查及制訂法令的權利，因此對於行政機關有較大的影響力，所以與政策規劃的關係最為密切（Lester & Stewart, JR., 2000）。

(三) 利益團體

利益團體透過遊說、談判、施壓等方式，影響行政機關或立法機關對於法案的草擬或審查（朱志宏，1994；翁興利，2004）。尤其是類似美國這種多元主義的國家，利益團體常扮演重要的角色（Lester & Stewart, JR., 2000），對公共政策的制訂與執行發揮極大的影響力（Kraft & Furlong, 2013）。

利益團體影響行政部門規劃的管道有三：

1. 情報交換：將資訊提供給有關單位，進而成為議程設定與政策規劃的重要參考依據。

2. 參與規劃：藉由參與制度化的管道或方式，參與政策規劃，影響決策制訂。

3. 協助執行：對於符合其主張的政策，利益團體會協助行政機關推動執行（余致力等人，2008）。

(四) 研究機構

此處所稱之研究機構包括：公私立研究機構、基金會（或智庫）、大學等（朱志宏，1994）。由於具備專業背景之故，這些公、私立研究機構透過研究報告、公聽會、研討會等方式，提供政府建言，或是被決策者在制訂政策時列為重要參考資料，故其具有一定度程度的規劃能力與影響力（翁興利，2004）。

二、政策規劃的原則

政策規劃必須遵循若干原則，政策方案才較容易被接受，也才較能

解決問題。依學者之看法，政策規劃之原則如下（丘昌泰，2013；林水波、張世賢，2006；翁興利，2004；Kaplan, 1973）：

(一) 公正原則

政策規劃者應本公正無私的態度，摒棄主觀意識，通盤考量標的團體及社會大眾的福祉，將資源做最有效的分配。

(二) 個人受益原則

政策之規劃應以解決人民問題，或滿足人民需求為依歸。同時在分配資源時，也儘量以個人受益為最大考量。

(三) 弱勢者利益最大化原則

為發揮扶傾濟弱的正義理念，社會上的弱勢族群或個人應該是政策規劃的最大受益者。亦即政策的規劃，應先注意到社會基層者；而利益的分配，也應以弱勢者最為優先與最多。

(四) 連續原則

一般而言，政策成效有時須假以時日才能顯現，因此政策規劃必須考量其延續性，以免發生「人在政存、人去政息」的宿命，造成有限資源的浪費。

(五) 自主原則

在「資源有限、欲望無窮」的現實生活中，以往大有為政府的施政型態已被小而美所取代。因此民間有能力處理的公共事務，應交由民間處理。只有民間沒有能力或沒有意願的公共事務，才須交由政府依其職權來處理。一方面培養民間解決問題的能力，一方面減輕政府的財政負擔。

(六) 分配原則

政策規劃者應基於社會整體的立場，將利益、服務、成本、義務分配給標的團體享受或承擔。亦即資源應共享，而義務也應共同分擔。

(七) 緊急原則

政府所必須處理之事務經緯萬端，但卻無法一一顧及。所以事有輕重緩急，在資源有限的情況下，應權衡輕重，應優先對重要或緊急事務進行規劃。

肆　政策規劃過程模式

政策規劃的成效落實在執行的成果上，沒有執行面的驗收，很難對規劃做評價。但因為政策執行涉及層面極為複雜，所以從政策過程（policy process）來檢驗其架構，可以建構政策規劃的基本模式（Masser, 1983），茲將常用的模式說明如下：

一、連續模式（翁興利，2004；Mintzberg, Raisinghani, & Theoret, 1976）

連續模式（sequential model）就是規劃者依時間的順序，記錄主要事件的發展，連續模式通常以直線過程，或循環過程來表達策略與目標間的關係。較常見的連續模式就是策略選擇模式（strategic choice model），它是由 Mintzberg、Raisingghani 與 Theoret（1976）等人所發展。它包含認定（identification）、發展（development）、選擇（selection）等三個階段。認定階段有二項主要的任務：認知（re-cognition）與診斷（diagnosis）。所謂認知指個體察覺到組織面臨的機會、問題與危機，並激發起做決定的動機。而診斷則是在分析、了解決定情境的因果關係，以及可資利用的誘因。發展階段包括找尋（search）與設計（design）兩項工作，所謂找尋係針對先前所分析的解決方案做一選擇；而設計係指經過找尋階段所挑選出來的方案，因時空環境的變遷，未必符合目前的需要，因此必須對舊方案進行調整與修正。有時政策的時空環境差異過大，則必須研擬新方案，也就是客製化（custom-made）的策略。在選擇階段，包含三項活動：檢視（screen）、評估（evaluation）、選擇（choice）。首先經由檢視，篩選並留下少數方案；其次再經過評估與選擇的歷程，擇定行動方案。而在評估、選擇的歷程中，規劃者會以三種模式進行思考。第一種是議價（bargaining）－評估－選擇模式，在此模式中，一群決策者針對相互

衝突的目標系統，經過慎思判斷與折衝協調，共同決定行動方案。第二種是分析－評估模式，在此模式中，由技術專家分析所蒐集的資料，並將分析結果交由政策規劃者做決定，而政策規劃者的決定方式可能採議價模式或判斷模式。第三種模式是判斷（judgement）－評估－選擇模式，在此模式中，政策規劃者依個人判斷而決定採取何種行動方案，至於為何採取此方案，有時規劃者也無法解釋，所以某種程度來說，此一模式帶有主觀與直覺的意涵在內。

　　當行動方案選定後，就必須賦予權威，使其具有法效力與強制力。一般而言，選定的行動方案會經由合法化的程序，取得法定權威。而在政策規劃的各個階段，都有干擾（interrupt）出現。在認定階段的干擾

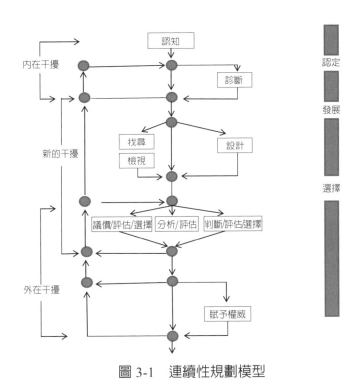

圖 3-1　連續性規劃模型

資料來源：Mintzberg, H., Raisinghani, D. & Theoret, A. (1976).The Structure of 'Unstructured' Decision Processes. *Administrative Science Quarterly, 21*(2), 266. 翁興利（2004）。《政策規劃與行銷》。臺北市：華泰，頁53。

是內在干擾（internal interrupt），顧名思義內在干擾來自組織內部。這種干擾的主因是對政策的不認同，並阻撓規劃的進行。其解決策略為利用協商、說服，或是暫緩執行等方式，讓抗拒消除。

至於外在干擾（external interrupt）則出現在選擇階段，外部力量使得原方案無法順利進行，因此必須修正原方案，甚至必要時重新設計方案以消弱反對力量。或是經由協商重新設計新方案或稍做修正使其更詳盡，或是直接評估其成本效益後，予以接受或拒絕。

二、互動模式（翁興利，2004；Masser, 1983）

互動模式（interaction model）重視參與者間的交易行為，並認為交易行為是強化關係的重要因素。而交易行為經由組織的網絡才能發生，所以其核心概念就是組織內的網絡運作。互動模式許多重要的理念，係來自 Banfield 於美國芝加哥進行政治影響力個案研究的結果。Banfield 把影響力定義為：趨使他人按照自己的意圖去行動、思考、感受的能力。而在政策規劃過程當中，有二種不同的互動模式：一種是為解決問題的集中決策過程（central decision process），一種是社會選擇（social choice）過程。集中決策過程是預先規劃的結果，至於社會選擇過程則係政策行動者在沒預設立場下互動的結果，它也可以說是行動者互動的副產品。一般而言，許多複雜的政策問題係由社會選擇而獲得解決，而非集中決策過程。

此外，社會選擇過程將政策規劃比擬為遊戲，參與者在遊戲規則下，經由互動進行規劃工作。當然規則並非一成不變，只要獲得共識，規則是可以改變的。就此模式而言，影響規劃工作的重要因素就是影響力的分配（distribution of influence），也就是規劃過程中，參與者能得到多少的權力或價值。而這也符應 Easton 所說的，政策就是價值的權威性的分配。

三、交換模式（翁興利，2004；Masser, 1983）

交換模式（exchange model）係植基於社會交換理論（social exchange theory）而發展出來，它也可說是互動模式的一支。社會交換理

論的基本假定是，個人或組織之所以加入互動的關係中，是因爲他們認爲加入可以帶來利益或好處。

Benson 以組織間關係的政治經濟模式（political economy model）來說明交換模式的架構。他認爲交換可分爲二個層次：超架構層次（superstructural level）與次架構層次（substructural level）。前者係指組織間法定權責與權威的互動關係，而權力（power）的功能係在組織的互動中，透過組織網絡的內在和外在連結，促成規劃的定案。後者則係指經由組織的互動，追求欠缺的資源、金錢與權威。

就超架構層次而言，組織均衡的四個層面是必須注意的。第一，是範疇共識（domain consensus），係指成員對於機關角色與權責範疇的共識程度。第二，是意識型態共識（ideology concensus），係指成員對所執行任務本質的共識程度。第三，積極的評估（positive evaluation），係指成員將其他組織成員所完成工作的價值，列爲規劃事項的考量程度。第四，工作協調（work coordination），係指組織間合作形式建立的程度。

就交換模式而言，有利可圖是組織願意與其他組織互動，並加入規劃行列的主要考量。而其所呈現的不只是表面的交換行爲而已，還包括權力地位、共識程度、互賴與合作關係等更爲實質性與制度面的利益交換。

四、權變模式（翁興利，2004；Masser, 1983）

權變模式（contingency model）強調組織結構受到脈絡因素的影響，因此適應環境脈絡而調整組織結構，才是成功的不二法則。國外學者例如 Bolan、Nuttall（1975）等人都以此模式來探討政策規劃與情境脈絡的關係。亦即脈絡因素不同，規劃的過程也會受到影響。

Bryson 和 Delbecq 於 1979 年對規劃者行爲進行實徵研究，認爲決策場域的特性與問題屬性這兩個變項並非規劃者所能控制，而過程角色的扮演與規劃策略的選擇，只是規劃者對這些環境變數所做的回應。他們認爲目標的達成是依變項，而非組織結構；而權變的變項則包括目標層面的本質（properties of goal dimensions）與脈絡變項（contextual variables）。既然規劃行爲受限於脈絡因素，因此並沒有所謂的最佳規劃方式的存在。唯有配合環境因素，做權變的選擇，才較有可能使預期目標的完成最大化。

　　在實務上，規劃策略的改變受到預算、成本、幕僚時間的影響，許多戲劇性的改變常發生於規劃初期，而此一時期也是政治困難度最高的時期。由於政治困難度不易立即克服，而且必須以協商的方式加以解決，因此目標的訂定也相對困難許多。困難度的高低會影響規劃者對策略改變的態度，當其認爲改變策略有助於規劃的成功，就會決定改變；反之，則傾向不予更動。

伍　政策規劃的流程

　　學者對於如何進行規劃，提出許多看法，其中以 Mayer 提出的最爲完整（見圖 3-2），因此本研究即以其來說明如何進行政策規劃。Mayer 認爲理想的規劃過程應包括：決定目標、需求評估、陳述目的、設計備選方案、估計方案結果、選定方案、執行、評估、回饋等九個階段，茲說明如下（丘昌泰，2013；余致力等人，2007；翁興利，2004；Mayer, 1985）：

一、決定目標（determination of goals）

　　決定政策目標是規劃的第一步，目標是對未來一種理想性的描述，指引組織發展的方向。基本上，目標是一種廣泛的方向，是一種價值偏好的具體顯現，也是對未來事務的理想化。目標與目的（objectives）並不相同，一般而言，目標較爲抽象與廣泛，目的較爲具體與明確。所以抽象的目標下有若干具體的目的，而目的之完成即爲目標之達到。McConkey 認爲一個好的政策目標必須說明三個 W：what（結果爲何）、when（何時完成）、who（何人或哪一個單位負責）（引自丘昌泰，2013）。更具體的說，目標的陳述必須符合 SMART 原則。所謂 SMART 係指：Specific，目標必須是具體的；Measurable，目標必須是可以衡量的；Attainable，目標必須是可以達到的；Relevant，目標必須和其他目標具有相關性；Time-based，目標必須具有明確的截止

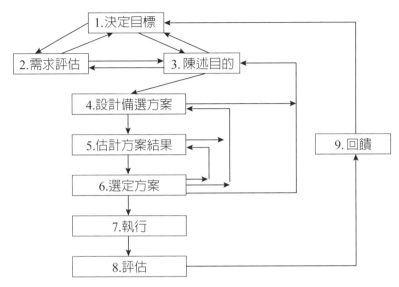

圖 3-2 理性規劃過程模型

資料來源：Mayer, R.R. (1985). *Policy and program planning: A development perspectives*. Englewood Cliffs, N.J.: Prentice-Hall, p.105.

期限（MBA 智庫百科，2017 年 6 月 7 日）。

　　通常決定目標的方式有下列幾種：第一種是分析公共出版品、政府公報、報章雜誌等次級資料，而後依據分析的結果決定政策目標。第二種則是邀請具代表性並兼顧不同利益團體的成員，組成公民諮商團體（citizen advisory group）進行討論，取得共識並擬訂政策目標。第三種則是邀集學者專家，運用德懷術（Delphi technique）協助決策者決定目標。

二、需求評估（assesement of needs）

　　政府施政以民為本，因此任何政策的推動，自然以滿足人民需求或解決人民問題為主要考量。所謂需求係指個體對現況（what is）的知覺，與其欲求狀態（what should be）間的差距（Altschuld & Witkin, 2000）。政策制訂之目的在解決人民的問題或滿足人民的需求，問題是已發生的狀態，較為具體明確；而需求的概念則因人而異，較為模

糊。所以 Bradshaw（引自翁興利，2004）提出四種需求的分類，以供規劃者的參考。茲分述如下：

(一) 規範性需求（normative need）

係指個體的情況在政府所訂定的標準之下，故要求政府予以滿足的需求即為規範性需求。

(二) 感覺性需求（felt need）

係指個人主觀感受到不滿足時所提出的需求，或對政府提供服務的一種期待，相當於經濟學中的需求（want）。

(三) 明示性需求（expressed need）

明示性需求係指個人將其需求轉換成意圖（attempt），並希望政府將其實現或完成。其與經濟學上的需要（demand）相似，皆係對政府提供服務的期待與希望。

(四) 比較性需求（comparative need）

比較性需求係指個體與參照團體比較之後，所產生的相對剝奪感，並希望政府提供服務以解決此種需求（丘昌泰，2013；翁興利，2004；Pawlak & Vinter, 2004）。

透過需求評估，可以設定行動的優先順序以及問題解決的規準，將有限的資源做最有效的配置與使用，有助於政策的規劃與執行（Altschuld & Witkin, 2000）。規劃者在進行需求評估時，必須考慮三個問題：第一，服務接受者的需求水準為何？第二，服務提供者所能提供的能量為何？第三，可供利用的資源到底有多少？亦即在政策規劃時，對於標的團體的需求，以及服務提供者的能力與資源都必須詳加思考，否則其可行性受到質疑。

三、陳述目的

目的陳述即在說明政策規劃之目標為何、目的何在，因此必須界定清楚，以利其後步驟的進行。一般而言，目的之界定包含如下的特色：

(一) 可測量的（measurable）

目的陳述必須明確化與具體化，因此它是可觀察的、可加以量化的。

(二) 有限的人口（finite population）

因爲目的必須明確，所以目的陳述必須聚焦於有限的人口和標的團體內，才能精確的計算其成本與效益。

(三) 變遷的幅度（amount of change）

所謂變遷的幅度係指決策者希望標的團體改變的幅度，其方式主要有二：第一，是使標的團體合乎某項標準，例如學生體適能的情形。第二，是改變標的團體的數量，例如爲解決少子化的問題，教育部訂定大學整併或退場的機制。

而政策目的之陳述，即代表規劃者對於政策問題的抉擇標準。在各種限制或條件下所做出的價值判斷，必須聚焦於問題的解決。否則面對大量模糊廣泛的資料，未加分類整理的數據，將無法做出較佳的判斷，並延誤規劃的進行與政策的執行（Patton, Sawicki, & Clark, 2013）。

(四) 時間的期限（time period）

目的陳述必須包含政策或計畫執行的時間，就是所謂的期限。理論上政策或計畫必須如期完成，也因此期限亦可視爲政策或計畫是否有效執行的指標。

四、設計備選方案（design of alternative actions）

方案設計是政策規劃過程相重要的一個階段，而方案的產生乃是規劃者對若干選項中的權衡取捨，行動方案的另一名稱叫做備選方案。但事實上，政策規劃階段係社會、政治、經濟利益的表現與分配，所以 Schattschneider 就指出，所謂備選方案不過是衝突的選擇，以及利益分配衝突的選擇（Sidney, 2007）。爰此，Dye（2002）就指出政策規劃其實就是發展替代方案，以處理公共問題的過程。也因此大家習以爲常地將政策分析與政策備選方案的評估畫上等號（Kraft & Furlong, 2013）。

五、估計方案結果（estimation of the consequences of alternative action）

　　備選方案設計完成之後，必須逐一對其加以檢視估計。估計的規準至少有三：效率（efficiency）、公平（equity）、政治的可行性（political feasibility）。所謂效率即是以最少的成本達成最大的效益，而檢視效率的方法有二：效益成本分析（benefit-cost analysis）和成本效能分析（cost-effectiveness analysis）。效益成本分析主要是計算方案效益及執行成本的比值；成本效能分析則係計算政策執行後標的團體改變的情況及執行成本的比值。

六、選定方案（selection of course of action）

　　基本上，解決問題的方案不止一種，因此決策者必須就發展出來的備選方案做適當的取捨。通常選定方案有以下五個步驟：

(一) 準備備選方案報告

可用書面或口頭報告的方式，將報告呈現於決策者。

(二) 外部審核

為使決策更具周延性，有些決策者會透過公聽會、公民諮商委員會等方式，聽取大眾的意見，以確立方案之可行性。

(三) 內部審核

經由外界參與的程序，規劃者將原先規劃之結論與外界的意見，透過團體過程技術進行審核，以協助方案之選擇。

(四) 修正

對政策方案進行檢視，若有錯誤疏漏之處，則予以修正調整。

(五) 對外說明

對外說明的目的在於獲得大眾的支持，因此對於方案的形成，以及公眾參與的結果，都必須妥善說明。

　　至於方案的選定必須經過可行性分析，因為不可行或可行性低的方案，即便陳義再高，註定無法受到青睞。一般而言，備選方案是否可

行，必須進行下列面向的分析：

(一) 經濟或技術的可行

經濟可行性指的是經濟資源的配置能否執行計畫方案，而這也是最基本的標準。技術可行性指的是方案執行所需之技術有無窒礙難行之處，是否足以應付執行方案之所需。

(二) 行政或法律之可行性

行政可行性指的是行政程序的完備，預算科目、人力配置、執行機關能力等，能否支援方案的執行。法律可行性是指方案有無違法之虞，是否需要進行政策合法化的程序。

(三) 社會或環境可行性

所謂社會可行性係指政策方案符合民眾需求，有無與社區文化、價值觀相衝突。而環境可行性係指備選方案有無受到自然環境的限制，抑或是必須進行環境影響評估，以了解其對環境生態有無不利影響。

(四) 政治可行性分析

政策在政治舞臺形成，所以必須接受政治的考驗（Patton, Sawicki, & Clark, 2013）。政治可行性分析的目的在了解不同政治行動者對備選方案的態度，如果發現有不可行之處，或是某些團體對此有不同的看法，就要透過溝通與修正以獲得相關人士或團體的支持。但有時政治可行性的涵義比較不明確，引起一些爭議，所以 Majone（1977）分別從(1)政治資源的限制；(2)分配的限制；(3)制度的限制等三方面，將其具體的說明。

(五) 政策工具可行性

政策工具是政策執行的重要因素，選擇與使用正確的政策工具，對於政策能否順利推動，有其關鍵性的影響。當然政策工具的選擇有時並非規劃者所能決定，依 Linder 與 Peters（1989）的看法，政策工具的選擇須依據國家能力高低，與政策次體系複雜性所構成的四個向度來做適當的選擇。易言之，政策工具的選擇，必須做權變的選擇，而其最主

要的考量就是可行且有效。

七、執行（implementation）

在執行階段，有二項主要的活動，茲說明如下：

(一) 敘明運作程序

政策的執行必須說明運作的程序，其要素包括：(1)活動的順序；(2)幕僚人員的資格及數量；(3)方案實施的地理範圍；(4)所需要的軟硬體設備；(5)所需經費及其來源；(6)負責執行之機關。

(二) 敘明管制程序

一般而言，管制程序包括行政上的控制與方案上的控制兩種，茲說明如下：

1. 行政控制：

   主要包括下列三項：

   (1) 方案監測：係指定期對方案執行進行系統性監控的一種過程。

   (2) 經費監測：指對經費的使用、流向與執行所做的監控與追蹤。

   (3) 時間監測：旨在監督方案有無依預定進度進行。

2. 方案控制

   除了行政上的控制外，另須輔以其他措施，才能確保政策執行之成效。而較常用的方案控制有如下幾項：

   (1) 外包制：政府透過公開招標的方式，選擇較佳的私人廠商進行方案的執行工作。

   (2) 創造競爭的市場化環境：政府創造執行市場化的環境，標的團體從許多服務提供者中找尋最符合需求者，政府並不介入。

   (3) 建立能力：加強執行者的執行能力，使有助於政策目標的達成。

八、評估（evaluation）

評估的規準有七：

1. 效能：指政策達成預期結果或影響的程度。而效能不佳也常常是公共政策最常為人詬病的地方（Kraft & Furlong, 2013）。

2. 效率：指政策成本與政策效益的比例。成本的概念是政策分析的中心（Patton, Sawicki, & Clark, 2013），成本包括有形與無形的成本，尤其在面臨公共支出不足的今日，政策成本常被視為評價政策行動的重要指標（Kraft & Furlong, 2013），也因此成本的考量更必須加以注意。

3. 充分性：指政策目標解決問題的程度。

4. 公正性：指政策資源與利益及成本公平分配的程度。

5. 回應性：指政策成效滿足標的團體需求或價值的程度。

6. 適當性：指政策目標適合社會價值的程度。

7. 公平性：指政策過程的公平與結果的公平（Kraft & Furlong, 2013）。

九、回饋

藉由新資訊的輸入，進行修正，以縮小、拉近目標與執行結果的差距。

陸　結語

一、政策規劃旨在解決公共問題，以滿足人民需求

政府存在的目的即在解決人民問題，增進人民福祉。因此「民之所欲，長在我心」便成為政府各部門與各級公務人員念茲在茲的基本信念。易言之，即在發揮政府的職能，不負人民之所托。但是政府的職能除了解決人民的問題外，更要掌握變遷、創造未來，才是負責任的態度。以我國為例，在上個世紀 70 年代，政府預見未來資訊產業的發展性，因此在新竹開發科學園區，奠定臺灣資訊產業的基礎，也創造臺灣 30 年的經濟榮景。易言之，政策規劃必須具有前瞻性與發展性，才能

發揮承先啓後、開創未來的功能。

二、政策規劃應以理性思維進行，並依環境變遷適時的修正

　　政策規劃從備選方案的草擬、方案的決定，都是一個理性思維的過程。亦即政策規劃不僅是執政者主觀的期待或價值的選擇，同時它也必須是依據客觀的資料或數據，經過嚴謹的程序、縝密思考下的產物，而非只是感性勝過理性的主觀判斷。所以個人的意識型態或偏見在規劃過程中應儘量摒除，否則可能有畫虎不成反類犬之議，輕則勞民傷財，重則動搖國本。此外，任何規劃工作皆係根據現況並以此推估未來，而未來的發展爲何，往往出人意料之外。故政策規劃絕非一步到位，而是隨時掌握最新的資料，進行滾動式的修正，適應甚至引導變遷。

三、政策規劃的參與者具多元性

　　隨著社會的多元化與政治的民主化，公民參與已是政策規劃不可或缺的元素。多元社會很難有所謂一致性或共識性的政策存在，因此任何政策規劃必會有不同的意見出現。爲避免政策的推動造成社會的對立或分裂，因此在進行政策規劃時，多元的參與非常重要，尤其是利害關係人的代表，絕不可排除在外。即便最後未能達到所謂一致性的共識，但是透過對話與溝通可以了解彼此的態度與想法。而存在的歧見則可透過持續的對話，對政策進行必要的修正。如此一來，政策的可行性自然將大爲提升。

四、政策規劃應遵循七項原則，以落實公平正義

　　Easton 將政策定義爲價值的權威性分配（引自魏鏞等人，1992），而權威即意涵政治的運作與利益的分配。雖然政策之制訂有其政治上的考量，但是基於公平正義原則，政策的規劃仍須本公正無私的態度，考量社會大眾的福祉，將資源做最有效的分配。同時在分配資源時，儘量以個人受益爲最大考量，並以弱勢者最爲優先與最多。以往政策最爲人詬病的是「人在政存、人去政息」，爲免有限資源的浪費，政策規劃必須考量其延續性。而近年來，爲充分利用民間的資源與

能力，民營化與 BOT 成為政府在處理某些公共事務的做法，一方面培養民間解決問題的能力，一方面減輕政府的財政負擔。而基於國民一體的原則，政策規劃應朝資源共享、義務共擔的方向邁進。最後則是在資源有限的情況下，政府應權衡輕重，應優先對重要或緊急事務進行規劃，對於較不緊急的事務則可視情形再做決定，以免備多力分，眾事難成。

問題與討論

一、政策規劃的原則為何？
二、何謂需求？如何進行需求評估？
三、試述政策規劃的特性。
四、試說明政策規劃可行性分析。

參考文獻

(一) 中文部分

丘昌泰（2013）。公共政策——基礎篇（五版一刷）。臺北市：巨流。

朱志宏（1994）。政策規劃。載於魏鏞、朱志宏、詹中原、黃德福編著，公共政策（修正版）（111-150）。新北市：國立空中大學。

余致力、毛壽龍、陳敦源、郭昱瑩（2008）。公共政策。臺北市：智勝。

林水波、張世賢（2006）。公共政策（四版一刷）。臺北市：五南。

翁興利（2004）。政策規劃與行銷。臺北市：華泰。

陳敦源（2014）。公共政策規劃與評估：角色、思維、與制度環境下價值衝突管理的倫理問題。公共治理月刊，2(3)，12-28。

鄭興弟（2003）。政策規劃：理論與方法。臺北市：商鼎。

魏鏞、朱志宏、詹中原、黃德福編著（1992）。公共政策。新北市：國立空中大學。

MBA 智庫百科（2017 年 6 月 7 日）。**SMART** 原則。檢索日期：2017 年 6 月 7 日。取自：http://wiki.mbalib.com/zh-tw/SMART%E5%8E%9F%E5%88%99。

(二) 英文部分

Altschuld, J. W. & Witkin, B. R. (2000). *From needs assessment to action: transforming needs into solution strategies*. Thousand Oaks, Calif.: Sage Publications, Inc.

Anderson, J. E. (2003). *Public policymaking: an introduction* (5th ed.). Boston: Houghton Mifflin Company.

Bolan, R. S. & Nuttall, R. L. (1975). *Urban planning and politics*. Toronto, Canada: Lexington Books.

Dye, T. R. (2002). *Understanding Public Policy (*10 ed.). N.J.: Prentice-Hall.

Friedmann, J. (1967). A conceptual model for the analysis of planning behavior. *Administrative Science Quarterly, 12*(2), 225-252.

Jones, C. O. (1984). *An introduction to the study of public policy*. Monterey, Cal: Brooks/Cole Publishing Company.

Kaplan, A. (1973). On the strategy of social planning. *Policy Science, 4*(1), 41-61.

Kraft, M. E. & Furlong, S. R. (2013). *Public policy: politics, analysis, and alternatives* (4th ed.). Los Angeles: SAGE Publications.

Lester, J. P. & Stewart, Jr., J. (2000). *Public policy:an evolutionary approach*. Belmont, CA: Wadsworth/Thomson Learning.

Linder & Peters (1989). Instruments of Government: Perceptions and Contexts. *Journal of Public Policy, 9*(1), 35-58

Majone, G. (1977). *On the notion of political feasibility*. 檢索日期：2017 年 6 月 23 日，取自：https://books.google.com.tw/books?hl=zh-TW&lr=&id=tR-MBck8t0YC&oi=fnd&pg=PA80&dq=on+the+notion+of+political+feasibility&ots=HYzwj_8Qnk&sig=a84EfaUH9KPX0OjwdWv0-LnjlOQ&redir_esc =y#v= onepage&q=on%20the%20notion%20of%20political%20feasibility&f=false

Masser, I. (1983). The representation of urban planning-processes: an exploratory review. *Environment and Planning B: Planning and Design, 10*, 47-62.

Mayer, R. R. (1985). *Policy and program planning: a developmental perspective*. Englewood Cliffs, N.J.: Prentice-Hall.

Meltsner, A. J. (1976). *Policy analysts in the bureaucracy*. Berkeley: University of California Press.

Mintzberg, H., Raisinghani, D. & Theoret, A. (1976). The Structure of 'Unstructured' Decision Processes. *Administrative Science Quarterly, 21*(2), 246-275.

Patton, C. V., Sawicki, D. S. & Clark, J. J. (2013). *Basic methods of policy analysis and planning*. Boston; Upper Saddle River, N.J.: Pearson.

Pawlak, E. J. & Vinter, R. D. (2004). *Designing & Planning Programs for Nonprofit & Government Organizationals*. CA.: Jossey-Bass.

Quade, E. S. (1982). *Analysis for public decision*. N.Y.: North Holland.

Sidney, M. (2007). Policy formulation: Design and tools. In F. Fisher, G. J. Miller & M. Sidney (eds.). *Handbook of public policy analysis: theory, politics, and methods, 79-87*. Boca Raton: CRC/Taylor & Francisds.

第四章

學校執行新課綱的策略：校長領導力觀點

劉葳蕤、謝念慈

　　當孩子高度專注在創造，成為學習的主體，老師退居指導和欣賞，高品質的學習讓學生成為樂在學習的主人，這是芬蘭教育希望達到的目的。

　　「老師」是全世界最重要的工作，因為「老師」是為了建造未來（building the future）⋯⋯因為老師每一分鐘的投入都影響未來。當一個社會，最優秀的年輕人都嚮往成為小學老師，投入打造未來的理想，那麼，這樣的未來一定是很值得嚮往。

　　面對劇烈變動的未來，教與學的樣貌也不斷在改變，不變的是：

　　教師課程與教學專業發展是教師教學的品質保證。

　　素養導向的學生主體學習是學生學習的品質保證。

　　校長領導則是教師教學與學生學習的最佳連結。

　　（芬蘭國家教育委員會基礎教育課綱計畫主席哈梅琳，Irmeli Halinen）

壹　前言

　　21 世紀的智慧科技時代，面對未來快速變遷的趨勢，學校教育該引導學生學習什麼、學會什麼，教師應該教導學生什麼，在在都考驗著教學現場的每一個人，該如何做，才能迎向充滿不確定性的未來社會。

　　據此，聯合國教科文組織（UNESCO）、歐盟（EU）、經濟合作與發展組織（OCED）等組織為培育適應未來高度變遷社會的世界公民，提出應有基本的能力與核心素養，以培養在未來社會獲得成功生活與建構健全功能社會的知識、態度與能力。聯合國教科文組織（UNESCO）於 2003 年架構出「五大支柱說」，主張為適應快速變化的社會，現代教育應具備學會認知（learning to know）、學會做事（learning to do）、學會與他人共處（learning to live together）、學會自我發展（learning to be）、學會改變（learning to change）等基本能力。歐盟（EU）則於 2006 年提出「終身學習核心素養」，提出八個

核心素養：能母語溝通（Communication in the mother tongue）、能外語溝通（Communication in a foreign language）、數學及基本科技素養（Mathematical competence and basic competences in science and technology）、數位資訊素養（Digital competence）、學會學習（Learning to learn）、社會與公民素養（Social and civic competence）、主動與創業精神（Sense of initiative and entrepreneurship）、文化的知覺與表達（Cultural awareness and expression）；歐盟各國針對語言、科學、資訊等學習基礎，同時學會如何學習以奠基終身學習的能力。經濟合作與發展組織（OCED, 2013）則提出了 2030 年教育框架，指出未來的學習者應具知識（學科／跨學科知識）、技能（認知與後設認知技能、社會與情緒技能、勞動與實用技能）、態度和價值觀等，透過後設學習內化成為素養能力並在行為中展現出來（B. Lucas, 2018）。聯合國教科文組織（UNESCO）更進一步發表《仁川宣言》（2016），強調包容、公平的優質教育，並讓全民享有終身學習的機會。

　　面對國際間一波波的教育改革，教育部在 2016 年發布《十二年國民基本教育實施計畫》，並以五大理念：有教無類、因材施教、適性揚才、多元進路、優質銜接，推動十二年國民基本教育，務使全國都有優質的教育環境，讓學生有能力繼續升學或進入職場就業，並能終身學習。而如何使學生獲得完整知識、生活經驗與能力，發展適切的課程，為十二年國民基本教育之重要內容，也是貫穿十二年國教的重要精神；基於全人教育精神與「自發、互動、共好」理念，以「素養」取代「基本能力」，並強調「基本能力」之概念，包含過去九年一貫課程綱要之基本能力及學科知識，以達個體之全人教育及終身學習之理想（國家教育研究院，2014）。由此看來，我國提出十二年國民基本教育進行教育革新，並推動素養導向的課程與教學，藉以符應環境的變動與時代的需求。

　　因此，在教育改革風起雲湧的時代，校長扮演教育品質提升的角色愈顯重要，其工作的挑戰也隨著改革步伐而逐漸升高。在十二年國教課綱的架構下，如何發展適切課程內容使學生獲得完整知識與生活經驗，內化為素養能力，更有賴校長領導學校團隊進行推動。於此推動過

程中，校長不僅帶領教師達成課程發展、課堂的教學翻轉，也要有前瞻的視野爲學校的發展與社會脈動、世界潮流接軌。本文針對十二年國教課綱的內容與執行，探討校長在面對世界潮流下的**趨勢領導**、課程領導、教學領導，以及面對優質學校經營，學校領導人可運用的策略，作爲推動十二年國教課綱的建議與參考。

貳　十二年國教課綱的重要內涵

一、十二年國教課綱之基本理念

　　隨著國際化、全球化**趨勢**影響，面對未來的社會快速發展，各國針對未來的社會需求進行教育改革，而國內少子女化、多元文化、民主參與、社會正義及永續發展等議題發展備受重視，使學校學習面臨許多挑戰，十二年國民基本教育政策應運而生，課程不再是以升學爲目的，而是應考量課程如何引導學生學習及發展。吳清山（2017）指出，推行十二年國教的重大意義在於：從量的擴張到質的提升，九年義務教育讓全民都有機會受教育，十二年國教則是追求更精緻的教育品質；從升學考試的單一目的，到發展每個學生的多元智能，成就每一個孩子；從以教師爲中心的學習，進展到以學生學習爲中心的學習。

　　「十二年國民基本教育課程綱要」是以「自發、互動、共好」爲理念，以「成就每一個孩子一適性揚才、終身學習」爲願景，以「啓發生命潛能、陶養生活知能、促進生涯發展、涵養公民責任」爲目標，並兼顧個別特殊需求、尊重多元文化與族群差異、關懷弱勢群體，以開展生命主體爲起點，透過適性教育，激發學生生活的自信，重視全人教育，鼓勵學生創新學習，成爲具有社會適應力與應變力的終身學習者（國家教育研究院，2014）。

二、核心素養與課程內涵

(一) 素養導向的教育內容

　　依據十二年國教課綱對「核心素養」的定義（教育部，2014）：指一個人爲適應現在生活及面對未來挑戰，所應具備的知識、能力與態度。「核心素養」強調學習不宜以學科知識及技能爲限，而應關注學習

與生活的結合，透過實踐彰顯學習者的全人發展。將核心素養作為課程發展之主軸，使得各階段教育得以連貫以及各領域／科目間的統整都以此為中心。核心素養，分為三大面向：「自主行動」、「溝通互動」、「社會參與」。三大面向再細分為九大項目：「身心素質與自我精進」、「系統思考與解決問題」、「規劃執行與創新應變」、「符號運用與溝通表達」、「科技資訊與媒體素養」、「藝術涵養與美感素養」、「道德實踐與公民意識」、「人際關係與團隊合作」、「多元文化與國際理解」。核心素養的內涵，如圖 4-1 所示。並透過學習內容及

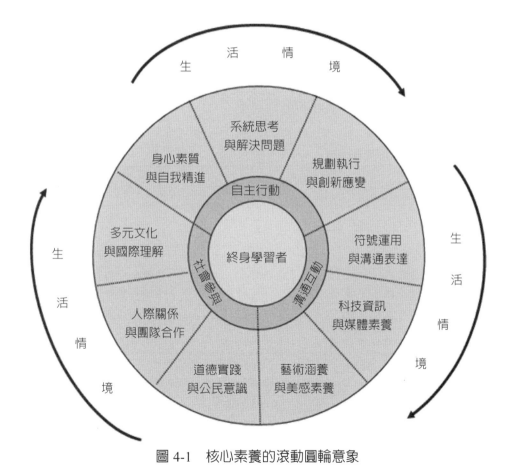

圖 4-1　核心素養的滾動圓輪意象

資料來源：教育部（2014）。十二年國民基本教育課程綱要總綱。取自 https://www.naer.edu.tw/ezfiles/ 0/1000/attach/87/pta_5320_2729842_56626.pdf

學習表現，統整各領域／科目之課程內涵與核心素養之呼應。「核心素養」將學習者的學科知識與基本能力整合，運用在生活情境，且由個人延伸到社會，強化學習者在生活中的實踐，培養學生因應現在及未來的生活挑戰所應具備的能力。

(二) 課程多元規劃，發展學校本位課程

在十二年國教課綱中，課程發展須依循不同教育階段之目標與學生身心發展的特色，給予彈性多元的學習課程，以學生學習為中心，達成其適性發展。並將課程分為「部定課程」與「校訂課程」，強調「彈性學習課程」、「彈性學習時間」與「選修課程」，增加學生自主學習的時間與空間，如表 4-1，各教育階段課程類型所示。無論在總綱或領綱，皆重視各領域／科目與核心素養、學科知識、能力、情意統整之重要性，以核心素養來引導各領域／科目的課程內容，避免有所偏廢，也強調整合知識、能力、態度的學習成果。

表 4-1　各教育階段課程類型

教育階段		課程類型　部定課程	校訂課程
國民小學		領域學習課程	彈性學習課程
國民中學			
高級中學	普通型高級中學	一般科目 專業科目	校訂必修課程 選修課程 團體活動時間 彈性學習時間
	技術型高級中學		
	綜合型高級中學		
	單科型高級中學		

資料來源：教育部（2014）。十二年國民基本教育課程綱要總綱。取自 https://www.naer.edu.tw/ezfiles/ 0/1000/attach/87/pta_5320_2729842_56626.pdf。

就各教育階段而言，改變最多是高中課程，除了部定課程與傳統必修科目相同之外，校訂課程調整為校訂必修、選修課程、團體活動時間和彈性學習時間。其中部定必修的學分數下降，校訂學分數增加，學校需要大量開設選修課程（加深加廣及多元選修），同時亦須研發校本特

色課程，教師組成跨領域／科目團隊合作開課、協同教學，讓學生依自己的興趣適性選修；團體活動與彈性學習時間也都是由學校或學生自行規劃。期許透過多元的課程規劃，充實學生的學習經驗，以達成學生適性學習與發展；透過校本課程的建構，發展學校特色，落實學校永續經營的理念。

(三) 跨領域課程與教學設計，落實做中學

十二年國教課綱中，國中小教育階段中的「彈性學習課程」包含有跨領域統整性主題／專題／議題探究課程。而高級中等學校教育階段，透過跨領域／科目專題、實作／實驗課程或探索體驗課程、探究與實作課程，則強調跨領域或跨科課程統整與應用，期望教學現場能實踐：

1. 教知識也重視技能與情意，透過提問、討論、欣賞、展演、操作、情境體驗等有效的教學活動與策略，引導學生創造與省思，提供學生更多參與互動及力行實踐的機會。

2. 強調學習歷程及學習方法的重要，使學生喜歡學習及學會如何學習（learning to learn）。

3. 重視情境學習，學生能主動地在與周遭人、事、物及環境的互動中觀察現象、尋求關係及解決問題，並能應用於生活中。

4. 將學校所學的知識落實於社會行動，促進個人在多元的情境或社會中更有效率的參與，並且增進個人成功的生活及健全社會發展的能力（曾祥容，2017）。

(四) 校長及教師公開授課，落實教師專業發展

十二年國教課綱總綱之實施要點：「為持續提升教學品質與學生學習成效，形成同儕共學的教學文化，校長及每位教師每學年應在學校或社群整體規劃下，至少公開授課一次，並進行專業回饋。」（教育部，2014）十二年國教課綱之實施，校長公開授課有了法定基礎。校長身為教育領航員，不但是學校的經營管理者，也兼具學校首席教師的身分，校長更是課程與教學改革的領頭羊，因此，校長必須落實教學領導之功能，以身作則，透過公開授課，藉由共同備課與議課，同時促使

教師進行專業對話，激發學校教師教育熱忱，提高教師公開授課之意願，以協助教師專業發展，提升教學品質與學生學習成效，以達成學校的教育目標。

參　校長領導與學校經營

當教育改革的號角響起，學校的經營也隨著社會變化與課程教學的革新有著巨大變化及挑戰。新課綱的內容讓學生有更多的自主空間，以素養能力為主軸，建構學生基礎能力，適性發展，培育有創意、能與他人團隊合作、具競爭力的新世代。為了要達成這些目標，教師的專業發展、教學翻轉，更有其重要性。十二年國教的變革，校長身為學校的領導人，除了領導教師面對課程與教學改變之外，校長也應具備帶領學校面對全球化及資訊科技化的趨勢變化，讓學校有優勢發展。茲就校長領導之整體面向的趨勢領導，實務面向的課程領導、教學領導，其內容與在十二年國教課程中之角色與影響，進行說明。

一、校長的趨勢領導

趨勢領導（trend leadership）係指組織領導人掌握組織內部的變動情形以及社會與國際發展走向，融入策略性組織發展計畫中，透過善用關鍵的契機，以帶領組織邁向優質、卓越的作為（吳清山、林天祐，2005）。

校長領導在學校的經營管理上扮演著重要的角色，由於急遽的全球化及資訊化之深遠影響，有無數的教育改革與學校重整運動正在進行，面對新世紀的挑戰，校長必須面對不斷的「變革」與「未來發展」二大重要變項經營校務（陳木金，2004）。在《十二年國民基本教育課程發展建議書》中亦指出：在全球化視野下，立足於在地情境及需求，以關照每一位學生生命主體的開展及適性學習的需求。未來所需的人才不再只是能學會知識而已，更需要的是能學會學習、與人相互合作，並在生活中能運用知識解決問題（國家教育研究院，2014）。在此目標下，校長除了面對教育改革及全球化趨勢，校長的趨勢領導應上位地思考學校願景，重視個人的學習技能，有效發展自己的能力，學

會學習。學校是支持學生多元智慧發展的環境，每所學校都有自己的優勢、潛能和特色，發展學校的校本特色課程，擴大對學生學習的助力。此外，學校經營也鼓勵家長與社區主動投入學校教育，提供學生廣泛的學習範疇，擴大師生從各種生活情境和不同文化獲益的機會，發展豐富的學習內容，將所學應用於生活之中，嘗試帶起新的活動和新的經驗來豐富本地的社會和文化。在全球化潮流推動下，學校經營應建構在與全球化的知識資訊交換平臺上與世界接軌，透過網際網路、跨文化分享等各種不同形式的互動與學習，使學生在學校協助下，有機會向世界各地的教師、專家和同儕學習。綜上所述，校長的趨勢領導應達成個別化（individualization）、本土化（localization）和全球化（globalization）重要理念，進而協助學生發展接軌世界各地之「與人溝通」、「與人分享」、「與人合作」、「與人競爭」的能力（陳木金，2004；張明輝，2005）。

二、校長的課程領導

課程領導（curriculum leadership）是指在課程發展過程中，對於教學方法、課程的設計、實施和評鑑上提供支持與引導，使教師更能有效教學及提升學生學習成效（吳清山、林天佑，2001）。廣義而言，課程領導是教育人員對學校課程的領導行為，凡是教育專業人員所從事能使學校課程、教師教學及學生學習更精進的行為，是所有的教育人員（校長、行政人員、教師）皆能扮演課程領導的角色，其中，校長更是決定課程領導的重要角色（蔡清田，2005）。秦夢群（2013）指出，課程領導為領導者針對課程發展、教學方法、課程設計、課程實施與課程評鑑，提供支持與引導，以幫助教師有效教學和提升學生學習效果之領導模式。

實踐課程領導，校長應具備課程的專業知能，發揮領導功能，塑造支持性環境，扮演課程改革的推動者；透過教師專業學習、學校組織學習，強化學校整體動能，並參酌學生需要、學校及社區特性，共同建構學校願景與課程目標，並加以實施、評鑑，以提升學生學習成效。課程領導也涉及學校所處的環境、學校的組織結構、政治、教師的生活及其

工作、學校文化和教師學習等元素（李子建，2004），校長理應扮演課程領導者的角色。十二年國教課綱最大的變革在學生的核心素養能力的培養，跨領域課程的設計與規劃，是這一波教改的重點，校長——特別是高中校長——更須引領學科教師走出單科課程設計的舒適圈，同時統整學校的特色、學生未來發展需求，規劃出符合的校本課程、校訂必修、加深加廣選修、多元選修、彈性學習課程等，透過系統思考，協同合作，融入數位科技元素，迎向跨域的課程合作，使學校發展成為學習型組織，促進教師間的合作和團隊學習，達成學生有效學習，形成校園組織文化的新風貌。

三、校長的教學領導

教學領導（instructional leadership）字義上可解釋為「教學上的領導」，一切與教學有直接和間接關係的領導均可視之。在學校組織中，校長身為首席教師（head teacher），更是教學上的專業領導，扮演教學領導者的角色，以帶領教師完成教學願景、目標、任務與創新任務（林新發，2010）。校長教學領導主要在協助教師發展其專業知識與技能的領導行為，包括直接協助教師教學、促進教師專業成長、進行課程研發與從事行動研究（吳清山、林天祐，2001）。此外，校長運用行政措施，直間或間接進行其教學領導，鼓勵教師從事專業學習社群互動，達成教學目標與任務、確保課程與教學品質、促進教師專業發展、增進學生學習氣氛、發展支持的工作環境（李安明，2016）。

校長是學校發展的領航人，十二年國教的課程推動，校長的教學領導不僅在於行政／政策上的領導，更要在培養學生具備「核心素養」的前提下引領變革的落實。教育部（2017）在《素養導向教學教戰手冊》中指出，教學型態的改變應從灌輸式的教學方法，調整為以討論、操作、展演、體驗的方式引導學生創造與省思，將學科知識內容轉化為實踐性的知識，落實生活之中。教室的風景也從教師中心轉變為學生學習中心，學生能力指標檢定取代教學進度檢核，融合了知識、技能與態度／價值的課堂活動成為學習的主流，教學內容的設計，也強調學習歷程及學習方法，使學生喜歡學習及學會如何學習。為達成上述之教

學目標，提供教師優質的教學環境，塑造良好的工作氛圍，也可提升老師在教學創新、共備分享、教學研究上更多的動能。此外，課程綱要總綱明訂校長及教師，每年均須公開授課一次，更是校長執行教學領導的重要方向。

肆　校長推動十二年國教課綱之困難與策略

十二年國教以素養能力的培養為改革的核心，學校特色、校本位課程、差異化教學、學生適性發展，都成為學校辦學的焦點，這些都有賴於校長的領導與作為，才能帶動學校的成長與更新。然而在實務現場，課綱內容認識不夠熟稔，學校缺乏優質課程發展團隊、缺乏接受變革動力、學校組織氣氛不佳、缺乏專業學習社群，也會造成校長推動十二年國教新課綱的阻力。茲就校長推動新課綱之困難及策略，做以下說明：

一、校長推動十二年國教課綱可能遇見之困難

校長依法執行十二年國教課綱政策，並帶領教師推動新課程，課程綱要核心素養包括三大面向及九大項目，並透過「核心素養」培育學生為終身學習者，以期能成為均衡發展之現代國民。且社會價值仍充斥著升學主義的思維，部分家長、教師，乃至學生存有名校情結及分數迷思，校長如何在實施課程綱要中，透過多元評量展現學生學習成效，亦能同時達成學校願景，為十二年國教課綱實施之重要問題之一。

再者，課程發展須與時俱進，教師自完成師資培育課程，除本身另有進行系統性進修者，面對課程改革之衝擊，較為被動接受課程改革或採取觀望的態度。若教師課程發展的專業知能不足，面對新課程的變革，則造成專業能力落差之困境。因此，教師若缺乏課程改革動力，則可能缺乏核心素養教學專業能力，進而影響十二年國教課綱重視學生核心素養之培養。

二、校長推動十二年國教課綱之可行策略

(一)透過共同願景，凝聚共識

學校願景的提出，是用以凝聚親師生的向心力與共同的努力方向，校長應以世界潮流與趨勢與師生的教育需求，進行 SWOTS 分析，轉化成為學校共同願景，並將願景轉換成為期望的課程目標、能力指標，進而朝向課程革新的方向邁進。

校長可以從擬定校務發展計畫開始，條理說明上位思考及哲思價值，帶領全校教職人員確定學校願景，勾勒學生圖像，形塑學校文化，確立目標及行動策略。透過課程發展委員會進行課程規劃，將學校願景與「核心素養」相結合，將十二年國教課綱之內容，轉化成學校課程計畫。並且透過各種方法，引進專家學者，向學校人員說明「十二年國教」及「核心素養」的內涵、實施策略及方法，同時也要增強老師們面對改變的能力與信心，讓老師們真心願意地改變教學模式，為提升學生的能力共同努力。

(二) 成立課程革新組織，導入專業思維

推動十二年國教課綱不只行政全體總動員，每位教師都應參與討論和開設課程，以南港高中為例，為順利進行十二年國教任務，校內必須成立各種推動小組，充分討論、規劃和執行，例如：

1. 成立十二年國教課綱之課程核心小組，認識課綱、發展課程地圖、討論學校各式課程之模式與實施方式、訂定校訂必修、規劃多元選修、校本位課程以及彈性學習時間的內容，完成學校課程整體計畫。

2. 組成教師專業社群（PLC），產出能結合學校願景與學生圖像之校訂必修、多元選修課程，讓教師專業社群成為課程發展的基本單位。每學期賦予社群與十二年國教課綱相關的任務，並提供社群開發課程的資源，讓專業增能或對話與發想與課程發展之間關係更為順暢。

3. 成立學生學習歷程檔案推動小組，進行處室合作，建置學習歷程檔案各項工作。

4. 成立彈性學習推動小組，負責學校特色活動，並進行社團活動、服務學習、自主學習、講座活動、學校特色活動之盤整與課程規劃。

　　上述各小組成員均由各學科教師共同擔任，行政團隊也各司其職，扮演重要角色，例如：教務處負責課程核心小組的帶領、盤整教學資源設備及教學空間；學務處主責彈性學習統整規劃；輔導室主責學習歷程檔案；圖書館則主導講座、自主學習的規劃；此外，家長的參與也是重要的協助力量。

(三) 建立各式對話平臺，塑造積極的組織氣氛

　　十二年國教課綱的推動，不只是校長的責任，更包括學校行政人員、教師、學生、家長及社區人士。必須讓所有的參與者都熟悉且深入了解整個計畫的內容。除了利用各項教師集會、教學研究會時帶領解讀總綱、領綱的內容，以加速取得共識，凝聚規劃方向和聚焦於課程研發；更重要的是帶領教師深化和研發素養導向的教學和評量，掌握十二年國教課綱中最核心的課題。此外，跨社群的對話也相同重要，利用學校日讓全校老師和家長說明課程設計與理念，促進家長對學校的認識，灌輸「核心素養」的理念及重要性，並且對課程設計、教學及評量方式的認同，這些互動性的做法不僅是為了課程發展，也促進不同社群的同理，增加團體動能，形塑校園正向文化。

(四) 提升教師專業發展，深化學生學習成效

　　校長應發揮課程與教學領導功能，引導並鼓勵教師成立專業學習社群，透過學習社群有助教師聚焦學生學習及不斷精進，教師參與專業學習社群，培養自身的分析及批判思考能力，成為創新實驗者及行動研究者，例如：實驗班課程的發想與產出；另透過教師同儕合作，建構系統化之校本課程，例如：校訂必修課程的開課、多元選修的課程設計等，都是在各個教師專業社群中進行討論與落實。

　　十二年國教課綱在 108 學年度實施後，公開授課成為中小學教師教學現場的常態，期許以教師平時的教學情境為基礎，相互對話和分享教學經驗，以及觀摩他人的教學或獲得他人的意見後省思自己的教學，進而改變自己的教學方式（教育部，2014）。以南港高中為例，以「學習者為中心」為主軸，進行教師公開授課，透過備課、觀課、議課的過程，除了肯定教師教學的成就和表現，協助教師診斷和解決教學

問題，並鼓勵老師在教學上融入不同教學方式，提升學生問題思考及口說發表的能力，將「教」與「學」真正落實在課堂之中。

(五) 統整內外資源，支持新動能

整合校內外資源，有助於校長凝聚學校願景與團隊合作文化、領導課程發展專業組織、支持與激勵教師專業學習等，以達成十二年國教課綱改革下，提升學生學習與學校經營之面向（國家教育研究院，2014）。

就校內資源而言，利用各項專案計畫之經費資源，改善軟硬體設備，打造優質教學環境，提升教師創新教學的動能，優化資源以引導教師合作。就外部資源而言，包括學校與家庭、社區、大學校院之合作，例如：與大學進行課程規劃，大學教師開課、專題研究支援等，整合教學資源，形成系統性之課程網絡及支持（黃淑娟、吳清山，2016）。以臺北市為例，可利用「酷課雲」課程教學資源、國高中課程工作圈所規劃及提供的策略聯盟、學科交流平臺、人才庫資源，協助課程規劃及教師專業成長。此外，標竿學習也是重要的成長機會，可規劃校際參訪及爭取海外學習的機會，透過觀摩學習拓展視野，教師間對話與交流機會增加，無形間提升教師間情誼，也促進跨學科老師對課程發展的火花。

伍　結語

十二年國教理念與目標之落實，係以核心素養為課程發展之主軸，從「能力導向」至「素養導向」，翻轉教育現場、開啟新視野，讓教育更豐富。新課綱的準備工作已經到了緊鑼密鼓的最後一里路，除了行政團隊須全部動起來外，教師的態度和投入程度也是關鍵。如何整合行政推動力量和教師課程專業能力，完成所有課程的設計規劃，滿足學生適性揚才的需求，培養「自發、互助、共好」的核心素養，將是校長趨勢領導、課程領導與教學領導的最核心點。所以，校長必須帶領第一線參與的夥伴，詳細了解十二年國教課綱的內涵和重要價值，方能領導行政團隊和教師團隊齊心共創和執行課程計畫，關注學習與生活的結合並得

到最大的學習利益，落實這波以學生為主體的課程改革。

問題與討論

一、十二年國教課綱的重要內涵為何？

二、執行十二年國教課綱，校長領導所面臨的困難為何？有哪些解決的策略？

三、如何將校長之領導力，發揮在十二年國教課綱的推動？

參考文獻

(一) 中文部分

吳清山（2017）。未來教育發展。臺北市：高等教育。

吳清山、林天佑（2001）。教學領導。**教育資料與研究，43**，121。

吳清山、林天祐（2005）。趨勢領導。**教育研究月刊，133**，159。

李子建（2004）。課程領導與教師專業發展：知識領導的觀點。香港教師中心學報。香港：香港教師中心。

李安明（2016）。國民小學校長教學領導運作之責任探究：以新竹縣市 3 所國小為例。**教育行政論壇，8**(1)，1-33。

林新發（2010）。校長教學領導的意涵與行動實踐步驟。**國民教育，51**(2)，1-6。doi:10.6476/JNE.201012.0001

秦夢群（2013）。教育領導理論與應用。臺北市：五南。

國家教育研究院（2014）。十二年國民基本教育課程發展建議書。取自 http://www.naer.edu.tw/files/15-1000-5619,c1179-1.php?Lang=zh-tw。

張明輝（2005）。優質學校教育指標——行政管理、領導與學校文化。**校長的專業發展**（頁 139-166）。臺北市：臺北市教研中心。取自 https://www.naer.edu.tw/ezfiles/0/1000/attach/14/pta_443_9255194_54425.pdf。

蔡清田（2005）。**課程領導與學校本位課程發展**。臺北：五南。

教育部（2014）。十二年國民基本教育課程綱要總綱。取自 https://www.naer.edu.tw/ ezfiles/ 0/1000/attach/87/pta_5320_2729842_56626.pdf。

教育部（2017）。面向未來的能力——素養導向教學教戰手冊。取自 http://newsletter.edu.tw/ wp-content/uploads/面向未來的能力——素養導向教學教戰手冊.pdf。

陳木金（2004）。趨勢領導理論對學校行政經營的啟示。**學校行政論壇第十三次學術研討會**。頁 107-120。

曾祥容（2017）。**跨領域統整的教與學**。取自 https://www.naer.edu.tw/ezfiles/0/1000/ img/89/414127595.pdf

黃淑娟、吳清山（2016）。校長課程領導推動十二年國民基本教育課程綱要因應策略之研究。**學校行政**，**106**，121-140。doi:10.3966/160683002016110106007

(二)英文部分

Bill Lucas (2018). *International perspectives on how education offers solutions to tackle skills mismatches and shortages.* Conference paper, Conference: 5th International Conference on Employer Engagement & Training, July 2018, At London, UK, from https://www.researchgate.net/publication/326032010.

European Council (2006). *Recommendation of the European Parliament and the Council of 18 December 2006 on Key Competencies for Lifelong Learning.* OJ L 394, 30.12.2006, p. 10-18, from http://data.europa.eu/eli/reco/2006/962/oj.

United Nations Educational, Scientific and Cultural Organization (UNESCO) Institute, for Education (2003). *Nurturing the Treasure: Vision and Strategy 2002-2007.* Hamburg, Germany: Author, from http://unesdoc.unesco.org/images/ 0013/001311/131145e.pdf.

第五章

國小教師應用磨課師之內涵與實踐

謝翠娟

　　磨課師在激起學生學習興趣、開啟學生自主學習型態和提供豐富多元的知識來源，有其積極性的價值，值得加以重視和推動。（吳清山）

壹　前言

　　隨著資訊科技的發展，人們能透過智慧型手機、平板或筆記型電腦……等科技產品，輸入關鍵字便能尋找到許多資訊，亦能藉由網路將文字傳送至世界各地，資訊科技的發達已深植人心，因而改變人們的生活、工作與學習。現在學童自年幼便有機會接觸網際網路與科技產品，然而，當今邁入多變的社會環境，倘若只教導學生如何使用資訊設備是不夠的，必須藉由授課教師將資訊科技融入教學中，教育學生適應變動的資訊化社會，培養學生透過網際網路和科技產品能夠擁有自主學習的能力。爰此，為因應現代資訊科技社會，在進行課程與教學授課之前，教師請學生在家先行預習或觀賞教學影片已成為當今教師面對之課題，而此股潮流也成為目前世界各國之主流趨勢，並列入教育改革發展的重點，俾利培養國民具備資訊與應用的能力（張雅芳、朱鎮宇、徐加玲，2007）。

　　教育部資訊及科技教育司為因應未來少子化、高齡化、全球化、數位化、暖化的趨勢與挑戰，學生應具備立足於 21 世紀所需的知識、技能及基本能力，且為因應數位科技及未來教育發展趨勢，在 2013 年提出自 2014 年起為期四年的「數位學習推動計畫」，期藉由此計畫的推動，推展全國師生新一代的數位應用環境及學習模式，以滿足學校教與學的需求，創新國內教育發展。推動項目包括「提升校園網路頻寬效能及建置無線網路環境」、「建構教育雲端應用及平臺服務」、「推展中小學創新應用學校」、「推動數位學伴計畫」等四大項。而於「推展中小學創新應用學校」項目部分，除行動學習推動計畫之甄選，陸續發展出具特色的多元應用模式，提高學生學習興趣，發揮行動學習效果外；另成立中小學磨課師（MOOCs）試辦學校，鼓勵教師採團隊合作方式，錄製學科教學影片，放置在免費的自主學習網站，提供學生課前

預習或課後複習，且鼓勵教師將日常教學歷程數位化，提供學生進行學習補強，達到精熟學習目的（教育部新聞稿，2014）。

　　教育部規劃建立產官學界合作機制，共同發展新一代的線上開放式課程模式，樹立教師教學典範，實現開放、自主、便利的學習環境（何榮桂，2014）。教育部最先以補助大學教師發展磨課師課程為主，建立磨課師課程發展支援機制，鼓勵大專院校數位教育之發展；其後成立中小學磨課師計畫辦公室，設計並推出中小學磨課師課程設計規範與徵件規格，補助各縣市發展具特色的磨課師課程，同時與國內外組織機構合作進行典範移轉或提供人員培訓課程，舉辦創新應用教學研討會、工作坊等教師研習活動（教育部「中小學磨課師課程推動計畫」辦公室，2015）。磨課師在激起學生學習興趣、開啟學生自主學習型態和提供豐富多元的知識來源，有其積極性的價值，值得加以重視和推動（吳清山，2013）。

貳　磨課師的相關理念

　　為進一步說明磨課師的相關理念，以下分別從磨課師的意涵與三類學習模式加以析述。

一、磨課師的意涵

　　磨課師的原名為 Massive Open Online Courses 的簡寫 MOOCs 音譯而來，起源於美國頂尖大學將課程全面數位化並且免費開放的線上課程，進行方式為學生在家上網觀看完整的教學影片，搭配即時問答系統、電子書講義、非同步論壇與電腦化測驗等輔助工具，在任何時間、任何地點上網獨立學習（Thompson, 2011）。由於每堂磨課師課程的學生人數不限而且免費公開，吸引全世界數以萬計對學科主題感興趣的學習者修讀，近年來世界各國的頂尖大學都紛紛加入跨國的磨課師學習平臺，亦增加國際間頂尖大學互相交流、彼此學習的機會。因此 MOOCs 翻譯為「大規模開放式線上課程」，是一種藉由網路平臺所開設，提供有興趣修習的夥伴共同參與進行註冊選讀之課程（吳清山，2013）。

　　國外中小學教學方法皆讓孩子在家看過影片，來到教室，老師順著他們的性向，學生可以有各種不同的發展；孩子們在家看過影片，若發現問題，會與同儕相互討論；有的孩子喜歡與老師討論，他們可以在教室前面跟老師問問題；有的孩子看完影片並無任何問題，他就自己乖乖寫作業、做題目，碰到問題再去學校問老師。而 MOOCs 課程便是以主題明確且長度適中的單元影片，輔以測驗及作業，針對學生進行線上自我學習，並藉由教師設計的學習互動，進行虛擬或實體討論的一種線上課程。

二、磨課師三類學習模式

　　磨課師依學習模式可分為三大類：

（一）cMOOCs

　　cMOOCs 提供了混合課程的框架，翻轉的課堂模式可以幫助教師群設計更具互動性和吸引力的線上課程。所謂翻轉係指「將重點從教師轉移到學生」，我們關注的是學生在構建知識方面所做的工作，以便學習者可以共享資源並開發鼓勵自我反思和分析的任務。此外，cMOOCs 中的學習者可以建立個人學習網絡；創造、策劃和分享資源；並參與反思活動，像部落格……等（Nielson, 2014）。

　　網路的資訊變動非常快速，教室以外的非正規學習對學習者也相當重要，生活時刻都會出現新的問題和困難，教師更應該著重在培養學生具備創造性與自主性的學習能力。

　　柯俊如（2013）提到 cMOOCs 課程的學習焦點應放在「如何與資訊連結」，教師設計的學習活動則是為了教導學生「獲得準確而且與時俱進的知識」，老師不是內容的絕對權威，而是引導學生探索這些主題知識的協助者。另外，應善用科技工具，教學重視的不再是內容傳遞，而是要讓學生知道資源在哪裡、該如何根據個人目標篩選和使用。

（二）xMOOCs

　　為 coursera、Udacity 和 edX 等磨課平臺最主要的課程模式（McNamara, 2015），教學係以教師為中心編排課程，將傳統面對面的講述

教學轉換到網路上，課程進行依賴教師事先的教學設計與錄製的教學影片，核心概念影片除教師講解課程影像外，亦能搭配電腦簡報排版內容、動畫、舞臺、戶外實景等。

柯俊如（2013）提到 xMOOCs 主要是在單一網頁上進行，由老師錄製影片、提供教材內容，學生藉由傳遞效用接收這些教材內容。課程進行過程中，老師會建立起一對多名學生的互動關係，然而並不重視協助學生建立彼此的關係，課程結束後，學生的學習可能也因此結束，和老師及同學的連結就此消失。

xMOOCs 更容易結合到傳統課堂上作為補充教材，學生放學回到家能上網學習，如同教師在學生家中一對一的個別輔導，即便重複聆聽無數次課程內容，也不用擔心耽誤到老師的時間。

(三) 可汗學院與均一教育平臺

經查可汗學院官方網站：可汗學院係由印度孟加拉裔的創辦人薩曼・可汗（Salman Khan）在 2006 年創立的非營利線上教學網站，是一個免費的教育資源網站，可汗學院影片觀看率成為全世界兩萬間中小學教室的教學幫手，教學影片被翻譯成 36 種語言，更獲比爾・蓋茲與 Google 的贊助，已然成為全世界最大的線上教學平臺。

教師預錄影片讓學生線上學習課程的概念，來自 2011 年可汗學院（Khan Academy）的創辦人 Salman Khan 在 TED（Technology Entertainment Design）大會的「影片能改變教育」演講得到熱烈的迴響，演講中說明學校教師如何使用可汗學院的教學短片補充課程的內容，協助教師分析網站上記錄的學習檔案，追蹤學生的學習進度或者是了解遭遇到的問題，協助教師監督每一位學生的學習狀況（Khan, 2011），依據學生的學習情況調整作業、電腦化測驗與補充教材，實現差異化教學的可能，這也使得可汗學院在國外的成功，受到許多企業主以及教育人員的肯定。

另由均一教育平臺網站得知：國內由財團法人誠致教育基金會所創立的均一教育平臺，同樣遵循可汗學院的教育理念，建立雲端平臺並提供「均等、一流」的教育機會給每個人，並引進可汗學院的網頁元素加

以改良，提供各式課程教學影片及練習題，與可汗學院共同打造屬於每個學生的免費雲端家教老師。此種善用科技的教學模式，為孩子量身打造學習的課程，著實給予孩子有效的自學環境。

參　國小教師應用磨課師之內涵分析

在教育現場，學生與老師的討論與溝通很重要，教育若要做的好，應該要因材施教，依學生個體差異給予不同的指導，並與學生討論與溝通，方能了解每個學生的差異，才有辦法依據其差異給予個別指導。以下就國小教師應用磨課師之特性及翻轉教室略為說明。

一、磨課師特性

關於磨課師之特性主要有以下幾點：

1.自主性：由學生自己決定和自主管理學習進度，充分展現主動學習精神與態度。

2.分段式：與傳統上課 1-3 小時上課節數不同，依照學習主題將課程劃分為各種不同小單元，避免學習者過於勞累。

3.互動式：與傳統教學不同，老師能針對課程內容講授且採師生或生生雙向溝通。

4.社群式：學員形成一個大的學習社群，透過網路相互討論學習心得和分享經驗。

雖然磨課師有其優點，但也有其面臨的問題，例如：教師必須花費更多的時間和心力準備線上課程資料、線上評量防弊仍待努力、高註冊率但低完成率；當然，資訊通訊科技基礎設備也必須完善，才能發揮線上學習效果（吳清山，2013）。

爰此，磨課師線上課程雖有其助益，教師群仍必須積極準備線上課程，學生也務必依所規定完成課程之要求，授課者與被教者皆須有完善之資訊設備，方能因應線上課程之要求，達到最大效益。

二、翻轉教室

當今 21 世紀已進入數位經濟時代，這股力量除改變生活外，無形

中也影響教學方式，因而產生「翻轉教室」之概念。「翻轉教室」係將學習模式調整為以學生為中心，學習順序由昔日的教師授課變革為：由學生先行於課前看影片初步了解所學內容，再於課堂中提問及互動，最後藉由課後的延伸學習了解自我學會多少。自學形式包括：觀看課堂錄影、聆聽課堂錄音、精讀電子書，以及與同儕們之線上合作學習等等，教師的角色從知識的「教導者」轉變為學習的「引導者」，讓學生用實作、合作學習的形式進行交流互動。學生不僅會預習還會發問，勢必能提升學生的學習興趣。我國目前推行十二年國民基本教育，教育部鼓勵教師運用差異化教學協助學生適性學習，翻轉教室模式很符合差異化教學精神，並有具體實施步驟，著實可讓教師深切參考。

　　綜上，為因應 21 世紀資訊科技的成熟發展，學習環境已不受時間與空間之限制，身為教師於教學環境、教學方法及授課內容均須重新省思與調整，俾利符合科技與社會兩者迅速之變遷！

肆　國小教師應用磨課師之實踐

　　「提升中小學教育品質、成就每一個孩子、厚植國家競爭力」是我國實施十二年國民基本教育的願景。身為教育人的我們了解：教育要好，核心關鍵須有優質的師資且須將課程縝密規劃及有效的教學，方能確保學生的學習品質。

　　依據教育部《十二年國民基本教育課程綱要總綱》：十二年國民基本教育之課程發展本於全人教育的精神，以「自發」、「互動」及「共好」為理念，強調學生是自發主動的學習者，學校教育應善誘學生的學習動機與熱情，引導學生妥善開展與自我、與他人、與社會、與自然的各種互動能力，協助學生應用及實踐所學、體驗生命意義，願意致力社會、自然與文化永續發展，共同謀求彼此互惠與共好。十二年國民基本教育係以「有教無類」、「因材施教」、「適性揚才」、「多元進路」及「優質銜接」為核心理念，希冀達成「成就每一個孩子——適性揚才、終身學習」的願景，讓課程以生命主體的開展為起點，透過學習者的基本知能培養、身心健全發展，讓潛能得以適性發展，進而能運用所學、善盡責任，成為具有社會適應力與應變力的終身學習者，以使個

人及整體的生活、生命更爲美好（教育部，2014）。

　　線上學習儼然成爲當今的潮流，教育部於民國 90 年公布之九年一貫課程中，將「運用科技與資訊」列爲學生十大基本能力之一，亦在九年一貫課程綱要制訂六項重大議題（後增海洋教育議題並改爲七大議題），規定資訊科技融入七大學習領域的各科能力指標，提供教師編制教學活動時有更詳細的教學目標（教育部，2008），將資訊科技定位爲輔助教師提升教學成效的工具，培養學生使用資訊科技輔助學習的態度，並提升教師的教學成效與學生問題解決的能力，同時爲國內的資訊教育預先鋪路。接著教育部也在同年提出中小學資訊教育總藍圖，規劃在四年間建設國中與小學資訊教育的基礎環境，依教學之需求設計教師資訊素養之培訓內容，規定教師使用資訊科技融入教學提升至總教學活動時間的 20%，並建立超過 600 所的資訊教育種子學校（程秀山、陳淑貞，2004），藉此加強建設各校基礎的電腦設備和無線網路環境，促進城鄉教育均衡發展，期望達到「師師用電腦，處處上網路」的目標（教育部，2001）。經過四年的規劃發展，教育部於 2008 年公布推動《中小學資訊教育白皮書》，從「學生資訊科技應用能力」、「教師資訊科技應用能力」、「數位教學資源」、「資訊通訊基礎設施」、「資訊教育的合作」與「資訊教育的制度與法規」六個構面，了解中小學資訊教育政策的不足之處，提出「學生能運用資訊科技增進學習與生活能力；教師能善用資訊科技提升教學品質；教室能提供師生均等的數位機會」三大願景（教育部，2008）。教育部藉由培訓優秀的資訊教師和發展多元的數位教學資源，俾利支持學生學習使用資訊科技以應用於解決問題的能力。

　　然而，以國小教師而言，應用磨課師教學，其實踐過程仍有些困難之處，諸如：

　　1.學校網路不一定順暢：有時在短暫的授課時間囿於網路的不穩定，常會嚴重影響教學品質。

　　2.教師資訊能力不一：資訊能力強的老師願意接受磨課師教學，反之資訊能力弱的老師會有極大的排斥感，總覺得自己能力不足以負荷。

3.學生家裡設備受限：教師指派作業有時會因學生家裡沒有資訊設備，致使學生無法自學，教師為了能於授課前讓全班學生都能了解，還得再花時間讓未觀看課程的學生進行觀看，無形中耗費有限的授課時間。

4.學校班級數多，造成學生到電腦教室次數有限，使用資訊設備機會相對減少。

要克服前述困難，除學校學術網路穩定外，仍期待教師群應積極提升自我資訊能力，多向學校資訊同仁請益且多參加資訊相關知能研習；另期望未來學校電腦教室設備若使用年限已屆，要更換電腦時，能將平板或筆電納入考量，讓孩子能隨手一機，擁有帶著走的學習能力！

綜合上述，資訊科技融入教育儼然成為未來教學必然之趨勢，由國內一連串資訊教育的推動政策，從九年一貫能力指標、教學環境的基礎建設、資訊科技融入教學、資訊教育師資之培訓到學校行政之支援，足見教育部對資訊科技融入教學之重視；面對數位化學習時代的挑戰，如何引導學生培養終身學習之能力，仍期待教師必須更加深入研究與嘗試創新教學，造福學子。

伍 結論

無論科技如何發達，教學品質仍須教師具備良好的專業學養與應用各種教學方法及媒體的能力，並且要與學生充分互動，方能提高學生的學習效果。磨課師開啟資訊科技時代的新學習模式，印證學習無國界的事實，已成為美國高等教育的主流，也漸漸受到中小學的重視，尤其用來協助高成就學校學生學習，更有其效果，預估磨課師將會成為未來學生完成學業的一部分。而磨課師對實體的教師教學及學生學習勢必有所衝擊，身為學校經營者及教師必須有所認識，並妥為因應，才能避免學校實體課程與教學的弱化（吳清山，2013）。

目前國小教師大多自均一教育平臺出發，學習磨課師線上課程之精神，倘若所有教師群均願意有效應用資訊科技教學，勢必能提升教學成效。筆者日前參加國家教育研究院候用校長儲訓，亦於受訓前先將國家

教育研究院所安排之線上課程事先觀看，先了解每種課程之精髓，後於儲訓時間上實體課程之際，再將所看到有疑問之處能與同僚討論或者向授課講師請益，實與磨課師作法如出一轍。

　　教育為國家百年大計，而科技化教學是 21 世紀教育的潮流與趨勢，十二年國民基本教育的推動正期待在適性揚才下，能將孩子的潛能真正發揮出來，讓每位孩子均能找到自己的出路。教育的最高層面即為「讓我們眼中的孩子能看到他自己的好，願意為他自己而努力」，身為教師的我們更應了解——教學應隨時創新，以面對變化急遽的教育環境，而磨課師的線上課程著實能啟發學生的創造力，進而培養學生的基本能力，每位教師若能點亮每個孩子心中的蠟燭，讓他發光發熱，必能符應教育的終極目標，讓孩子有一個美好的未來！

問題與討論

一、磨課師的意涵為何？磨課師發展的時代背景為何？

二、磨課師之特性有哪些？翻轉教室的步驟大致為何？

三、國民小學教師如何運用磨課師來教學，以提升學生學習品質？

四、為避免學校實體課程與教學的弱化，學校經營者及教師應如何因應？

參考文獻

(一) 中文部分

何榮桂（2014）。大規模網路開放課程（MOOCs）的崛起與發展。**臺灣教育，686**，2-08。

吳清山（2013）。教育名詞：磨課師。**教育資料與研究，111**，267-268。

柯俊如（2014）。**cMOOCs** 的教學設計與原理。網址：http://ntumoocs.blog.ntu.edu.tw/2013/12/18/cmooc 的教學設計與原理/

張雅芳、朱鎮宇、徐加玲（2007）。國小教師資訊科技融入教學現況之研究。**教育**

資料與圖書館學，**44**(4)，413-434。

教育部（2001）。中小學資訊教育總藍圖。網址：http://ws.moe.edu.tw/001/Upload/userfiles/guideline(9006).pdf

教育部（2008）。**教育部中小學資訊教育白皮書 2008-2011**。網址：http://teacher.cups.tp.edu.tw/academic/information/2008-2011.pdf

教育部（2014）。十二年國民基本教育課程網要總綱。臺北市：教育部。

教育部新聞稿（2014）。「**數位學習推動計畫**」**103** 年起全面啟動。網址：https://depart.moe.edu.tw/ED2700/News_Content.aspx?n=727087A8A1328DEE&sms=49589CE1E2730CC8&s=170E4E91A8C5E5A2

教育部「中小學磨課師課程推動計畫」辦公室（2015）。**K12MOOCs**。網址：http://www.k12moocs.edu.tw/

程秀山、陳淑貞（2004）。資訊科技融入教學的迷思與展望。**教師之友，45**(5)，2-07。

(二) 英文部分

Khan, S. (2011). Let's use video to reinvent education | Salman Khan Technology, Entertainment. Design. Retrieved from https://www.bing.com/videos/search?q=Let%e2%80%99s+use+vider+to+reinvent+education.&go=%e6%90%9c%e5%b0%8b&qs=ds&ru=%2fsearch%3fq%3dLet%25E2%2580%2599s%2buse%2bvider%2bto%2breinvent%2beducation.%26go%3d%25E6%2590%259C%25E5%25B0%258B%26qs%3dds%26form%3dQBRE&view=detail&mmscn=vwrc&mid=BCA33BB2996B15CF54AB BCA33BB2996B15CF54AB&FORM=WRVORC

McNamara, P. (2015). The influence of MOOCs to enhance graphic design education. *Art, Design & Communication in Higher Education, 14*(1), 57-69.

Nielson, B. (2014). *Megatrends in MOOCs:#9 Flipping the MOOC*. Retrieved from:http://www.yourtrainingedge.com/megatrends-in-moocs-9-flipping-the-mooc.

Thompson, C. (2011). How Khan Academy is changing the rules of education. *Wired Magazine, 126,* 1-5.

第六章

大學多元化發展之研究

饒邦安

子曰：「君子不器。」（《論語‧爲政篇》）

　　人不能侷限於一種能力，只負責單一工作。現代多元社會亦復如此，高教日益普及化，大學扮演之角色日趨多元，學生就讀、學校發展、評鑑方式等皆須因應改變。

　　「夫物之不齊，物之情也。」（《孟子‧滕文公篇》）

　　多元社會有不同發展特色的大學提供選擇，學生依個別需求進入合適的大學受教，先求「適性」才能「揚才」。

壹　前言

　　近年來高等教育日益普及化，各大學的發展方向也日趨多元，以因應眾多入學者的不同需求。1996 年行政院《教育改革總諮議報告書》提及「大學校院應分殊化以順應學生之適性發展，並爲社會培育多樣的人才。教育部自 2018 年起推動五年期的「高等教育深耕計畫」，鼓勵各大學依本身條件發展特色，以利學生多元選擇。學生及家長對於高等教育行使選擇權時考慮的因素很多，包括學校聲望、公立或私立、學費多寡、學生興趣、畢業出路……等等，但大致上大學的聲望占相當大的分量。大學聲望來自社會評比，大學評比將大學予以排名，排名佳者易吸引政府、師生及企業的青睞，增加資源挹注；理想上，大學評比應以大學分類爲基礎，大學須先依性質特點進行分類，再根據所屬群組的不同，分別設定適合的指標作爲排名的依據；大學評鑑也須建立在大學分類的基礎上，依據分類提供的事實描述，從事進一步的價值判斷，以供家長、學生及社會人士參考。

　　排名與分類的指標並不相同，排名重視聲望，分類強調定位，分類可作爲檢視大學的角色與功能，用於協助大學了解自我定位的實質意義與內容（侯永琪，2009）。大學分類是指特定的主體（被進行分類的大學）依照特定目的，根據個體特徵和差異，選擇特定標準和方法進行分門別類。

　　19 世紀以前的大學是以教學爲唯一任務，19 世紀初德國柏林大學

誕生後，主張科學研究應當超越教學成爲大學的主要使命，科研型大學和教學型大學的分類或爭論從此開始；20 世紀初美國威斯康辛州立大學提出服務社會的使命，大學功能包含教學、科研、服務社會三大面向，也是構成美國卡內基大學分類（The Carnegie Classification of Institutions of Higher Education）的三個基本類別（都麗萍，2011）。美國大學在 1950 年代僅 1,851 所，至今已超過 4,600 所，都是自主辦學，卡內基大學分類的最初動機是爲了滿足高等教育研究的需要，根據不同的學術使命對學校進行分類，第一版在 1973 年出版（當時大學約 2,000 多所），隨後於 1976 年、1987 年、1994 年、2000 年、2005 年、2010 年與 2015 年一共更新修訂 7 次（The Carnegie Classification of Institutions of Higher Education, 2016）。

中國大陸（以下簡稱中國）教育部曾指出中國近 2,500 所大學改革後，有 1,700 多所大學轉向以職業技術教育爲核心，發展現代職業教育，使培育技術型人才的大學從 55% 提高到 80%，自 1954 年來歷經四次的指導變革，確定中國共有 97 所重點大學後，反而刺激非重點大學模仿重點大學，加劇大學的同質化，在盲目追求「高大全」（層次高、規模大與學科全）的千校一面、人才培育目標趨同的情形下，中國大學需要的是所有大學都可適用的大學分類系統（陽榮威，2016）。

1994 年臺灣四一○教改聯盟提出「廣設高中大學」的訴求後，「暢通升學管道」納入政府教育改革的基本方針，自此大學急遽發展，大學教育已從精英化走向大眾化，許多學校紛紛升格，眾多大學在分類不清、定位不明、辦學模式趨同的情形下，與多層次、多類型、相互銜接的高等教育系統需求明顯悖離，因此培育出來的人才不一定符合社會的需求，出現大學畢業生找不到工作、企業找不到人才的現象，造成高等教育資源的浪費。倘能推動大學分類發展的政策，合理分配高教資源，幫助各大學發展各自的辦學特色，以政策指導、管理和資源分配，引導大學合理定位，避免同質化，將有利於高等教育的永續發展。

本研究旨在分析主要參照國家（美國、英國、德國、法國、新加坡、日本、中國）與臺灣現有的大學分類方法，再根據專家訪談結果，提出臺灣的大學多元發展相關政策的建議。

貳　各國的大學分類

以下分別說明美國、英國、德國、法國、新加坡、日本、中國與臺灣的大學分類方法與相關的研究。

一、美國的大學分類

美國大學分類的方法中，最著名的就是加州高等教育總體規劃與卡內基大學分類，分別說明如下：

(一) 加州高等教育總體規劃

美國於 1960 年正式立法實施加州高等教育總體規劃（A Master Plan for Higher Education in California），因為加州優越的地理環境吸引廣大的移民人潮，快速增加的人口相對造成高級人才的急遽需求，已經面臨高等教育擴張的問題；且自 1930 年代開始，加州的高等教育機構在學校轉型與招生壓力的惡性競爭下，使得加州的公立高等教育功能嚴重重疊與公共資源濫用，因此加州高等教育總體規劃以正式立法的方式，強制規範加州高等教育體系的發展，以區隔不同功能的大學類型。加州的公立大學包含：社區學院（Junior College）、州立大學系統（The State College System）、加州大學董事會（The Regents of the University of California）所成立的校區與分校等三種。除非獲得高等教育協調委員會（Coordinating Council for Higher Education）推薦，否則加州州議會不再授權成立新的公立大學（余竹郁，2006）。

(二) 卡內基大學分類

美國卡內基教學促進基金會（The Carnegie Foundation for the Advancement of Teaching）成立於 1906 年，1967 年成立高等教育委員會（Carnegie Commission on Higher Education），主要使命是研究美國高等教育所面臨的問題，發現缺少美國高等教育的系統分類，在討論財政資助標準和經費分配問題時很難取得共識，於是自 1970 年開始進行美國大學分類的研究，並於 1973 年首次發布全美大學的分類結果——《卡內基大學分類表》，至今發展已近 50 年，對世界各國進行大學分

類的研究，仍具影響力。

2016 年 2 月 1 日公布 2015 年版《卡內基大學分類表》，由印第安納大學研究中心負責，針對全美超過 4,660 所大學進行分類，許多政府計畫補助機構都會參考這個分類表進行性質判斷，卡內基大學分類儼然成為美國高等教育結構中的一員（Borden, 2016），下一版發布時間預定在 2020 年，2017 年 1 月已公告 2020 年版將由布朗大學公共服務中心（Brown University Swearer Center）接續承辦。2015 年版卡內基大學分類保留 2005 年即開始採用六個基本分類的相同結構，資料取自 2013 至 2014 年間的各校數據。2015 年和 2010 年版之間明顯的改變是在基本分類項目中（The Carnegie Classification of Institutions of Higher Education, 2016）。

近 50 年來卡內基大學分類除堅持分類的中立外，在分類的具體內容、分類技術和方法等方面都是每次改版改進的重點（都麗萍，2011）。

二、英國的大學分類

第二次世界大戰之後，英國高等教育開始邁向大眾化。1961 年至 1968 年，政府出資興辦 10 所大學，成立之日起就得授予學位；1965 年確立高等教育的雙軌制，即在大學之外，再建立一個平行的高等教育體系—多元技術學院體系，雙軌制擴大高等教育的外延範圍，但也模糊大學與其他高等教育機構之間的區別，是對英國傳統大學觀念的挑戰。在此時期，大學在校生人數快速增長，大學系統與多元技術學院全日制學生人數已大致相當，高等教育與繼續教育之間的區分日漸模糊（范文曜、張偉，2003）。范文曜與張偉（2003）則依建校年代將英國大學分為六類：(1)古典大學；(2)城市大學；(3)新大學；(4)多元技術大學；(5)高等教育學院；(6)藝術及設計學院。

三、德國的大學分類

自從 1810 年洪堡得（Wilhelm vom Humboldt）創立柏林大學，主張教學和研究結合、學術自由及大學自主原則，成為德國高等教育發展

的重要方針。隨著經濟、工業與科技的發展，綜合型大學不再是唯一形式，出現工學院、農學院、經濟學院等新型的高等教育機構，原來介於中等與高等教育的獨立專科學校，如教育學院、藝術暨音樂學院亦升格為高等教育機構（謝斐敦、張源泉，2012；沈姍姍，2000）。自 1990年東德、西德統一後，行政區域合併原東德 5 個邦、西德 11 個邦，現行共為 16 個邦，由於德國是地方分權的聯邦國家，教育與文化藝術事業是由聯邦政府和各邦共同負責，由於各邦擁有教育文化自主權，故聯邦政府對各邦的教育政策並無拘束力，所以各邦的學校制度不一。德國的高等教育機構依其性質可分為傳統大學、綜合學院、教育學院、神學院、音樂與藝術學院、高等專門學院、專門學院等（馬湘萍，2000）。

四、法國的大學分類

　　法國的大學分類可分為一般大學與高等專業學院兩個體系；法國多數大學生集中在全法 74 所公立大學，高等專業學院大致可分為文史基礎科學類、工程技術類、商業管理類，以及其他特殊專業類。2006 年4 月法國公布一項法令，使大學、高等學院以及研究機構得以進行整合，成立高教暨研究園區，彼此可以共用研究中心與實驗室，以及促成博士研究與碩士班課程與資源的合作，至 2012 年 10 月共計整合了 27個園區，涵蓋約 60 所大學，多所高等工程師學院、商管學院、政治學院、研究機構及醫學中心，例如：巴黎科技學院聯盟，係由 12 所巴黎地區之高等學院組成之校際聯盟；巴黎大學聯盟是合併 8 所高教校院及研究機構的組織；里昂大學，即里昂地區高教與研究學園等校院的合併，相當於成立一所綜合大學，增加跨領域的研究與學程，並使該大學具有適當的規模（學生人數在 1 萬至 3 萬之間）（教育部駐法國臺北代表處教育組，2017）。如此看來，法國大學分類並無發展成系統或具體的分類指標。

五、新加坡的大學分類

　　新加坡政府投入巨資在高等教育中，採實用主義的應用性與國際

化教育政策，鼓勵學生出國留學，也吸引海外學生留學，注重國際學術交流與合作，並且廣攬國際人才，以高薪養才與留才（朱竞雅，2012）。新加坡的高等教育依其功能可分為工藝教育學院、工藝學院、國家教育學院及大學等四類（沈姍姍，2000）。

六、日本的大學分類

天野郁夫曾對日本大學進行分類，分類指標之一是大學的學科構成，橫跨只有 1 個學部的單科大學到擁有 10 幾個學部的巨型綜合性大學，學科分為四大類：人文科學類、社會科學類、自然科學類和醫牙類，有 3-4 類學科的大學為「綜合性大學」、由 2 類學科構成的大學為「多元性大學」，僅有 1 類的大學為「單科大學」，並作為分類的第二主要指標來使用，根據這個原則，日本的大學可以分為五種類型，惟至今未見日本政府對大學的強制分類作為（陳武元譯，2004）。

七、中國的大學分類

目前，中國高等教育已經進入大眾化階段，出現明顯的院校升格趨同現象，2000 年來已經有近 230 多所院校向上升格為大學（王占軍，2012），有省屬綜合性大學，也有師範、工業、農業等專門學院和大學，從學校類型來看，有研究教學型大學、教學研究型大學或學院、教學型大學或學院，這些大學在激烈的發展競爭中，都出現向綜合性大學看齊的趨勢，這並不利於高等教育的多樣化實際需求，因此，中國曾發布一系列的政策，希望引導大學朝分類發展（張應強、肖起清，2006）；許多中國學者指出大學的分類指導和分類發展是當前中國高等教育發展的重要課題之一。

(一) 985、211 大學類別

1998 年 5 月，江澤民在慶祝北京大學建校 100 週年大會上提出：「為了實現現代化，中國要有若干所具有世界先進水平的一流大學。」隨後中國教育部在《面向 21 世紀教育振興行動計畫》中積極

響應建立一流大學的號召，並以江澤民講話時間命名為 985 工程。而
211 工程自 1995 年啟動，主要是集中中央和地方力量，面向 21 世紀
分期分批地重點建設 100 所左右高等學校及一批重點學科專業。所有
985 大學都包括在 211 大學內。然而，經過十多年來的發展，因 985、
211 大學性質的劃分，造成教育資源分配不公平現象日益突顯。另外，
就業單位中盲目設置 985、211 大學門檻的情形也越來越多（王占軍，
2012）。

(二) 艾瑞深中國校友會網中國大學分類

艾瑞深中國校友會網大學研究團隊組建於 1989 年，是目前中國持
續開展大學評價研究時間最長的研究團隊，至今已有 20 多年的歷史：
1989 年發布中國第一個綜合大學排行榜，至今仍繼續發布中國大學排
行榜。大學分類標準主要依據大學辦學定位、辦學水準和辦學特色等進
行分類：一是依據大學的學術研究水準和畢業生質量（研究型人才）等
將中國大學分為研究型、專業型、應用型和技術型等四種類型；二是依
據中國大學的學科專業設置和畢業生職業領域等將大學分為綜合型和特
色型，其中，特色型又細分為財經、政法、藝術、體育、語言、醫藥和
警察等類型（艾瑞深中國校友會網，2016）。

八、臺灣的大學分類

行政院教育改革審議委員會曾指出，高等教育問題之一，在於高
等教育機構定位不清，且大多想轉型為綜合型大學（尤其是研究取
向），造成資源浪費，且無法發揮人才培育的功能。教育部於 2001 年
發表的《大學教育政策白皮書》提及臺灣高等教育機構產生彼此無法有
效區隔的問題，考量由市場力量來運作。學校基於自我管制的精神，衡
量學校之資源及其他條件，訂定辦學目標與擬發揮之功能，因此大學有
必要適當的進行分類，根據相關的區隔指標自行定位所屬類型，政府應
尊重各校的辦學理念與特色，使大學教育展現多元的風貌（楊國賜，
2006）。

教育部歷來推動與大學分類相關的措施大致如下：2002 年至 2004

年「研究型大學」計畫，2005 年「發展國際一流大學」計畫、「獎勵大學教學卓越」計畫，2009 年至 2012 年第二期「獎勵大學教學卓越」計畫、2011 年至 2016 年「邁向頂尖大學」第二期計畫，2012 年「典範科技大學」計畫、2013 年至 2016 年第三期「獎勵大學教學卓越」計畫，期間陸續建立區域教學資源中心，因此 2002 年至 2016 年間，依據教育部獎勵的大學類型可分為三大類：頂尖型、教學型與科技型。2016 年 4 月為了鼓勵大學進行大學特色發展，再提出學習創新、區域創新整合、產業研發創新、專業特色與國際特色等五個特色類別，除了發展國際特色外，各大學可以再從其他四類中選取最多二類的特色發展計畫（教育部，2015）。2018 年為鼓勵大學設定發展方向，明確自我定位，推動「高等教育深耕計畫」。

(一) 2003 高等教育宏觀規劃

　　行政院為規劃我國高等教育發展藍圖，確定國內高等教育機構的可能分類，以促進高等教育的多元化及提升競爭力，於 2002 年成立行政院高等教育宏觀規劃委員會，該會於 2003 年完成《高等教育宏觀規劃報告書》中，將大學分為研究型、專業型、教學型、社區型（楊國賜、王如哲，2004）。陳曼玲（2007）指出當時宏觀委員會提出這四種大學分類型態時，教育部曾廣發問卷調查各大學歸屬類別的意願，結果許多大學都填報為研究型大學，但在後來的 5 年 5 百億計畫與教學卓越計畫等競爭性經費的引導下，越來越多大學願意承認自己屬於教學型或專業型，大學分類的定位作用已經開始產生效果。

　　王秀槐、符碧真（2006）指出美國高等教育早已邁入普及期，隨著高等教育擴張，高等教育機構已相當多樣化，美國地大物博、物產豐富，尚且不是每所大學都設有碩士班及博士班，而臺灣地狹人稠，自然資源缺乏，教育經費也不如美國豐裕，卻每所大學都想設立碩、博士班。侯永琪（2008）以 2005 年版《卡內基大學分類表》與 2007 年「我國大學分類」之指標內容與分類結果，進行問卷調查，結果顯示受訪者傾向接受教育部當時所擬訂的研究型、教學型與社區型，以學校規模、課程分布、學位數量與比例、大學生與研究生的比例等四項指標為主，每 5 至 7 年重新分類一次最合適，也指出《卡內基大學分類表》

過於繁瑣細微，不易掌握焦點，建構指標時應考量發展多元化且不過於複雜兩要素。

(二) 2016 高等教育發展藍圖

教育部在 2016 年所勾勒的「高等教育發展藍圖」中，指出傳統大學以基本教學為核心，但各大學的定位應該視其條件而有所不同，將教學卓越、典範科大及頂尖大學計畫轉型為國際特色、學習創新、專業特色、區域創新整合，以及產業研發創新等不同類型，讓大學以競爭型計畫爭取經費，發展特色。黃政傑（2016）指出，大學定位不是單純由「後頂大計畫」的五大類去選兩類，而是要就五個焦點去思考怎麼做，五個焦點都要自我定位，各類型大學都要依國際標準辦學，規劃自身的特色和方向。「後頂大計畫」有必要改進把大學分為五類的構想，容許大學就國際化、地區發展、產學合作、研究發展、學習創新等焦點，整合規劃，提出能發展學校整體特色的計畫申請，不要再讓競爭型計畫把大學階級化。

(三) 2018 高等教育深耕計畫

由於「新世代高教藍圖計畫」爭議性太大，已經暫緩延議（自由時報，2016），根據教育部發布的 2017 年施政目標與重點，有關發展創新特色的高等教育中，為營造大學更自主環境，提升大學競爭力並強化學校自我課責，2017 年先以 1 年期之橋接計畫作為緩衝，規劃 2018 年高等教育創新發展計畫（教育部，2016）。

高教深耕計畫以「連結在地、接軌國際及迎向未來」為主軸，以「落實教學創新」、「提升高教公共性」、「發展學校特色」及「善盡社會責任」為目標，協助各校依本身優勢發展特色，配合社會趨勢及產業需求進行教學方法創新，培養學生關鍵基礎能力及就業能力，培育出各級各類多元優質人才。

九、各國大學分類方法小結

綜上，可知英國、德國、法國、新加坡與日本的大學分類並沒有太多變動，也少有關大學分類的論述，中國與美國大學分類的探討則相對

豐富。英國大學自 1960 年代以來，逐步形成五類，即古典大學、城市大學、新大學、技術大學及多元技術學院和高等教育學院等。德國在很多年前就進行大學分類，分類的前提是社會對各種類型人才都極認可和尊重，德國大學依其性質分為傳統大學、綜合學院、教育學院、神學院、音樂及藝術學院、與高等專門學院及專門學院等。法國多數大學生集中在全法 74 所公立大學系統中，高等專門學院的生源、水準、就業機會均優於綜合學院，專業證書比博士學位證書更受重視（張春玲，2014）。新加坡的大學依其功能分為工藝教育學院、工藝學院、國家教育學院及大學等四類。日本的大學系統依學制分為 4 年制大學、2 年制短期大學與高等專門學院三類。除了這些國家的分類之外，另一種分類是依規定分類，要各大學按照所規定的使命進行發展，具指導性、明確性和權威性，例如：美國「加州高等教育總體規劃」與中國《國家中長期教育改革與發展規劃綱要（2010-2020 年）》。

各國大學分類的方法中影響最深遠的是美國的卡內基大學分類法，卡內基大學分類的目的在判定大學的目標與特色，隨著眾多院校升格，大學趨同化越來越嚴重，在教學和研究上越來越相似，處於高等教育體系底層的院校有著強烈的升格衝動，升格後的模仿趨同，威脅高等教育多樣化發展（王占軍，2012），這也是臺灣目前各大學面臨的困境。臺灣的大學發展問題在於缺乏規劃的邏輯，「大學分類」的觀念在臺灣一直沒有形成共識，大學分類應如何防止因分類後產生的階級觀念，如何避免各大學只關注在競爭地位而不關心辦學品質，以及阻止職業型大學競相向學術型大學趨同，是未來進行大學分類相關政策時應該重視的課題。

參　專家訪談結果

本研究經立意抽樣，於 2016 年 12 月間進行了六場深度訪談（代碼 A 至 F），受訪者均為對大學教育熟稔的教育學者或曾任高等教育行政的主管（包含部長、司長），訪談結果中有關「高等教育發展藍圖」與未來大學多元發展的相關建議，整理與分析於下。

一、有關教育部「高等教育發展藍圖」的規劃

教育部在 2016 年所勾勒的高等教育發展藍圖中，將教學卓越、典範科大及頂尖大學計畫轉型爲五種類型，讓各大學以競爭型計畫來爭取經費、發展學校特色，整合頂大、教卓及典範科大計畫，簡稱「後頂大計畫」，各類型學校有不同指標，以相同類型進行公平比較，讓各校走出自己的特色（張子弋，2016），受訪者指出其優缺點如下：

(一) 優點

受訪者 A 認爲此計畫是合理的分類方法，可設立嚴謹的定義條件，以便改進。「後頂大計畫」也是很好的規劃，不應放棄，有助於定位與聚焦，是落實人才培育的務實做法。區域創新可以加強產學合作，例如：臺東地區可結合臺東大學、臺東專科學校、臺東高商、成功商水、關山工商等學校與當地社區及產業需求緊密結合；澎湖、金門位處離島，澎湖科技大學可結合馬公高中、澎湖海事水產職等校，依澎湖周遭地理環境需要，作良好的區域創新整合；金門則以金門大學帶領金門高中、金門高工，以及與當地的其他中小學，都可以有很好的合作關係，共同發展區域創新。專業聚焦就像中信金融管理學院保證他們的學生畢業就能找到工作，其他各校也可以各自發展學校特色，如師範、餐旅、語文、藝術、護理，體育、海洋等等。受訪者 C 表示，教育部2015 年 11 月高教發展藍圖規劃加上科技創新、區域創新整合兩類型，其餘國際卓越特色、學習創新、專業聚焦等三類，則與 2005 年所建議的研究型、教學型、專業型類似，因此，目前所規劃的五種類型應爲允當，建議應容許各大學有轉換類別的空間。

(二) 缺點

受訪者 D 認爲所使用的名稱已較之前的研究型、教學型、社區型爲佳，但未來如何使國內大學願意投入建立本身的特色？教育部重視各校特色是極爲重要的課題，尤其應注意各校特色不易形塑、資源過度集中、形成重研究輕教學的問題。受訪者 E 表示，教育部粗分這五大類僅作爲大學發展特色或重點依據而已，並非互斥。例如：若某大學歸爲

學習創新這一類，但其可能在科技創新、專業聚焦也同樣有不錯的表現。因為該項經費屬競爭型計畫，就大學而言，可能尋找哪一類表現與他校相較之下，具有爭取預算之較大優勢而已。最佳方式，應由各校自選一類後，除非學校有消極條件或負面表現，否則教育部應予以一定年限之經費或制度之協助，以助其特色之發揮，在一定期限後，依學校績效進行評核，若未達成效，自可不再支持。受訪者 F 表示基本上贊同此項分類，認為符合臺灣現況與未來發展，但應先說明分類的目的、原因、理由，與指標的意義。

二、臺灣進行大學分類時的相關建議

受訪者對於有關臺灣進行大學分類時的建議如下：

(一) 由下而上的進行大學分類、由上而下的進行大學評鑑

受訪者 E 認為大學分類不在為大學定位誰高誰低，而是鼓勵大學發展自我定位和特色。縱使有大學分類的構想，也應由時間自然形塑而成，不宜採人為方式硬性為其分類。同時亦應有搭配的相關配套，如評鑑、認可、經費補助制度等。受訪者 B 認為，大學分類要由下而上，由各校自我定位、自我檢討、自我評估，即便是政策導向，政府應以公立大學為主，不要限制私立大學的發展。倘若由下而上的方式仍然無法協助大學找到定位，則可藉由大學評鑑結合大學本身的資源，由大學自我省思，並透過專家協助定位，例如高教評鑑中心或教育部對於評鑑都有很多指導方案。

(二) 公立與私立大學應有不同的政策導向

受訪者 B 認為政府應透過資源分配的政策導向，培育國家未來人才的藍圖整體思考，只對公立大學進行分類。公立大學與私立大學兩者應有區隔，公立大學是政策導向，例如：國立暨南大學若要發展南向策略，就應聚焦於吸收僑生或僑生專班的比例，與本地生的比例設為 1：2 或 2：1 等等，至於私立大學則開放其參與競爭型計畫即可，應該賦予私立大學完全的自主性，給私立大學更大的發揮空間。

(三) 尊重大學自主

受訪者 B 認為應讓大學人自己管大學事，完全自主管理。受訪者 F 則認為不管大學如何分類與如何評鑑，都應強調大學內部自我評鑑的品質保證機制，以維護大學自主與不斷向上發展的潛能。

(四) 資源分配與競爭型計畫應更公平更開放

受訪者 C 認為目前公立大學主要財源仍是來自政府補助，而私立大學最主要的收入來源則為學雜費收入，大學分類應輔以多元的評鑑制度，國立大學的校務基金補助及私立大學的獎補助等，都應視大學自我定位所設定的績效責任及成果予以核撥補助，以有效鼓勵大學發展特色。受訪者 E 認為主管單位教育部不宜以經費多寡或有無，塑造外界對大學類型的價值判斷。受訪者 F 則建議依據不同類型大學給予不同的經費補助條件，不宜以一種標準來衡量與作為所有類型大學經費補助的依據。

(五) 國外經驗不一定全套適用臺灣的情境

受訪者 E 認為大學分類需要考慮國情與文化，不必要完全依照哪個國家的大學分類的做法。受訪者 F 認為，依據臺灣特性與發展，參考國外大學分類的做法就好，不能完全移植國外的大學分類方法，應依據大學的不同性質而有共同與不同的分類指標。例如：鼓勵教學型大學著重教學，以學生學習為焦點，發展教學特色，確實進行追蹤評鑑；研究型大學則要求研究比重相對較高等。

肆 綜合討論

一、大學分類是世界性的難題

由於大學分類尚無定論，任何一篇試圖對大學分類問題進行深入研究的論文，都會在文中由衷地感歎大學分類實在是「一個世界性的難題」（林莉，2004）。大學分類之所以困難，在於面對複雜交錯的多樣化大學發展的模式，要按照一定的劃分標準分別給予歸類，使所有的大學都能各就各位、明確各自專長的方向，朝著正確的目標前進，制訂

合理的發展規劃；類型的劃分必須符合邏輯規則，必須具有人人都認同且又可行的方法等。雖然有這麼多的困難，又不得不解決，因為大學若分類不清，勢必導致各大學定位不明，發展目標錯位，然而很多大學分類的發展與指導結果，都因缺乏科學依據而難以推行（潘懋元、吳玫，2003），大學分類還必須跟上大學發展的變化，隨時調整。

二、美國是大學分類較成功的國家

卡內基大學分類根據學生入學、授予學位、學位類型、教師人數、研究收入、生產力和國際化程度進行大學分類，是目前美國高等教育界最為廣泛採納的分類方法，其分類使用的指標和方法不斷根據發展需要，定期進行修正，如今已被廣泛運用為美國的大學排行、高等教育政策分析的一種標準系統。卡內基大學分類可作為美國大學的診斷分析、規劃並調整美國大學的發展方向。

臺灣現在的大學校院超過 150 所，由於每所大學各有其特點，不同大學必定存在若干差異，如何強化不同大學的特色，重新檢視其辦學價值及探討如何分類，在多種分類系統中找到更適用的辦法，以突顯各大學辦學方向的差異（Hermanowicz, 2005）等，是值得持續努力研究的議題。惟參考美國卡內基大學分類建構指標時，仍應考量分類目的、自身資源及其他客觀條件。

伍　結論與建議

一、結論

大學存在的目的是在培育各類的專業人才，大學分類的目的是基於大學多樣化、辦學有效率的前提下，肯定不同大學的自我定位，不是製造階級，各類型大學都要依特定的方向辦學。如何引導大學進行分類，是實現高等教育永續發展的重要因素之一。本研究結論如下：

(一) 大學分類有助於大學尋找定位與解決現存問題

大學分類的功用與目的在於大學可以參考分類的結果，確定自己的發展類型，作為所有利害關係人判斷的參考。雖然各大學最了解自身辦

學優勢、學術特色與背景條件，然而爲爭取最多的資源，往往朝向研究型大學發展，忽略原有的政策任務與辦學優勢。因此，大學分類的主要目的在於幫助各大學尋找定位，珍惜辦學優勢與特色，爭取需要的資源與人力，使各大學保有各自的特色，滿足社會各界的需求。

美國地大物博，4 千多所大學都按其既定功能與目標發展，不是每所大學都設有碩士班及博士班，與其適當的大學分類有關；反觀臺灣地狹人稠，教育經費也不豐裕，但依教育部教育統計，全臺 145 所大學校院中，設有研究所者有 140 所，其中單設碩士班者 59 所，兼設有博碩士班者 81 所，僅有 5 所大學校院未設研究所（教育部，2017），各校都想要躋身研究型大學而鮮有特色，伴隨缺乏技術人才和經費不足等問題，可見建立一套具政策導向的大學分類系統的重要性。

(二) 美國與中國的大學分類方法對我國較具參考價值

根據各國進行大學分類的結果，以美國和中國的大學分類設計方法對我國較具參考價值。美國是先出現多樣化的大學類型，才產生出大學的分類標準，並不是先有分類標準，然後大學才按這種分類結果來辦學，是基於事實描述，不涉及價值判斷且避免有錯誤引導的副作用，卡內基大學分類是不涉價值意義的分類。

中國由於大學眾多，官方的「985」、「211」大學分類，基本上是「學術導向型」，是一種計畫式經濟，許多學者指出已經導致教育資源分配不公平。但其大學分類研究相對豐富，例如：中國校友會網依據大學辦學定位、辦學水準和辦學特色等進行分類，將研究型大學、專業型大學和應用型大學按照 1：2：3 的金字塔原理比例分配，得分前 100 名院校命名爲中國研究型大學等。

臺灣各大學發展至今，雖難像美國或中國一樣，透過立法方式強制分類，且高教系統規模差異極大，但仍可參考其設計與規劃，促成大學依分類適當發展。

(三) 進行大學分類時應兼顧量化與質性、理論與實務

雖然參考各國既有分類工具設計大學分類是有效的方法之一，但各國大學各有其適用的環境背景，不可能找到完全適合臺灣或得到臺灣

各大學一致認同的分類方法。政府應當針對各大學進行分類管理，給予不同補助條件，但由於缺乏科學的、公認的大學分類方法，要制定具有可操作性的大學分類管理政策實屬不易。鑑於此，設計分類方法時，應兼顧量化與質性、理論與實務，以改善臺灣目前大學因為缺乏特色所遭遇到的各種困境，使各大學找到定位，作為各界進行選擇與評鑑的佐證。

二、建議

綜合研究結果，本研究建議如下：

(一) 教育部設立大學分類指標研議小組

本研究受訪學者大多同意每 5 年更新一次分類表是合理的年限，此與美國卡內基大學分類的改版時程與大學評鑑週期相似，故應定期檢驗已設的分類方案是否有需要調整之處。由於沒有一成不變的大學，只有變化得較快或較慢的大學，雖然大學發展目標不外乎培育人才、學術研究和服務社會，但大學的類別、目標、使命、理念、利益等還是會不斷地配合內外在環境適度調整，大學分類不太可能一成不變。此外，大學教育發展過程中，政府、高教市場和學術力量之間交錯著複雜的關係，導致大學分類更形困難，故相關研究也應持續進行，並持續關注各國的大學分類修正情形，以提供臺灣最佳的大學分類建議方案。

(二) 評鑑及獎補助政策應鼓勵大學發展特色目標

本研究受訪者皆強調發展各校特色的重要性，應尊重各大學自我設定的特色目標，也指出必須扭轉目前只追求以研究為唯一出路的現象。面臨少子化時代，各校更應強調特色，避免為迎合不符自身條件的評量標準而顧此失彼，應善用各校優勢資源，推動並鼓勵各大學發展學校特色與優勢，以提升競爭力。

大學分類可能是自然發展結果（如美國），或強制執行結果（如中國），歐洲國家僅依據學制分類，並非依據功能或資源進行分類，各國皆不相同，目前臺灣較有共識的做法是由學校發展特色，依據其特色自行發展指標，而非先分類再發展指標。大學教育已走向普及化，須對不

同需求的受教者與日益變化的外在環境作回應，大學定位與規劃乃涉及《大學法》所規定的教學、研究與服務的相對比重，政策上更應以上位角度，整體規劃各大學發展類型，促成各大學發揮各自的優勢特色，培育多元優質人才，這才是全民之福，也是大學分類的最終目的。

問題與討論

一、「大學評比」、「大學分類」、「大學評鑑」，三者有何區別？彼此間關係如何？

二、哪些國家的大學分類發展方式值得我國借鏡？為什麼？

三、我國當前大學多元化發展之方向是否正確？有何建議？

四、大學分類是否有助於大學的多元化發展？

參考文獻

(一) 中文部分

王占軍（2012）。美國高等院校升格及其動力探析。**比較教育研究（京）**，**2012**(5)，53-57。

王秀槐、符碧真（2006）。從美國高等教育資料庫探討不同類型大學校院的特色與定位。載於「大學分類、評比與品質保證」學術研討會論文集（I-2-1 至 I-2-20）。新北市：淡江大學。

朱竟雅（2012）。試論新加坡高等教育特色及對中國的啟示。**焦作師範高等專科學校學報**，**28**(2)，65-67。

艾瑞深中國校友會網（2016）。**2016 中國大學評價研究報告**。取自 http://www.cuaa.net/cur/2016/

自由時報（2016）。頂大 10 年補助喊停 高教新計畫未明。**自由時報**，2016 年 11 月 7 日，取自 http://news.ltn.com.tw/news/life/paper/1049490

余竹郁（2006）。大學分類與評鑑——以英國高等教育評鑑為例（碩士論文）。取自臺灣博碩士論文系統。（系統編號 094NCTU5331006）

沈姍姍（2000）。國際比較教育學。臺北市：正中。

林莉（2004）。從學術到市場：高等教育機構分類的價值取向。清華大學教育研究（京），**2004**(6)，6-11、15。

侯永琪（2008）。2005 年及 2006 年美國新版卡內基高等教育機構分類表對我國大學分類發展影響之調查研究。高教評鑑，**2**，107-141。

侯永琪（2009）。二十一世紀美國研究型大學的研究競爭力：由高等教育分類與排名分析。高等教育，**4**(1)，1-38。

范文曜、張偉（2003）。英國高等教育的評估和大學撥款。理工高教研究（武漢），**2003**(6)，4-12。

馬湘萍（2000）。高等教育功能之變遷及機構分類策略之研究（碩士論文）。取自臺灣博碩士論文系統。（系統編號：089NTNU0331038）

張子弋（2016）。教育部長吳思華提出未來高教發展藍圖與評鑑展望。評鑑雙月刊，**59**。取自 http://epaper.heeact.edu.tw/archive/2016/01/01/6474.aspx

張春玲（2014）。江蘇啟動應用型高校試點大學分類轉型面臨挑戰。南京日報，2014 年 4 月 7 日。

張應強、肖起清（2006）。中國地方大學：發展、評價與問題。現代大學教育（長沙），**2006**(6)，1-4。

教育部（2015）。高等教育發展藍圖方案（草案）。取自 http://www.edu.tw/News_Content.aspx?n=0217161130F0B192&s=0108A124A2175C5C

教育部（2016）。**2016 年度施政計畫（草案版）**。取自 http://depart.moe.edu.tw/ED2100/News.aspx?n=B32992AF2BCEC98B&sms=8E6F0C08E17D8910

教育部統計處（2017）。中華民國教育統計民國 **106 年版**。取自 http://stats.moe.gov.tw/files/ebook/Education_Statistics/106/106edu.pdf

教育部駐法國臺北代表處教育組（2017）。法國高等教育體制。取自 http://www.edutaiwan-france.org/

都麗萍（2011）。美國卡內基大學分類 40 年述評。大學（**學術版**），**6**，81-85。

陳武元（譯）（2004）。試論日本的大學分類（原作者：天野郁夫）。復旦教育論

壇（滬），**2004**(5)，41-49。

陳曼玲（2007）。結合評鑑制度　再造大學新局——專訪教育部政務次長呂木琳。**評鑑雙月刊，10**，1-3。

陽榮威（2016）。我國大學分類的基礎性缺失及其改善路徑分析。**江蘇高教，2016**(4)，20-23、80。

黃政傑（2016）。評高教後頂大計畫的構想。**臺灣教育評論月刊，5**(3)，70-74。

楊國賜（2006）。新世紀高等教育的分類、定位與功能。載於「**大學分類、評比與品質保證」學術研討會論文集**（I-1-1 至 I-1-16）。新北市：淡江大學。

楊國賜、王如哲（2004）。國際間高等教育分類及其政策啟示。載於黃昆輝、國立臺灣師範大學教育學系總策劃，**教育政策與教育革新**。臺北市：心理出版社。

潘懋元、吳玫（2003）。高等學校分類與定位問題。**復旦教育論壇**（滬），**2003**(3)，5-9。

謝斐敦、張源泉（2012）。德國教育。載於楊深坑、王秋絨、李奉儒主編，**比較與國際教育**（再版）。臺北市：高等教育。

(二)英文部分

Borden, V. (2016). 2015 Carnegie Classification of more than 4,660 universities and colleges released. *IUB Newsroom*. Retrieved from http://news.indiana.edu/releases/iu/2016/02/carnegie-classification-institutions-of-higher-education.shtmlr

The Carnegie Classification of Institutions of Higher Education (2016). *About Carnegie Classification*. Retrieved fromhttp://carnegieclassifications.iu.edu/

The Carnegie Foundation for the Advancement of Teaching (2004). *The Carngie Classification of Institutions of Higher Education*. Retrieved from http://carnegieclassifications.iu.edu/index.php

The Carnegie Foundation for the Advancement of Teaching (1976). *The Carnegie classification of institutions of higher education,* 1976 ed. Menlo Park, CA: Carnegie Foundation.

Hermanowicz, J. C. (2005). Classifying universities and their departments: A social world perspective. *The Journal of Higher Education*, 76(1), 26-55. doi:10.1353/jhe. 2005. 0005.

第七章

後現代主義與技職教育發展

彭淑珍

在語言戲局中,「共識」相對於「異質性」,如同一種暴力。而創新總是從異議中產生。後現代知識不單純是權威的工具;它增進我們對差異性的敏感度,並強化了我們忍受不可共量之事物的能力。(Lyotard, 1984: 75)

壹 前言

18 世紀啓蒙運動引領人類知識走出宗教迷信的窠臼,將知識建構在理性主義的基礎上,理性主義帶動了科學的蓬勃發展,但這些理性知識帶給人類的,除了科學發達、技術創新及舒適的生活外,也帶來環境汙染、生態失衡、氣候暖化等問題;更嚴重的是,地球上仍有許多人處於飢餓與戰火之中。當科技突飛猛進,社會貧富差距越來越大時,出現越來越多反啓蒙的潮流,較爲明顯的可分爲三波,第一波是 19 世紀上半葉的浪漫主義(Romanticism),要求在理性之外能重視人類意識面的感覺與非理性要素;第二波是 19 世紀末延續到 20 世紀 1920、1930 年代,以尼采(Friedrich Nietzsche, 1844-1900)、海德格(Martine Heidegger, 1889-1976)爲代表,要求返歸人的直覺,掌握人在意識世界之前的意向性(intentionality);第三波就是 1970 年代之後的後現代主義,質疑理性主體、情感或是直覺的存在(黃煜文,1999)。

有些人將「後現代」與「後工業社會」及「資訊時代」劃上等號,但也有學者(沈清松,1993)不以爲然;其認爲後現代主義代表的並非積極、理想的想法,而是否定、批判、質疑的力量。Alex Callinios 也認爲,後現代主義反映了一個世代對現實環境的失望,這種非正面思維所形成的「新中產階級」,最好將其視爲政治挫折和社會流動的一種表現,而不是作爲一種重要的知識或文化現象。儘管如此,知識分子仍習以爲常的聲稱:「我們已經進入後現代的時代」(Callinicos, 1990;陳佳琦,2013)。整體而言,「後現代」不僅僅是一種思想體系,一種理論化的方式,也是一種實踐方式(Usher, R. & Edwards, R., 2003)。

對於後現代主義林林總總的論述,不乏學者試圖將其整合。如同

Jarvis（1998）將後現代主義概分爲三個類群，分別爲：

1. 科技的後現代主義：針對傳統社會中製造與消費、勞力與資本、政府與市場之關係，研究如何透過科學與技術的現代化，轉換成不同的文化與政經情勢。

2. 批判的後現代主義：承繼法蘭克福學派，試圖對文化形式與製造型態，建立以馬克思知識論爲架構的理論。

3. 破壞—解構的後現代主義：反對後設論述與基礎主義，對於傳統之「實體」、「眞理」、「理性」、「邏輯」存在形式進行解構，主張知識只存在於主觀個人的論述中，並無宇宙永恆之存在（秦夢群、黃貞裕，2014，頁 192）。顯見，後現代主義以批判的態度，透過科學與技術的現代化，企圖打破單一價值的信念，設法呈現人類世界多元繽紛的原貌。

知識的可貴在其類推應用；理論的可貴在其分析透徹。後現代主義蓬勃發展之時，適逢國內 1987 年政治解嚴，該思潮明顯衝擊國內教育生態。從 1994 年 410 教改大遊行，提出「落實小班小校」、「廣設高中大學」、「推動教育現代化」、「制定教育基本法」等四大訴求開始，臺灣教育展開一連串改革工程。回顧過去二十多年，影響國家競爭力最明顯的，應屬「廣設高中大學」此一訴求，在大學迅速擴充與出生率快速遞減下，臺灣的高等教育出現前所未有的困境，尤其是技職教育的發展。後現代主義揭櫫的多元、反思、開放、差異、跨域等理念，應用在技職教育發展上，呈現學制彈性、多元價值觀、包容多元文化、以學生爲主體、更加關懷弱勢學生權益、以素養爲導向之學習等面貌。本文以「後現代主義」爲思考主軸，探討後現代社會中，技職教育面臨何種挑戰？並析述後現代主義對技職教育發展的啟示。

貳　後現代主義的意義

一、後現代主義的意義

後現代的「後」字，本質上帶有「反抗」的意思。不直接用「反」字，是因其有「辯證性的反」的意思（維基百科；馬向青，1999）。

後現代主義的特徵可以從激進與溫和兩種角度來看：激進角度視後現代主義特質爲斷裂、拼湊（bricolage）；從溫和角度來看，後現代主義被視爲傳統的翻轉與延續（洪如玉，2007）。概括而言，在後現代主義中，沒有推崇主流的思維模式，可謂「一人一把號，各吹各的調」，影響所及，對政治、經濟、社會、文化、教育等方面的發展，較能顧及弱勢團體、包容歧見。

二、後現代主義與現代主義的關係

後現代是現代精神的延續，甚至是現代加深的產物與反動，這種精神正好表現出對於現代性本身的批判、質疑和否定（沈清松，1993）。如果說現代主義是工業革命的產物，那麼後現代主義則可說是電子革命後的現象。後現代主義是現代主義的電腦軟硬體的再度發展、光電科技的突破、生命科技的突破等，這些新生事物，配合著「什麼都行」的概念，而逐漸形成「新」的社會組織規則，這些現象稱爲後現代社會。

參　後現代主義知識論的代表人物及其主要論點

對教育行政領域有影響力的後現代主義派別，分別有：後結構主義〔post-structuralism，以傅柯（Foucault）、李歐塔（Lyotard）與德希達（Derrida）等人爲代表〕、新實用主義（neo-pragmatism，由美國哲學大師羅逖 Rorty 所提出）、激進女性主義（radical feminism，1990 年代後，特別受後結構主義影響）及非線性系統理論（nonlinear system theory，或稱渾沌理論）（秦夢群、黃貞裕，2014，頁 192）。其代表人物包括李歐塔（J. F. Lyotard）、傅柯（M. Foucault）、德希達（J. Derrida）、羅逖（R. Rorty）等人，以下分述其主要論點。

一、李歐塔

李歐塔（Jean Francois Lyotard, 1924-1998），法國人，對後現代主義知識論有系統的分析與論述。

李歐塔認爲後現代的到來是不可阻止的狂潮，與其抗拒，不如以一種真正多元、寬容的心態面對。李歐塔指出一個問題：公理本身並不能接受實證的考驗，那麼所謂的「科學知識爲眞理」的宣稱到底是什麼？因此，他認爲科學基本上就是一種語言戲局，所謂的公理即是專家們彼此約定的語言規則。於此，李歐塔說明了科學知識內部合法性的獲致過程。在李歐塔眼裡，後現代的科學知識和自然界的關係，不過是一場遊戲，這種遊戲因爲現實的情境呈現十分不穩定的情形，其中的內容亦不盡完善，因此，科學家對前述內容的認識乃是模糊、無法預知、不能確證。亦即，後現代的科學走向一種科學家無法完全掌握，自身演化成不連續、充滿悖論（paralogy）的形式。對李歐塔而言，人們只能透過語言戲局，了解彼此言談的意義。也唯有如此，才能擺脫統整、規則性的後設敘事的盲思。在李歐塔看來，後現代的科學形象和美學相當，其合法性倚恃於敘事、語言和欲望。這是充滿喻象和文本、懷疑主義、非邏輯、差異、沒有體系、不可知論的反理性主義（廖興中、史美強，2000，頁 223）。

由上可知，李歐塔將科學知識解構之後，以一種近乎莊子逍遙遊的態度看待知識的形成，不受傳統教條的拘束。對教育工作者而言，應給予學生適度的自由，避免以灌輸填鴨方式，箝制學生的思考。

二、傅柯

傅柯（Michel Foucault, 1926-1984），法國人。傅柯從考古學與系譜學的角度，解析「權力」、「知識」、「道德」和「自身」之間交互錯雜的關係。

傅柯認爲西方現代社會的問題，就是作爲「自身」的人如何變成知識的主體、道德的主體和權力的主體。因此，他所關切的中心點，始終是處於當代社會中的「我們自身」：我們自

身當前的狀況如何？是什麼導致我們處於當前的狀況？為什麼
我們自身當前說話採取如此這般的論述形式？為什麼我們自身
以如此這般的方式思想和行事？傅柯希望透過對單一論述霸權
（啟蒙運動的理性主義）與知識的批判，來幫助我們建構並認
識真正行動、思想與語言「主體」的自身（廖興中、史美強，
2000，頁222）。

傅柯認為人類社會典章制度的形成，來自於權力的介入運作；而道
德則是控制社會的規訓。權力的有效運作來自於優勢的知識，權力和知
識是不可分離的。對教育場域而言，將知識和權力予以緊密連結，無異
宣告知識商品化的時代已經到來，而培育學生善用知識，為人類社會謀
取更大的福祉，則是教育的重要方向。

三、德希達

德希達（J. Derrida, 1930-2004），法國人。學界對德希達的評價
兩極化，雖然如此，他提出的「解構」（deconstruction）、「差異」
（différance）、「痕跡」（trace）、「增補」（supplement）等概
念，對教育界有著深刻的影響（洪如玉，2016）。

德希達從拆除現存和顛覆秩序入手，瓦解形上學的基礎，
打破西方哲學史和思想史對中心、本源和「現存」的追求，鬆
解logos中心主義所在預設的二元對立優先序列的支配性宣稱。
他認為logos中心主義是語音書寫（例如拼音字母）的形上學，
也是最根源、最有權力的種族中心主義（ethnocentrism），它
將自身加諸世界，控制一統的秩序。德希達主張，只要對這些
基礎「輕輕一碰」，橫亙幾千年的傳統哲學就會頃刻間搖搖欲
墜（周珮儀，1997，頁58）。

德希達的解構概念，清理了我們習以為常的思考內涵。在教育現
場，我們常用好／壞、優／劣、勝／負、贏／輸、乖巧／叛逆等二分法

來架構我們的環境，無形中造成學生學習上的壓力與排斥。因此，重視學生的差異性，以彈性、多元的角度營造學習環境，應該是德希達對教育工作者最大的啟發。

四、羅逖

羅逖（R. Rorty, 1931-2007），美國人。他的教育理想是培養自由反諷者的人類圖像，以及建構自由主義烏托邦（洪如玉，2007）。

> 在《自然與哲學之鏡》的中譯本作者序中，羅逖說：「我們不應該問科學家、政治家、詩人或哲學家是否高人一等。我們應該按照杜威實用主義精神不再去探討一個精神生活類型的等級系統，我們應該摒棄西方特有的那種將萬事萬物歸結為第一原理，或在人類活動中尋求一種自然等級的誘惑。」羅逖認為民主政治優先於哲學，我們不用依靠任何哲學立場，而要依靠「反省的平衡」（reflective equilibrium）來制定社會政策。在民主社會中保持遊戲的態度，反而有助於道德的提升（周珮儀，1997，頁60-62）。

從羅逖主張「創化」（edification）一詞，可以看出羅逖對個人自我成長或自我教育的期待，他認為人活一輩子，就是要讓自己及他人過得更好、更有趣味，只有突破重重社會成規及理論教條，透過不斷創化，才能做到。

從上述論點，可看出後現代主義知識論具有翻轉現況、反思外在人為限制、探尋自身主體定位的意涵。

肆　後現代主義社會的特徵

後現代主義去中心化、多元化、差異化的影響下，傳統社會逐漸改變而呈現不同的面貌，茲舉其犖犖大者如下：

一、資訊傳播迅速

近幾年網路資訊傳播速度之快，尤其有些國家在 2018 年即擁有 5G（即第五代行動通訊系統，5th generation mobile networks）服務，其通訊速度之快，已影響到政治、經濟、社會各層面，對教育更形成莫大的衝擊。網路世界提供的豐富資訊讓終身學習成為可能；而透過網路蒐集、分析、批判甚至創造有益於人類社會的事物，已成為教育工作者必須面對的重大課題。

二、價值觀念多元

臺灣於 1987 年政治解嚴之後，社會價值觀念漸趨多元，教育領域亦出現一連串的反省與有關的改革，企圖掙脫過去一元化的教育思維。在尊重多元價值觀的前提下，過去威權社會的價值體系與意識型態已被揚棄，讓不同地區、性別、族群皆能保有其自身的價值觀及特質，已成為社會價值觀念發展的主流。在後現代社會中，批判、質疑、開放的態度活絡了過去僵化的一言堂，包容的態度，涵養了多元的價值觀。

三、科技與人文合作

在科學與技術掛帥的社會中，人類的價值理性逐漸被工具性的理性所取代，人工智慧的機器漸能制約與主導人類的行為。在以經濟衡量價值高低的思維下，學校教育難免重科技輕人文，長此以往，造成社會物質富裕、不重道德的浮華假象。唯有物質與精神並重發展，科技與人文合作才能建立一個均衡發展的社會。

四、多元文化存續

臺灣是個海島，隨著外來民族陸續移入，豐富了這個島嶼的文化內涵，從建築、飲食等面向即可觀察到其多元特質。多元文化不止原住民文化、客家文化，還有少數族群文化。隨著新移民之子逐漸增多，如何尊重並保存臺灣社會各個角落既有文化的獨特性及特色，在後現代主義的概念下，多元文化的傳承與延續漸受重視。

五、人際互動密切

由於網路科技的高度發展，人類訊息與知識的傳播可謂達到無遠弗屆的程度。因此，藉由各種網路社群媒介的開發，人與人之間的溝通越來越便捷，互動也越趨緊密，人與人之間、國與國之間的聲息相聞已非難事，地球村已然實現。在後現代社會裡，學習他國語言，理解他人傳達訊息之真義，已成為重要的教育課題。

六、重視個人權益

隨著世界人權公約的簽署，個人在憲法保障下的各種權益越來越被重視，舉凡個人在食衣住行育樂各方面的權益，政府均有專責單位予以維護。而民眾對於個人權益被侵犯，政府亦設有各種救濟管道，使民眾權益得以被主張。在此概念下，不管是經濟弱勢、學習弱勢、身心障礙或文化弱勢之民眾，都能獲得政府提供各種資源，予以妥適的安排或照顧。

伍　後現代社會中技職教育面臨的挑戰

技職教育一直被界定在技術性的、產學合作的、職業導向的、實務致用的發展目標上（吳靖國、林騰蛟，2010），綜整學者（吳天元，2012）及 2017 年 3 月行政院核定的《技職教育綱領》，將技職教育在後現代社會中面臨的挑戰歸納如下：

一、資訊科技發展快速，學生學習範圍與對象已不限於校園內

隨著科技的發達及訊息傳播的快速，學生透過網路獲取知識已經成為趨勢，教師在校園內的授業角色不似過往。因此，如何培養技職學生的實作力，並讓業界肯定技職學生的就業競爭力，已成為技職教育首要面對的課題。

二、技職教育的黑手形象，仍待改變

過去技職教育受到社會重視學歷文憑及輕忽實務之影響，常常成為家長或學生的次要選擇。近年政府透過技職教育再造等計畫之策略實施

及資源挹注，技職校院的特色發展漸受重視。技職教育培育國家各行業所需人才，唯有持續吸引更多優秀學子選擇技職教育，才能提升各行業人才素質。

三、人文素養欠缺，務實難以致用

技職校院畢業生學用落差問題，長期被業界所詬病。細究其落差原因，在於技職學生的人文素養仍然不足，應對態度未符業界期待。在資訊爆炸之時代，技職教育如要培養具備取得資訊與運用資訊科技能力，並具解決問題與創新決策及判斷之卓越人才，人文素養的強化是待積極面對的課題。

四、美感教育不足，技職教育難以創造更多附加價值

富美感的事物會帶給人們精神上的愉悅感，同樣的，技職教育的養成過程中，如果增添了美感教育的陶養，觸目所及的水泥地板絕對不會只有枯燥的單一顏色。技職教育培育許多產業界的基層人力，如能在技職教育中強化美感教育，相信可以增進產品的附加價值。

五、社群媒體普及，技職學生國際移動力待強化

在網路世界中，藉由社群媒體的串連，技職學生切磋技藝的同儕已經不限於國內的學生。良性的跨國交友經驗，可以增廣學生的見聞，如果學生學會不同國家的語言，對其未來就業發展會有更多可能與機會。增強學生外語能力，便是提高其國際移動力。

六、生源嚴重不足，技職學校面臨轉型及退場壓力

因為少子女化潮流來襲，科技校院的學生人數逐年大幅度減少，導致學校招生不足，運作困難，部分科系陸續遭停辦，學校面臨轉型或退場的抉擇。在充滿變數的環境下，技職學生的就學權益更須被保障。

從上述各項挑戰可知，技職教育學生對基礎學科的學習興趣待提升、學用落差問題，突顯技職教育體系之培育內容與方式，尚未能完全回應產業需求變化；而當產業亟待轉型或走向國際化之時，技職教育所

培育之人才必須能即時回應未來產業需求，因此，技職教育之課程體系及師資之結構與培訓，應持續改善及提升。

陸　後現代主義對技職教育發展的啓示

後現代主義的基本特徵包括：對知識／權力／主體性的關注、反對後設論述的霸權、多元主義、強調差異的觀點、反思能力等（張媛甯，2006），從這些差異，正是啓發我們思考技職教育發展的刺激與原點，以下分述之：

一、正視技職學生的學習特質，提供適合其發展的環境

洪國財（2015）指出，科技大學學生的文化認知較偏向傳承的觀點，缺乏文化交流和創新的多元思維。技職學生與一般大學學生較爲明顯的差異在於，技職學生求學過程未受到外界太多肯定，對於高層次抽象事物的學習較缺乏信心。何以致此？這與從小的學習歷程有關，也與國人「萬般皆下品，唯有讀書高」的刻板印象有關。要改變這些觀念，除了從親職教育及媒體宣導之外，政府及學校針對不同類科的技職學生，提供準備完善的環境，所謂完善的環境，不僅有儀器設備，更要有提供探索實作的機會。技職學生的學習模式需要較多實務操作的課程設計，從動手做的過程中，形成抽象概念，這需要師長提供更多經驗的指導，因此，遴聘技藝與品德俱優的業師，是技職校院在師資方面的首項要求。

二、重視技職學生的技能訓練，更須加強人文素養

對於技職教育，一般人的觀念認爲其目的在於培養學生的一技之長。曾任教育部政務次長的林聰明博士於「當前臺灣技術與職業教育問題與對策研討會」（2017）中致詞即言，「雖然業界在初任時十分愛用技職學生，但發現十年後他們不易升遷，原因在於缺乏人文素養、語文能力。」因此，技職教育除了培養學生的就業技能外，應加強其人文素養；在國際化的大環境中，只有技能熟練已不足以因應環境的快速變化，唯有兼顧技術與人文素養，才能不被潮流淘汰。

三、建立強化教師教學熱忱之機制，提高技職學生學習興趣與專注力

後現代主義強調反思，在師生關係上，因為電腦網路知識的容易取得，教師必須轉換過去「傳道、授業、解惑」的形象，教師的地位不再代表無上的權威，教師必須不斷的進修（林淑如，2011）。面對技職學生學習興趣待提升之問題，許多學者努力於技職校院教學現場找答案，結果發現，當學生實際動手操作時，其顯得興致高昂、不覺疲倦；反之，如果只在課堂上不斷講解抽象觀念，學生低頭滑手機或趴著睡覺、聊天等狀況都有，明顯提不起學習興趣。教育心理學家告訴我們，興趣是可以培養的。如果技專校院能建立機制激勵教師的教學熱忱，例如：以行動研究送審教師升等論文等，讓技職教師以激發學生學習興趣為教學職志，或許有助於教學品質之提升。

四、結合產業公會等社會資源，共同開發跨域課程模組

隨著科技技術的進步，人工智慧機器人預計未來會取代許多反覆操作的人力需求，因此，技職學生所需的能力已不是過去的一技之長，而是需要更多跨域技能，增加自己的附加價值。後現代主義課程理念強調多元概念、開放、複雜、解放、賦權，在課程設計方面，則從過去的目標或行為導向，改變為過程或能力導向；課程標準轉變為課程綱要；課程從單一概念的累積與傳遞，改變為「重視學習者的主動、創造、批判及自我了解，尊重多元文化、溝通合作能力（簡麗瑜、黃翠媛、黃秀梨，2006）。舉例而言，企業營運希望能降低人事成本，因此，具備業界所需多種技能的人才會被列為優先進用的對象。至於業界現場需要哪些技能？這些技能需要何種師資？產業公會應與技職校院有更多互動與連結，才能即時回應業界需求。

五、銜接十二年國教課綱精神，重視美感教育

後現代社會中，課程設計已由行為導向改變為素養導向。2019 年推動的十二年國教課綱總綱之中，其「核心素養」，係為連貫各教育階段與統整各領域／科目課程之發展，培養以「人」能成為「終身學習者」，包括「自主行動」、「溝通互動」、「社會參與」三大面向，以

及「身心素質與自我精進」、「系統思考與解決問題」、「規劃執行與創新應變」、「符號運用與溝通表達」、「科技資訊與媒體素養」、「藝術涵養與美感素養」、「道德實踐與公民意識」、「人際關係與團隊合作」、「多元文化與國際理解」九大項目。其目的在於提供學生整合知識、技能與態度的學習機會，不再過度強調知識的灌輸，而是能將所學的知識應用於日常的問題解決。十二年國民基本教育的價值與功能，迥異於僅重視知識，卻輕忽技能與態度的傳統教學（張惠博，2019）。對技職教育而言，十二年國教新課綱的推動是提升技能學習價值與美感教育的重要機會。強化美感教育，可以提升技職人員對職場環境的美感覺知，進而改變工作環境，有助於產品銷售與良好形象之建立。

六、呼應終身教育理念，建立彈性回流之技職教育學制

終身學習社會已經來臨，隨著退休年齡延後至 65 歲，人類的壽命逐年延長，如何讓高齡生活充實而有意義，技職教育結合終身學習理念，建立隨時可回校園充電學習的彈性學制，已成為先進國家教育發展之趨勢。美劇《高年級實習生》（experience never gets old）即是年屆七十的銀髮族再次回到職場擔任實習生，其成熟穩重與體貼關懷的態度，贏得後輩的敬重，即便其應用科技產品的能力不足，但在其他人情事故處理上，顯較年輕人值得信賴。對於這些有意重回職場的銀髮族，技職校院可以規劃 55 歲者免考試入學，只要憑藉其過去的工作資歷，提出其後續擬學領域，學校則依據其既有之學識基礎，配合其身心狀態，開發客製化之課程，讓這些高齡學生在充裕的學習時間中重拾信心，使其後續生活過得既充實又有尊嚴。

七、因應產業走向國際之需求，建立跨國產學合作授予學位機制

國內產業走向國際的案例逐漸增多，尤其是新南向政策，吸引不少業者前往創業及布點。東南亞國家對臺灣的技職教育多所嚮往，因此教育部核定多所技專校院開設國際產學合作專班，讓東南亞國家將其學生送來臺灣學習技能專長。有此良機，技職校院更應善待遠來之客，安排

專任輔導人員協助該等學生適應臺灣環境。對於這些外籍學生,如能將其修業時間分成兩部分,一部分在臺灣學習基礎知識及華語,另一部分則是回國到臺商公司實習,甚至與其母國大學簽訂合作協議,共同授予學位,應能吸引更多優秀外籍學生就讀。

八、辦理各項競賽或活動,注意性別均衡性

後現代主義中的激進女性主義派別,以解構男性思維建立的世界為目標,其激進之想法,雖與現有觀念相距較遠,但其重視女性存在價值的理念,值得政策參考落實。根據教育部的統計資料(如表 7-1)顯示,科技領域的女性學生明顯低於男性,科技領域與數理邏輯相關性較高,此與技職校院工業類群的學習概念相近。雖然性別平等觀念已推廣多年,且有顯著進步,但是「女人文,男理工」的傳統刻板印象,仍在媒體資訊或環境中不時釋放出這樣的訊息,教育工作者需要累積更多正向楷模,據以導正學生及家長偏差的觀念。因此,如能在技職教育各項傑出人才的選拔活動中,注意性別的均衡性,例如:技職之光優秀人才的選拔等,也能多推薦科技、技術領域的傑出女性,相信可以增加女性學習典範,進而肯定女性存在的價值。

表 7-1　106 學年度專科以上學校學生分類概況表

	總計			博士班		碩士班		學士班		專科	
	計	男	女	男	女	男	女	男	女	男	女
人文	250,223	84,597	165,626	2,899	3,150	11,614	23,633	67,058	131,474	3,026	7,369
社會	479,744	192,112	287,632	3,320	2,020	26,979	31,018	154,940	234,554	6,873	20,040
科技	543,927	352,331	191,596	12,739	4,218	53,617	21,922	272,189	125,712	13,786	39,744

資料來源:教育部統計處網站重要教育統計指標。

柒　結語

隨著資訊快速流通,後現代主義企圖以解放的策略將文化層面中所隱含的權力與制度因素加以披露,並試圖擺脫理性對差異性的壓迫;

透過語言遊戲的多變性，強調任何論述沒有最高權威。這些觀點對國內教育生態的影響，益趨明顯，從 2019 年即將上路的十二年國民基本教育新課綱強調「素養導向」的教育理念、重視原住民族及新住民文化傳承、照顧弱勢者的就學權益等政策，可見一斑。技職教育向以培育國家經濟發展所需人才爲目標，面對人工智慧（AI）、大數據當道的時代，物聯網、區塊鏈、金融科技、電子商務普及的環境，技職教育的課程必須配合科技化的潮流，調整課程內涵；技職教師則須與時俱進，改變傳統的形象，思索如何扮演學生的教師與朋友的多元角色。而在工具性理性高度發展之時，亦須兼顧人類價值理性的同步成長；唯有人文與科技同時並進，社會才能均衡發展。

　　臺積電創辦人張忠謀（2018）接受《經濟日報》獨家專訪時表示，數位經濟時代來臨，將在 25 年內再次改變人類生活的樣貌，並帶來更嚴重的貧富差距與失業問題，需要政府與教育單位一起解決。雖然後現代社會帶來許多渾沌不明、模糊甚至是激進強烈的主張及意見，但我們深信，「怎麼都行」的後現代主義，挾著資訊科技帶來的新文化，隨著重視差異性的存在，不僅是技職教育的發展，連帶人類個體的價值都將發揮到極致！

問題與討論

一、何為後現代主義？其與現代主義的關係為何？
二、後現代社會的主要特徵有哪些？
三、後現代社會中技職教育面臨的挑戰有哪些？
四、後現代主義對技職教育發展有哪些啓示？

參考文獻

(一) 中文部分

吳天元（2012）。臺灣高等技職教育發展策略之探究。**教育資料集刊，55**。

吳靖國、林騰蛟（2010）。臺灣高等技職教育發展的理論性反思。**教育資料集刊，47**，1-24。

沈清松（1993）。從現代到後現代。**哲學雜誌，4**，4-25。

周珮儀（1997）。後現代思潮衝擊下的教育研究。**教育研究集刊，38**，47-75。

林淑如（2011）。李歐塔後現代思想及其教育涵義探究。**教育科學期刊，10**(1)，105-123。

洪如玉（2007）。後現代教育是否可能？Rorty 自由反諷教育觀研究。**師大學報：教育類，52**(1)，45-62。

洪如玉（2016）。Derrida 解構思想之探析及其教育蘊義。**教育實踐與研究，29**(1)，173-198。

洪國財（2015）。科技大學學生對文化發展認知之研究。**通識學刊：理念與實務，3**(2)，1-30。

馬向青（1999）。後現代主義知識論及其在教育上的蘊義。**教育研究，7**，355-367。

秦夢群、黃貞裕（2014）。**教育行政研究方法論**。臺北：五南。

張媛甯（2006）。新世紀產學合作教育理念——由後現代主義的觀點。**學校行政雙月刊，46**，147-149。

張惠博（2019）。十二年國教課綱核心素養為何？2019/01/09 00:02 蘋果即時新聞。

陳佳琦（2013）。**反對現實主義與臺灣早期後現代論述的生成：以羅青、蔡源煌、林燿德為中心**。國立成功大學臺灣文學研究所博士論文。

黃煜文（1999）。**傅柯的思維取向：另類的歷史書寫**。國立臺灣大學歷史學研究所碩士論文。

楊州松（1998）。**李歐塔後現代知識論述及其教育意義**。國立臺灣師範大學教育學系研究所博士論文。

廖興中、史美強（2000）。論官僚組織在後現代社會中的困境與轉型。**中國行政評論**，**10**，1。

簡麗瑜、黃翠媛、黃秀梨（2006）。後現代主義思潮對護理課程的影響及護理教師的因應策略。**醫學教育**，**10**，4。

(二) 英文部分

Lyotard, J. F. (1984). *Postmodern condition: A report on knowledge*. Minneapolis: University of Minnesota Press.

Callinicos, A. (1990). *Against Postmodernism: A Marxist Critique*. St. Martin's Press. https://philpapers.org/rec/calapa

Usher, R. & Edwards, R. (2003). *Postmodernism and Education*. New York: Routledge.

第二篇
前瞻創新

第八章

專業發展學校：師資培育大學與中小學之鍊結

范熾文

　　教育實際之改進須有教育理論爲基礎，同時，教育理論的
建立，也需要有教育實際爲之作證。（田培林，1995）

壹　前言

　　1994 年以前，國民小學師資培育，大多由師範校院所負責，師
資供需則由教育部依《師範教育法》統籌調查、計畫，與核定培育數
量。但是在社會開放、多元發展並講求效率的聲浪下，《師資培育
法》公布，將一元化的師範教育改革爲多元的師資培育制度。在此教育
改革的環境下，教師的職能逐漸增加，教師必須具備資訊科技、外語教
學、課程改革、相關法令等知識技能，挑戰可謂愈來愈大（丁一顧、張
德銳，2006）。《師資培育法》公布實施後，在此期間，各大專院校
學程紛紛設立，大量培育師資，造成師資供需市場失衡，產生師資過剩
現象。在多元的師資培育制度下，許多傳統教育大學也面臨組織變革重
大階段，除了探討大學合併途徑、轉型發展之外，現階段如何提升本
身競爭力，與中小學共同合作，強化師資培育品質，落實教育實習功
能，也是一項重要政策。

　　專業發展學校（Professional Development Schools, PDS）是近年
來學校革新趨勢之一，其意旨在於建立師資培育機構與夥伴學校之合作
關係，增進彼此互爲主體之理解與支持。尤其是師資培育多元化的發
展方向，各師資培育機構爲了強化競爭力，紛紛與中小學締結策略聯
盟，中小學同時也可以從師資培育機構獲得九年一貫課程等教育改革方
面的協助，形成互助互利的共通體，因此有建立夥伴關係的必要性。爲
提升教育品質，亟須提升師資培育機構與國民小學之合作關係與競爭
力。例如：英國教育部（Department for Education, DfE）於 2010 年發
表《教學的重要性：2010 學校白皮書》（The Importance of Teaching:
The Schools White Paper, 2010），強調「學校體系效能最重要的決定
因素即是教師素質」，該白皮書的核心除著重教育水準的提升，更將
教師素質與師資培育視爲未來革新的重點政策；美國聯邦教育部（U.S.
Department of Education）與經濟合作暨開發組織（Organization of

Economic Cooperation and Development, OECD）於 2011 年聯合召開「國際教學專業高峰會議」（The International Summit on the Teaching Profession），更以「建構高素質的教學專業」（Building a High-Quality Teaching Profession）為研討主題（教育部，2013；劉美惠、方永泉、孫志麟、譚光鼎、邱惜玄、鄭秀琴，2006）。

　　基於上述緣由，推動專業發展合作學校成為重要教育革新議題。本文就專業發展學校之意涵、遴選規準、學理基礎、實施成效、案例、相關研究、發展策略等加以分析，以期探究其重要內涵並提出政策意涵價值。

貳　專業發展學校的意義

　　近年「夥伴關係」、「專業合作」、「策略聯盟」和「學習社群」等觀念逐漸受到重視，尤其是大學與小學間的對話與合作；專業發展學校是大學端能積極與教學表現優質且具備特色的學校，及學術表現卓越的研究單位建立合作交流關係，提供雙方互動平臺，讓網絡內成員充分發展專業交流之效能，並推動多元面向之合作機會。專業發展學校是美國過去三十年教育改革的重要部分之一，1986 年在霍姆斯小組（The Holmes Group）指出的《明日的教師》中建議大學要結合師資培育學程及中小學，建立夥伴關係，以共同合作培育師資。學校與大學之合作是改革教師教學、學生學習與師資培育之重要地點。Darling-Hammond（2005）認為專業發展學校是師資培育與發展一個新的模式，可以提供師資培育者、實習生及在職教師專業溝通的管道。王佳玄（2004）指出，專業發展學校的關係是開創及貢獻全國專業發展學校協會的任務和視野，其主旨在創新與維持中小學與高等教育的合作關係，也著重塑造教育者的領導和事業。這些學校致力於教育社區的所有成員都能夠獲得及分享知識。教育部（2013）指出，專業發展學校是師資培育之大學在中小學與幼兒園，建立合作夥伴關係，進行教育研究與實驗、實習等協作，以共同培育優質師資生，並且促進中小學教師專業發展，發揮教育實習三聯關係的功能，提升學校教育品質。

　　由此看來，專業發展學校以師資培育為背景，發展以合作夥伴關

係，其目的在於建立師資培育大學及中小學教育關聯性。專業發展學校強調專業與學生學習，其夥伴關係在於根據研究與實踐智慧來共同分享教與學之任務。進言之：(1)能增進師資培育課程與教學契合教育現場需求，得以符應社會脈動，前瞻未來，提升師資培育品質；(2)能發揮師範校院教授專業領域專長，增進理論與實務交互驗證之機會與探討改進之可能；(3)能協助國民中小學建構優質教學環境，攜手尋求解決策略，進而提升諮詢品質；(4)能增進學生觀摩實習教學機會，加強教育實習成效，進而提升實習輔導功能與諮詢品質。

參　專業發展學校的遴選規準

專業發展學校，不僅作為其他學校的標竿，也可作為優質教育實習環境，強化教育實習三聯關係，以及大學與中小學合作的場域。根據孫志麟（2009）、教育部（2013）、Robinson（2007）等人觀點，以美國師資培育認證委員會（National Council for the Accreditation of Teacher Education（2001a,b）提出的專業發展學校標準為基礎，同時考量本土教育情境的特性，進行專業發展學校標準的建構，專業發展學校的評估標準，包括：

一、結構、資源與角色（Structures, Resources and Role）

結構、資源與角色是專業發展學校運用基礎建設，以支持夥伴關係的建立。我國中小學最主要的變革，包括教師會的成立、教師評審委員會的設置、家長會功能的強化以及學校行政運作程序的調整等，這些都是組織結構的變革。專業發展學校行政結構也應重視教師的需求，傾聽教師的聲音，鼓勵教師提供建議，透過溝通、辯證、理解，才能激發創意，創造互信的氣氛。

二、協同合作（Collaboration）

專業發展學校重視協同合作，教師之間是一種真正互助合作的自然關係，彼此能表達、分享、理解不同觀點與實務工作，以團隊精神代替了科層組織，以參與決策來取代集權命令。團隊中每個成員彼此是生命

共同體，會察覺到我們是「一體感」，能很清楚地建立溝通與承諾爲團隊績效努力。

三、學習社群（Learning Community）

專業發展學校可以支持專業及兒童的學習。Lev Vygotsky 強調社會互動對學習的重要性及語言知識的關係，學習者藉由交換彼此的訊息和看法，透過討論與反思，進行知識表徵與語言表徵之間的轉換（Argyris, 2002），而建立個人的新知識。專業發展學校重視學校爲本位，進修內容包含設計教學、統整課程、自編教材、運用媒體、多元評量、個別化教學、補救教學、親師運作以及情境布置和角落設計等。進修的方法可以講座、實作、研討、工作坊、專書研讀和同儕教室觀察等方式多元規劃，符應需要。

四、績效責任與品質保證（Accountability and Quality Assurance）

績效責任是專業發展學校之夥伴關係堅持教與學的專業標準之責任。績效責任就其性質來看，乃是學校相關人員（學校政策制訂人員、學校行政人員、教師和家長）負起學生學習成敗的責任。基本上，績效責任離不開資料、評鑑、責任、改進等範疇（吳清山，2001），亦即績效責任係從學校教育目標與學生學習表現之觀點以評估學校成效，藉以了解學校教育目標達成程度。

五、多樣與公平（Equity and Diversity）

多元文化社會的構成，是由階級、種族、性別、宗教和語言等不同團體組合而成的，每一個人都屬於這些團體的一分子，具有獨特的行爲、思想、知覺和態度，所以每個個體都應受到尊重。專業發展學校對不同種族、性別、階級之文化，都要加以了解及尊重，多元文化教育將成爲重要教育政策，以符合多元學習者的需求。

肆　專業發展學校的立論基礎

　　師資培育之教學的專業訓練與研究、課程設計與發展，必須建立在學校實際情境的基礎之上，才有意義，因此，師資培育機構有必要與中小學建立合作的夥伴關係（Argyris, 2002；Gordon, 2004；Wei, Darling-Hammond, & Adamson, 2010）。在企業界，透過聯盟合作以提升競爭力，早已開始。企業界之策略聯盟主要是以跨組織合作方式，以獲得競爭優勢。傳統的企業組織大多是單打獨鬥，但在 1950 年代之後，跨國公司、合資經營，成爲一種風潮。尤其處在資訊與開放社會中，不論個人或組織，都有其外在的社會網絡關係，例如：自己的家族血緣關係、產業行銷網關係、組織領導者的人際關係，每個組織都生存在各式各樣的社會網絡，策略聯盟即有賴此網絡理論來執行。Gulati（1998）認爲：策略聯盟是企業間爲了產品、技術與服務之交換、分享與合作發展所作志願性的安排，他們能以廣泛動機與目標、不同形式，或跨越直向、橫向界線而存在。

　　從資源共享來看，在複雜多變的競爭環境之中，組織必須與外界資源互動，進行交換，以取得應有資源。因此，當組織內部資源不足，例如：人力、資本、技術，就必須與其他組織策略聯盟，以達資源互補。在企業界的策略聯盟，多半是建立合作夥伴間之互相關係，企業爲彌補本身資源之不足，必須透過策略聯盟尋覓適合夥伴，取得資源，以增進自己的競爭力。

　　再就組織學習而言，Senge 的核心思想是，面對瞬息萬變、錯綜複雜的世界，必須藉著個人自我改造——以「改善心智模式」、「自我精進」和「系統思考」爲主，和集體學習——以「團隊學習」和「建立共同願景」爲主，才能開創組織生機。學習型組織乃是組織中的成員能不斷突破自己的能力上限，實現他們眞正的願望，培養一個全新、前瞻而開闊的思考方式，全力實現共同的抱負，不斷學習如何去共同學習（郭進隆，1994）。

　　總之，這種合作關係興起，與科技快速發展、全球化競爭趨勢，以及經營成本提高，有密切關係。不論是資源共享或是組織學習觀點來

看，夥伴關係乃是確保組織生存發展的合作方式。

伍　專業發展學校之實施成效

專業發展學校之建立有助於大學與合作學校之間密切連結，根據學者研究，有下列幾項（丁一顧、張德銳，2006；吳和堂，2001；孫志麟，2009；劉美惠、方永泉、孫志麟、譚光鼎、邱惜玄、鄭秀琴，2006；Reeves, 2004）：

一、有助於提升學生學習成果

針對學生學習成就的部分，Klingner, Vaughn, Argüelles, Hughes, & Ahwee（2004）研究結果顯示，參與專業發展學校的小學，其學生在史丹福成就測驗（Stanford Achievement Test Series）的成績些微勝過該學區其他的學生；就教師與行政人員之觀點，他們認為專業發展學校的夥伴關係確實提升學生的學習成就表現（Akiba, & Liang, 2016），學生亦藉此增加社交與情感的交流，且出席率逐漸提升（Lovitt, & Higgins, 1996）。

二、強化職前教師教學知識與實務

當職前教師參與專業發展學校時，學校所提供的作業及現場經驗，可以使他們獲得如何教導多元學生之知識和技能（丁一顧、張德銳，2006；吳和堂，2001）。實習生有機會和多位資深老師學習，可以學習到不同老師的班級經營和教學風格。亦即面對多元化的學生，在專業發展學校的職前教師，能提供較多元的教學方式，在課程計畫、教學、管理、評量方面有較好的能力。

三、增進教師的反省思維與實踐能力

反思（reflection）代表著「批判」和「重建」之意義，且反思與實踐之間存在著間接的關係。其中，外在文化因素對個體自我解放也有相當的影響作用（陳伯璋，1990）。反思專業發展本質是期望教師澈底做改變，而改變是種內在的歷程，在專業發展學校中，教師們要從事

反省性思考，思考自己的教學是否有需要改進之處，針對學生的學習成效進行檢討，找出改進學生學習成效的方式。參與專業發展學校的實習生，經常有機會與輔導老師、指導教師、實習同儕，共同討論教學與課程，較能夠計畫課程以及準備教學的實務。

四、促進現職教師專業成長

由於發展大學與中小學的夥伴關係，實習生帶入了新的觀念和方法，增進在職教師專業知識及技能，同時再度引發他們對教育的熱情與使命感。在夥伴關係中，中小學教師和大學教師可以共同研究教學問題，以改善教學品質（孫志麟，2009）。許德田與張英傑（2002）研究指出成長團體能符合教師的需求，協助教師對專業發展權能的了解（例如：專業社群、小組討論、協同教學），透過專業合作與知識分享，更新了他們的專業知能，同時促進其專業成長（丁一顧、張德銳，2006；Field, 2008; Sandholtz & Dadlez, 2000）。

陸　國內外實施案例與經驗

在美國，透過策略聯盟來建立教育夥伴關係，已實施多年。例如：侯姆斯團體（Holmes Group），就提出師資培育課程的再設計（redesign），其中「加強中小學實務經驗的獲得」、「大學／中小學建立學習社群」（communities of learning）、「理論研究與教學實務的結合」、「大學教授與中小學教師協力行動研究」等訴求，均突顯「教做合一」、「知行並重」特色之師資培育系統重建的重要性與急迫性（高熏芳，2000；符碧眞，1999；Sleey, 1984）。

在師資培育革新方案中，這種大學與中小學建立教育夥伴關係，其實施成果經過實證，確實爲提升教師品質不可或缺之方式。以教育實習爲例，《高級中等以下學校及幼兒園教師資格檢定及教育實習辦法》中，處處可見強調「師資培育機構（大學）與中小學教育夥伴關係」（university/school educational partnership）之建立，以落實教育實習歷程之輔導。而規劃教育實習歷程之目的，無非希望師資培育機構及中小學共同合作，以引導、協助實習教師在複雜的教學情境中將理論與實

務結合（高熏芳，2000）。

美國南卡大學（The University of South Carolina）就與 12 所專業發展學校合作，開展卓越效果。雙方根基於 9 項重要合作事項持續耕耘累積，投入公開分享成果，參與者能不斷反省實踐，彼此合作關係能夠幫助中小學教師專業成長。在雙方努力之下，維持 20 年之夥伴合作關係（Field, et al., 2010）。

美國緬因州南方的三所大學（南緬因州大學、緬因藝術學院、南緬因科技學院）於 1985 年就與鄰近 30 個中小學進行教育合作關係，稱「南緬因州教育夥伴」（The Southern Maine Partnership）計畫，是美國幾個最先進行的大學與中小學教育合作，以協助大學與中小學教育工作者進行全面革新的模式。該計畫起始於一位師資培育機構的院長，邀請六位地區的督學，協助他們根據師資培育專家 John Goodlad 的構想，來形成組織間相互合作的模式。組織成員相互邀請加入「教育工作者社群」（Educator Group），最大的特色是這個學習社群係基於興趣與專門知識而結合成立的，每個月會面一次，彼此分享想法與資訊。

東密西根大學（Eastern Michigan University）和附近 Farmington Public Schools 學區建立「教育夥伴學校關係計畫」（Consociate School Partnership），主要目的為因應教育革新及培養 21 世紀優秀學生，在競爭激烈的高中市場如何藉由雙方合作關係，達到師資、資源共享、合作學習與教學以產出加倍的能量，促進彼此專業成長，共創美好教育新世界（高熏芳，2000）。

喬治亞州成立「專業學校聯盟」（The League of Professional School in Georgia），嘗試將學校推向更為民主化的境界，藉由協助學校採納「教與學契約」的方式來達到目的，契約內容為提供師資培育機構教師與中小學校教師互動的機會。透過喬治亞大學教育學院「學校改善計畫」（Program for School Improvement）的支援，此聯盟所開放贊助的對象，是任何有八成以上的中小學老師願意參與改善計畫的學校。科羅拉多州丹佛市大都會州立大學（Metropolitan State College of Denver, MSCD）與鄰近中小學（K-12）也建立各種教育夥伴關係（高熏芳，2000）。

　　國內的教育機構，也開始引進策略聯盟教育夥伴關係的理念。以課程改革而言，目前中小學正實施九年一貫課程政策，各校都要成立「學校課程發展委員會」、「領域小組」、「教學團隊」等組織。但許多小型學校，人力、資源非常有限，可參酌策略聯盟方式，組成學校課程發展委員會，共同規劃設計。在新北市鼻頭國小等數校就成立「新北市東北角策略聯盟」，透過課程設計，塑造東北角社區文化（吳金聰、林曉雯、王慈燕、伍原利、蔡孟芬、蕭靜妮，2007）。

　　臺南大學與國立南科國際實驗高級中學、國立善化高級中學、雲林縣水林鄉誠正國民小學、臺南市安南區海佃國民小學及行政院農業委員會特有生物研究保育中心正式成為專業發展合作夥伴，顯示在專業發展合作領域之成效與里程碑。國立屏東教育大學與高屏地區屏東縣崇蘭國小、高雄市登發國小、高雄市新莊國小、高雄市鳥松國小、高雄市鎮昌國小、高雄市獅湖國小、屏東縣鶴聲國小、屏東縣瑞光國小、國立屏東教育大學附設實驗國民小學、高雄市福康國小、高雄市過埤國小、高雄市永芳國小、高雄市左營國小、高雄市福山國小、高雄市鳳翔國小等15 所學校共同舉行「專業發展學校」簽約儀式，藉由簽訂專業發展學校，並成立專屬的輔導團隊，透過彼此間的合作，屏教大將提供現有教授群的專業知能給予合作學校教職員專業成長的支援；辦理各類進修研習活動，提供教師教學新知識，來輔導合作學校的教師提升實習輔導的專業知能，使其發展成為優質的實習學校。

　　綜上，專業發展學校的理念受到重視並加以推廣，先建立制度與簽訂合作契約，雙方從互助互惠和互相學習中，提升大學教師對於小學教育實務知能，同時增進實習學校成為優質的教育場所。

柒　我國專業發展合作學校相關研究

一、相關研究

　　以下就專業發展學校之論文與期刊研究加以分析，並整理如下表8-1：

表 8-1　專業發展合作學校相關研究

研究者	研究主題	研究方法	研究結果
王佳文 （2016）	臺灣與中國專業發展學校制度之比較研究	比較研究法	1. 臺灣與中國專業發展學校制度背景雖然不同，但都對於專業發展學校具有正向的影響。 2. 臺灣與中國專業發展學校制度內容之中，皆屬於行政命令，但臺灣較注重職前教育，而中國較重視在職教育。 3. 臺灣有部分學校會自訂標準來遴選專業發展學校及執行單位，中國則較欠缺標準。
朱容萱 （2013）	專業發展學校在教學實習課程之體現——以一所國小為例	訪談法	1. 專業發展學校為結合理論與實務之學習場所。實習輔導教師已具備專業發展學校之概念。 2. 實習輔導教師與指導教授溝通互動關係密切。實習制度確實提供實習學生良好之教學與實務經驗。 3. 實習學生與實習輔導老師之間建立密切溝通管道，有助於建構實習學生之教學之能。 4. 實習生與輔導老師的心態會影響雙方合作關係。
劉淑娟、 周淑惠 （2013）	在專業發展園所中邁向開放之路——一位幼教師專業成長之探索	觀察法 訪談法	1. 個案教師專業成長經歷漸進的三個階段。 2. 個案教師專業成長內涵著重於「主題課程與教學」專業知能之表現。 3. 個案教師專業成長運用多元方式。 4. 個案教師專業成長深受多重因素交織影響。

研究者	研究主題	研究方法	研究結果
李梅雪（2012）	臺北市國民小學教師專業發展學校知覺與教學效能關係之研究	問卷調查法	1. 臺北市國民小學教師專業發展學校知覺具中高度之表現。 2. 臺北市國民小學教師教學效能現況具高度之表現。 3. 臺北市國民小學教師專業發展學校與教學效能間，有低度正相關。 4. 臺北市國民小學教師「專業發展學校知覺」對「教學效能」有良好適配度，且具有中度影響力。
沈靜濤、張素貞、羅天豪（2011）	專業發展學校理念與實踐：以師資培用為例	文獻分析法	1. 推動師資培育職前課程教師的專業學習社群。 2. 強化師資培育教授的指導意願和實務經驗 3. 建立實習輔導教師的專業認證和形象，營造師資培育大學與實習機構的全面關係
陳淑琴、周淑慧（2010）	幼兒教育績效品質：一個雙向共榮的「專業發展學校」觀	文獻分析法	1. 針對幼兒園評鑑制度，提出「專業發展認可模式」。 2. 針對幼兒園輔導制度，提出「專家在園輔導制度」概念。 3. 針對幼兒園園所本位專業成長，提出一個「雙向共融式的專業發展學校模式」。
林進山（2010）	形塑「專業發展學校」可行性策略之探討	文獻分析法	1. 以集體領導作為整體帶動學校發展。 2. 以專業行政組織發展專業經營能力。 3. 以專業學習社群展現創新教學能力。 4. 以專業研究團隊開拓研究發展能力。 5. 以實習觀摩教學再現卓越教學能力。 6. 以同僚教學觀察建立回饋反思能力。
孫志麟（2002）	專業發展校：理念、實務與啟示	文獻分析法	1. 惟有師資培育機構與中小學的師資培育功能能夠緊密連結在一起，才能使教師的專業學習更具有效性。 2. 專業發展學校在美國學校的運作歷程頗為複雜，其差異也大。

研究者	研究主題	研究方法	研究結果
黃瀞瑩 （2011）	美國馬里蘭州專業發展學校實習制度之個案研究	文獻分析法 個案研究	1. 美國師資培育改革關注於教育教師品質之議題。 2. 美國專業發展學校歷經長時間的發展不斷調整修正。 3. 美國馬里蘭州專業發展學校夥伴關係採階梯式建立與發展。
許以平 （1999）	美國「專業發展學校」在我國國民小學實施可行性之研究	文獻分析法 訪談法 問卷調查法	1. 專業發展學校在我國國民小學實施具有可行性。 2. PDS 的實施宜由師資培育機構主動和國民小學建立平等互惠的夥伴關係。 3. PDS 在國內國民小學實施有其限制因素，這些限制因素包括：國民小學教師負擔沉重、缺乏經費支援、教師對 PDS 概念認識不足、教育政策多變、國小文化保守、大學教授時間等。 4. PDS 若要在國民小學實施，須有具體的配套措施，包括：加強教師評鑑、提供參與 PDS 誘因、修訂《師資培育法》……等。

資料來源：研究者自行整理

二、綜合分析

（一）以研究對象而言

在「專業發展學校」之研究對象上，大致上分為實習教師、實習輔導教師、初任教保員及相關教育工作者等（朱容萱，2013；李梅雪，2012；劉淑娟、周淑惠，2013；許以平，1999），較多的研究取向以在學校服務的教師或教保員為主，其主要探討的是不同背景變項的教師對於專業發展學校的想法，或是教師對於專業發展學校的知覺等。另外有加入地方教育機關、學校行政人員、大學教育相關研究人員及師資培育中心等關係人為研究對象的研究有 1 篇（許以平，1999）。

(二) 以研究地區而言

除了文獻研究及比較研究較無法區分研究地區及場域（王佳文，2016；林進山，2010；孫志麟，2002；黃瀞瑩，2010），其他大多研究都是以單一縣市為主（朱容萱，2013；李雪梅，2012；許以平，1999；劉淑娟、周淑惠，2013），目前專業發展學校的推廣還在發展的階段，且必須整合教育主關機關、大學師資培育單位、大學研究單位、配合國中小學或實驗學校等，並非臺灣各縣市都具有充足的資源，因此研究地區大多都取向於交通較為便利，資源較充足的臺北市為主。

(三) 以研究方法而言

在專業發展學校的相關研究方法中主要是以文獻分析為主。單純以文獻分析的研究有 4 篇（孫志麟，2002；沈靜濤、張素貞、羅天豪，2011；陳淑琴、周淑慧，2011；林進山，2010），主要是探討各地區專業發展學校的制度與實際情況的看法與想法。

其分也包含訪談法、觀察法及比較研究有 4 篇（王佳文，2016；朱容萱，2013；黃瀞瑩，2010；劉淑娟、周淑惠，2013），主要是以學校實習老師或指導老師作為個案，探討其個案在專業發展學校制度中的反應、認知與影響。還有訪談與問卷共同實施的論文有 1 篇（許以平，1999），其兼具質性與量化的研究方法。

(四) 以研究結果綜合而言

由相關研究之結果綜合來說，專業發展學校所研究範圍大多在政策推行及實務現場的執行情況，但在各研究中分為兩種方向作探討，其一是對於不同國家的專業發展學校的政策執行與借鏡作為研究目的（王佳文，2016；黃瀞瑩，2010）；其二是臺灣專業發展學校的實施對象對於政策的推行與實務上的感知為主。而推展出來的研究結論大部分都以臺灣適合推展專業發展學校（朱容萱，2013；許以平，1999；劉淑娟、周淑惠，2013）、現行專業發展學校所面臨的困境與問題（朱容萱，2013；許以平，1999；孫志麟，2002）、專業發展學校對實習教師與師培制度相關人員具有一定影響（朱容萱，2013；李雪梅，

2012；劉淑娟、周淑惠，2013）、訂定相關法令及研擬配套措施（林進山，2010；沈靜濤、張素貞、羅天豪，2011；許以平，1999；陳淑琴、周淑慧，2010）為出發點。

捌　專業發展合作計畫之發展策略

專業發展學校在於建立師資培育機構與夥伴學校之合作關係，作為教師、實習學生、師資生之學習場域，以建立理論與實務融合的夥伴協作關係，優化師資培育與教育實習之效能，其發展策略如下（Desmoine, 2011; Hirsh, 2005; Youngs & King, 2002）。

首先是訂定合作契約關係，目前各師資培育大學與合作中小學均訂有實施計畫，以確保專業發展合作學校之建立。

其次，掌握發展目標。以國民小學為例，實施目標方面，有下列四項：

1. 能建構學校專業發展系統：提升校長教學領導效能與教師之教學效能。

2. 能檢核學生學習品質：建構「九年一貫課程」各領域一至六年級各學習階段課程發展關鍵能力縱向架構，研發課程銜接解決策略。

3. 能發展學校特色：資訊融入各科教學、英語教學創新、民俗藝文活動與體育球類教學與競賽教學。

4. 提供教學觀摩與實習機會：提供學生教學觀摩與實習之必要支持，增進計畫實施成效（丁一顧、張德銳，2006）。

第三，研議雙方合作事項。合作事項有單一主題合作，也有多元主題合作事項。基本上合作學校係提供師資職前教育課程之教學實習及教學觀摩等事項，並推介資深優良教師擔任實習輔導教師。師範校院各學系與合作學校簽約內容則相當多元，學生輔導、英語教學、班級網頁、教師成長、課程發展等等。彼此採取互惠原則，透過深度匯談，融合理論與實務，讓雙方資源互享，以提升教育品質。

第四，建立互惠原則。對於合作的學校，亦可以提供數項優惠事項，例如：

1. 圖書資源：比照館際合作單位，免費提供合作學校借書證，供

合作學校運用。

2. 網路資源：優先保留若干名額提供簽約合作學校之教職員參加教育訓練研習，並同意免費申請甲方 E-MAIL 及網路使用權。

3. 體育資源：合作簽約學校如有需要，來函提出申請者，比照本校「體育館及相關運動設施校內借用辦法」，酌予優惠。

4. 教學設備資源：合作學校如來函提出申請，優先撥用汰舊設備。

5. 進修優惠等等。

因此，專業發展夥伴關係是長時間發展的教育夥伴關係。歸結起來，首先要秉持合作原則，雙方就所合作事項，透過簽約或備忘錄方式，逐步推動。而學校雙方也要組成高階管理團隊，透過行政系統尋求組織內共識。其次是互惠原則，在「資源有限、需求無限」的情況下，教育資源必須善用，發揮資源共享的原則。第三是對話，透過深度匯談，融合理論與實務，讓雙方資源互享，以提升教育品質。最後是持續原則，以有組織、有架構、符應實際需求、循序漸進實施爲原則。

玖 結語

知識經濟與全球化趨勢，讓 21 世紀成爲一個充滿挑戰與競爭的新時代。臺灣加入 WTO 之後，對教育界衝擊相當大，但危機就是轉機，如何利用管理策略，例如：策略聯盟、合作、夥伴關係等，提升教育競爭力，誠爲當前最重要課題。

新修正公布《師資培育法》規定，師資培育包含師資職前教育和教師資格檢定，將教育實習納入職前教育階段實施，教育實習已成爲正式課程，教育實習是師資培育必經的重要過程。專業發展合作學校在提供各系學生能及早進入學校現場，讓學生熟悉學校與班級事務，獲得實務教學經驗。這種方式類似學徒制之精神，數位學生跟隨一位級任輔導教師，隨時見習教學與級務之處理，並利用機會請教，同時也發揮自己專長，協助國小班級教學，使在師院所學的教育理論知識，透過行動經驗與省思探究，相輔相成。專業發展夥伴關係是一種雙贏策略，互蒙其利。大學與學校的夥伴協作可以引導協助教師專業成長，引入新觀念

與新思維，增加學習資源，爲學校帶來活力與希望，促進學校不斷追求品質及卓越。首先，對國小方面，能建構學校專業發展系統，提升教師教學效能；同時，能協助落實「十二年國教課程實施」，研發課程銜接解決策略。對大學而言，推動專業發展夥伴關係能增進師資培育課程品質；更重要是，能增進學生觀摩教學機會，加強教育實習成效。

問題與討論

一、何謂專業發展學校？可以發揮哪些功能？

二、專業發展學校之立論基礎爲何？請分析說明。

三、請分析專業發展學校之發展策略爲何？

參考文獻

(一) 中文部分

丁一顧、張德銳（2006）。臨床視導對國小實習教師教學效能影響之研究。**師大學報，51**(2)，219-236。

田培林（1995）。教育與文化。載於賈馥茗主編，**教育與文化**（上冊）（頁3-11）。臺北：五南。

王佳文（2016）。**臺灣與中國專業發展學校制度之比較研究**。國立臺北教育大學（未出版之論文），臺北。

王佳玄（2004）。**專業發展學校：概念、互動與啓示**。中興大學未出版碩士論文，臺中。

朱容萱（2013）。**專業發展學校在教學實習課程之體現——以一所國小爲例**（未出版之碩士論文），國立屏東教育大學碩士論文，屏東市。

吳和堂（2001）。國中實習教師教學反省與專業成長關係之量的研究。**教育學刊，17**，65-84。

吳青蓉、張景媛（1997）。英語科專家／生手教師課堂教學之研究。**師大學報，42**，17-33。

吳金聰、林曉雯、王慈燕、伍原利、蔡孟芬、蕭靜妮（2007）。教師專業成長團隊運作之困境及其解決之道——以國小數學實習輔導成長團隊為例。**屏東教大科學教育，26**，39-50。

吳清山（2001）。學校文化。**教育月刊，88**，110。

沈靜濤、張素貞、羅天豪（2011）。專業發展學校理念與實踐：以師資培用為例。**中等教育，62**(1)，93-109。

李雪梅（2012）。**臺北市國民小學教師專業發展學校知覺與教學效能關係之研究**（未出版之碩士論文），臺北市立教育大學，臺北市。

林進山（2010）。形塑「專業發展學校」可行性策略之探討。**中等教育，61**(3)，20-31。

教育部（2013）。**師資培育白皮書**。臺北市：作者。

高熏芳（2000）。美國大學與中小學教育夥伴之實例探討——兼論我國可行的作法。**教師天地，107**，16-26。

符碧真（1998）。美國專業發展學校對我國新制師資培育制度之啟示。**教育研究資訊，5**(5)，31-44。

符碧真（1999）。增進師資培育機構與實習學校之合作關係。**教育實習輔導季刊，4**(4)，30-32。

許德田、張英傑（2002）。國小教師數學成長團體運作之行動研究。國立臺東師範學院編著：**教育行動研究與教學創新**（頁155-198）。臺北市：揚智

許以平（1999）。**美國「專業發展學校」在我國國民小學實施可行性之研究**（未出版之論文）。國立師範學院國民教育研究所，臺北市。

郭進隆（譯）（1994）。**第五項修練——學習型組織的藝術與實務**。臺北：天下。

陳伯璋（1990）。課程評鑑的新典範——自然探究模式淺介。**現代教育，5**(3)，73-94。

陳淑琴、周淑慧（2010）。幼兒教育績效品質：一個雙向共榮的「專業發展學校」。**幼教年刊，121**，245-262。

孫志麟（2002）。專業發展學校：理念、實務與啟示。**國立臺北師範學院學報，**

15，557-584。

孫志麟（2009）。大學與中小學夥伴關係發展之評析。**教育實踐與研究，22**(2)，151-180。

黃瀞瑩（2011）。**美國馬里蘭州專業發展學校實習制度之個案研究**（未出版之碩士論文）。國立屏東教育大學碩士論文，屏東市。

劉淑娟、周淑惠（2013）。在專業發展園所中邁向開放之路：一位幼教師專業成長之探究。**幼教年刊，24**，153-174。

劉美惠、方永泉、孫志麟、譚光鼎、邱惜玄、鄭秀琴（2006）。**中小學專業發展學校之規劃**。臺北：教育部。

(二) 英文部分

Akiba, M., & Liang, G. (2016). Effects of teacher professional learning activities on student achievement growth. *The Journal of Educational Research, 109*(1), 99-110.

Argyris, C. (2002). Double-loop learning, teaching, and research. *Academy of Management Learning and Education, 1*, 206-218.

Darling-Hammond, L. (2005). *Professional development schools: Schools for developing a profession*. Columbia University: Teachers College Press.

Desmoine, L. (2011). A primer on effective professional development. *Phi Delta Kappan, 92*(6), 68-71.

Field, S. (2008). *How highly effective professional development school principals utilize research-based practices to lead the school-university partnership* (Doctoral dissertation). Retrieved from ProQuest Dissertations and Theses Database.

Field, et al., (2010). The University of South Carolina professional development School network: Twenty years of effective collaboration. *School-University Partnerships*, *4*(2), 41-52

Gordon, S. (2004). *Professional development for school improvement: Empowering learning communities*. Upper Saddle River, NJ: Prentice Hall.

Gulati, R. (1998). Alliance and network. *Strategy Management Journal, 19,* 293-317.

Hirsh, S. (2005). Professional development and closing the achievement gap. *Theory into*

Practice, 44, 38-44.

Klingner, J. K., Vaughn, S., Argüelles, M. E., Hughes, M. T., & Ahwee, S. (2004). Collaborative strategic reading: "Real world" lessons from classroom teachers. *Remedial and Special Education, 25*, 291-302.

Lovitt, T. C., & Higgins, A. K. (1996). The gap: Research into practice. *Teaching Exceptional Children, 28*(2), 64-68.

National Council for the Accreditation of Teacher Education (2001a). *Standards for professional development schools*. Washington DC: Author.

National Council for the Accreditation of Teacher Education (2001b). *Handbook for the assessment of professional development schools*. Washington DC: Author.

Reeves, D. B. (2004). *Accountability for learning: How teachers and school leaders can take charge*. Virginia: Association for Supervision and Curriculum Development.

Robinson, S. (2007). *Response to educating school teachers*. Washington, DC: American Association of Colleges for Teacher Education.

Sleey , D. S. (1984). Educational partnership and the dilemmas of school reform . *Phi Delta Kapalan, 65*(5), 383-388.

Sandholtz, J., & Dadlez, S. (2000). Professional development school trade-offs in teacher preparation and renewal. *Teacher Education Quarterly, 27*(1), 7-28.

Teitel, L. (2003). *The professional development schools handbook: Starting, sustaining, and assessing partnerships that improve student learning*. California: Corwin Press Inc.

Wei, R. C., Darling-Hammond, L., & Adamson, F. (2010). *Professional development in the United States: Trends and challenges*. Dallas, TX: National Staff Development Council.

Youngs, P., & King, M. B. (2002). Principal leadership for professional development to build school capacity. *Educational Administration Quarterly, 38*(5), 643-670.

第九章

十二年國教新課綱
課程諮詢教師新圖像

郭怡立、張明文

　　課程諮詢教師的角色有四：(1)課程地圖的導航者；(2)學習歷程的諮詢者；(3)生涯發展的促進者；(4)課程永續的反饋者。

　　課程諮詢教師從五個向度去課程理解：(1)哲學思辨；(2)師資結構；(3)教材選編；(4)入學考試；(5)課程經營。

　　展望 AI 時代來臨，大數據的蒐集與應用成為不可逆轉的趨勢，科技將會如何顛覆傳統的學習型態，而依《十二年國民基本教育課程綱要總綱》規定，設置課程諮詢教師，自 108 學年度起強化對學生之課程輔導諮詢，教師該培養什麼樣的能力，才能成為前瞻未來的課程諮詢輔導新人才？教育悄然與科技結合，透過人工智慧蒐集並建立海量資料數據庫，從中分析更多的學習因數，讓學習者擁有課程的決定權和選擇權，滿足學習者差異化和多樣化的需求，也能透過興趣專長等分類，精準媒合學生、課程以及師資、教材，並根據課後評鑑做出適當回饋，即時動態優化未來個人的課程發展。多樣化的數據愈精準，愈能提升匹配的精準度，大大增進學習意願，落實因材施教的客製化學習服務。在籌備課程諮詢輔導工作緊鑼密鼓關鍵之際，各界矚目，課程諮詢教師任重道遠，惜未見相關師資養成的論述，本研究聚焦此一角色的定位與發展，期能形塑課程諮詢教師正向的圖像，以貴慎始。茲分述如下：

　　壹、教育環境變遷下課程諮詢教師的角色（代緒論）
　　貳、解構後期中等學校不同學制課程地圖中的布局
　　參、課程諮詢教師的動態課程理解
　　肆、建構未來學校課程諮詢教師樣貌
　　伍、持續進化的課程諮詢教師核心能力（代結論）

壹　教育環境變遷下課程諮詢教師的角色

一、教育環境變遷影響課程改革

　　面對全球社會、經濟、人口結構、環境及科技之變遷與挑戰，未來產業發展之關鍵能力與人才需求，無論普通高中、技職高中或綜合高中，教育所培養之人才，為符應新興產業之發展，甚至創造出未知產業

與商機，教育人才必須具備創新思考與實踐及跨領域整合能力。聯合國教育科學文化組織（UNESCO）於 2015 年 5 月與世界銀行等組織，共同提出之《2030 年仁川教育宣言及行動框架》，敦促遵守國際和地區基準，即將國內生產總值的至少 4-6% 和／或公共總支出的至少 15-20% 用於教育。強調《全民教育全球監測報告》繼續成為一份由聯合國教科文組織主持和出版的獨立的《全球教育監測報告》（GEMR），具備技術、就業、有尊嚴勞動及創業家之青少年及成年人應持續成長；至 2030 年時，在全球化及資訊化時代下，學生亟須具備資訊之取得與分析能力、全球移動之語言能力，俾以適應不同產業、行業之興衰，並能自由移動至世界各地之就業力。期使未來教育所培育之學生，能成為國家未來經濟發展、社會融合及技術傳承與產業創新之重要推力。

　　從技術因素觀之，社會變遷的事實，職業結構顯著改變，使學校及教育都有了新的功能。學校的主要職責不再是教授已知的事物，而是教育學生探索未知的事物，透過學習工具教授，將已知的事物和原則，運用在將來未知的環境之中；從意識型態因素觀之，教育是一項社會變遷，即「經濟發展」的原因，與另一項社會變遷現象，互為「改變社會階級結構」的條件。為適應經濟需要，因此課程需要再造，加速國家發展、產業升級；就課程永續的角度而言，學校課程領導旨在發揮功能以實踐確保學生學習品質及達成學習成功的教育目標，透過實踐來批判反省，以引導課程發展。

二、課程輔導諮詢法源依據及目的

　　在 108 課綱的總綱裡面，增加許多學生選課的彈性，特別是普通高中。學生可以選擇的課程不再只有自然組或社會組兩種套餐課程，而是增加許多每間學校自己的特色課程（校訂必修和校訂選修），以及更加活潑的彈性課程，再搭配教育部規定的必修課和選修課，使得普通高中的課程變得相當多樣。因應課程指引的實務需求，「強化課程輔導諮詢」概念入法：學生適性選修輔導須搭配課程諮詢及生涯輔導，包括參考性向及興趣測驗、大學院校進路建議的選修課程等。學生每學期應與

課程諮詢教師討論，諮詢紀錄應列入高級中等學校學生的學習歷程檔案。教師若擔任課程諮詢教師得酌減教學節數，師資認證及相關辦法由各該主管機關訂定之。由於高中學生對於課程的選擇就會變得更多樣，如果某一位學生未來想要往特定的領域發展，那他究竟該選擇哪些課程呢？所以教育部特別設置課程諮詢教師的工作，專門擔任對學生解說：學校所有開設的課程內容與特色、課程彼此之間的關聯性，以及這些課程連結到未來升學的相關性等等，這就是課程諮詢教師未來將要扮演的角色。課程諮詢教師所需要掌握最基本的資訊，就是自己學校的學校願景、學生圖像與課程地圖。課程諮詢教師必須清楚學校辦學的目標，是在培養學生具備怎麼樣的知識、態度與技能（也就是所謂的素養），以及學校學生的特質與學生未來的進路方向。最後也是最重要的是，課程諮詢教師必須了解學校安排規劃的所有課程，包括每一門課程的特色與內涵、每一門課程與其他課程之間的關聯性，以及不同課程與學生未來進路之間的關聯性等等。而課程諮詢教師的工作，基本上就是要把這些內容傳遞給學生、家長，甚至學校其他老師。

因此，課程諮詢教師必須協助學校編輯學生選課手冊，把上述內容落實在文字的敘述裡面，讓學生與家長有書面的詳細資料可以查詢，並且在每個學期開始選課之前辦理公開的說明會，回答學生或家長對於相關內容的疑問。除此之外，課程諮詢教師還要參考學生的學習歷程檔案，提供學生團體或個人的諮商，並將諮商內容登載於學生的學習歷程檔案。

三、課程諮詢教師的角色

課程需要諮詢，發生於學生感覺到課程意識模糊，自主學習能力不足、選課意願或動力容易減弱和缺乏環境支持，是產生這些期待的主要原因。高中設置課程諮詢教師，指點選課迷津，輔導學生對應出路。因此，有下列四個角色扮演：

(一) 課程地圖的導航者

課程諮詢教師所需要掌握最基本的資訊，就是自己學校的學校願

景、學生圖像與課程地圖。課程諮詢教師必須清楚學校辦學的目標，是在培養學生具備怎麼樣的知識、態度與技能（也就是所謂的素養），以及學校學生的特質與學生未來的進路方向。最後也是最重要的是，課程諮詢教師必須了解學校安排規劃的所有課程，包括每一門課程的特色與內涵、每一門課程與其他課程之間的關聯性，以及不同課程與學生未來進路之間的關聯性等等。而課程諮詢教師的工作，基本上就是要把這些內容傳遞給學生、家長，甚至學校其他老師。

(二) 學習歷程的諮詢者

與輔導老師、導師或家長合作，課程諮詢教師配合學生的個人特質與性向，參考學生的學習歷程檔案，提供學生團體或個人的諮商，並將諮商內容登載於學生的學習歷程檔案。課程諮詢分團體和個人，一般來說團體諮詢大概就可以符合學生需要，一次團體要設定參加人數為單獨一個班或數個班一起，則可以由老師自己衡量學生狀況和自己能力來調整。或是幾位課程諮詢教師分工，設定以不同學群為主題進行團體諮詢，讓學生自由報名（學生可參加不只一場）參加也是一種做法。

(三) 生涯發展的促進者

以終為始，課程諮詢教師可於學習歷程檔案中，登錄學生的選課規劃與學習地圖，一則為學生自身的學習紀錄，二則可呈現給大學端，該生的學習動機與規劃能力。依此，立意良善的課程諮詢教師政策，有賴完整的人力配套做法，方可協助學生達成從自發—認識自己開始，到促進生涯發展—開展生命之終極目標，這才是課綱的真正任務吧！

(四) 課程永續的反饋者

在整體課程永續經營供應鏈中，學校本位屬性的課程最為彰顯辦學特色，從位於最前端的課程設計，後設課程評鑑、績效評估等環節，形成專業分工與互相合作的夥伴關係。然而，課程供應鏈如何與課程諮詢教師共同合作，降低學習定向與未來入學制度變遷相關的潛在風險，持續回應社會觀感與標準。換言之，這樣的反饋機制，後端的課程諮詢教師，是整體課程永續經營價值鏈中的反饋者，應該為滾動修正做出貢獻。

貳 解構後期中等學校不同學制課程地圖中的布局

　　賈寇斯（Heidi Hayes Jacobs）提出課程地圖（curriculum mapping）的概念（Jacobs, 2004），作為教師改進教學及發展課程的動態機制。讓老師識別課程與教學方案之間的差距、多餘以及偏離之處，此外也要加強教師之間關於教學工作的對話。課程地圖是一種圖像組織，也是一種活潑且實用的視覺化工具，它可以是搭配心智圖，以網狀圖、概念圖，甚至是一個故事圖，在圖示中勾勒重要的觀點和資訊；透過這樣的機制，課程地圖可以被應用作為資訊交換溝通、計畫及師資訓練的工具。因此，這種工具不僅有助於知識的蒐集與統整，同樣也關照到事物發展與脈絡間的系統性。

　　以臺北市一所高中的學習地圖為例，學校累積過去的課程發展經驗，掃描本校課程與教學環境，先應用 SWOT 矩陣，從「課程規劃相關行政工作、課程發展、教學活化、學生學習以及教師教學」五個面向分析課程與教學的優勢、劣勢、機會和威脅；教學上聚焦學生學習，著重發展多元素養評量方法。課程開發上，則著重課程評鑑之推動。參見表 9-1 普通高中課程地圖示例（臺北市中崙高級中學，2019）

表 9-1　臺北市立中崙高級中學 108 學年度入學新生高中 3 年課程地圖

學校願景	培養領航未來的人才				
學生圖像	自立自主、合群合作、卓越公民、世界領航				
適性班群	人文社會	財經商管	資訊科技	數理工程	醫藥生科
高一	部定必修	國文(8)、英文(8)、數學(8)、歷史(2)、地理(4)、公民與社會(4)、物理(2)、化學(2)、生物(2)、地科(2)、生命教育(1)、生涯規劃(1)、資訊科技(2)、健康與護理(2)、體育(4)			
	校訂必修	中崙大視界_未來食力(2) 中崙大視界_食力挑戰(2)			
	選修	多元選修(4)			
	彈性學習	充實（增廣）／補強性教學【國、英、數，跨選】，每週1節。 特色活動，每週2節。			

高二	部定必修	國文(8)、英文(8)、歷史(4)、地理(2)、公民(2)、音樂(2)、美術(2)、家政(2)、體育(4)、國防(2)			
		數學B版(8)、自然探究實作【物理(1)、化學(1)、生物(1)、地科(1)】	數學A版(8)、自然探究實作【物理(1)、化學(1)、生物(1)、地科(1)】	數學A版(8)、自然探究實作【物理(2)、化學(2)】	數學A版(8)、自然探究實作【物理(2)、化學(2)】
					數學A版(8)、自然探究實作【物理(1)、化學(1)、生物(2)】
	選修	國文(2)、歷史(2)、地理(2)、公民(2)、其他*(4)	國文(2)、歷史(2)、地理(2)、公民(2)、其他*(4)	國文(2)、物理(4)、化學(4)、資訊(2)、	國文(2)、物理(4)、化學(4)、地科(2)、
					國文(2)、物理(4)、化學(4)、生物(2)、
	彈性學習	充實（增廣）／補強性教學【國、英、數、自，跨選】，每週1節。特色活動+自主學習，每週2節			
高三	部定必修	國文(4)、英文(2)、音樂(2)、美術(2)、藝術生活(2)、體育(4)、生活科技(2)			
	必選	國文(4)、英文(6)			
	選修	多元選修(4)、國文(2)、數學乙(8)、歷史(6)、地理(6)、公民(6)	多元選修(4)、國文(2)、數學乙(8)、歷史(6)、地理(6)、公民(6)	多元選修(4)、國文(2)、數學甲(8)、物理(6)、化學(6)、資訊(6)	多元選修(4)、國文(2)、數學甲(8)、物理(6)、化學(6)、地科(2)、生活科技(4)
					多元選修(4)、國文(2)、數學甲(8)、物理(6)、化學(6)、生物(6)
	彈性學習	第一學期：語文增廣、空間思維、社會探索 第二學期：歷、地、公	第一學期：語文增廣、空間思維、社會探索 第二學期：歷、地、公	第一學期：語文增廣、選修代數、書化物語 第二學期：物、化、數	第一學期：國、英、數、學、物、化 第二學期：物、化、數
					第一學期：語文增廣、數理思維、生活催化 第二學期：數、物、化、生

備註：其他*為藝能領域、綜合領域加深加廣課程與第二外語多元選修。

　　實際做法上，著眼提升學生自主力及品格力：彈性、自主與適性的學習歷程，潛移默化涵養學生品格，強化品德教育，降低負面行爲發生頻率；強化教師激勵與協作機制：建置友善且高效的教師分享平臺，打亮教師教學專業招牌，提升教師教學成就感。

表 9-2　普通高中新課綱課程發展總表實例

課程名稱	對應之校本學生能力指標	課程領域
中崙大視界—未來食力	自立自主、合群合作	跨領域／科目統整
中崙大視界—食力挑戰	卓越公民、世界領航	跨領域／科目統整
自然科學探究與實作課程A	自立自主、合群合作	跨領域／科目統整
自然科學探究與實作課程B	合群合作、卓越公民	跨領域／科目統整
中崙趴趴GO—廟宇篇	自立自主、世界領航	跨領域／科目統整
舞動漢字	自立自主	語文
世界文學導讀	合群合作	語文
青少年小説選讀之多元文化視野	自立自主、合群合作	語文
英文繪本創作	自立自主、合群合作、卓越公民	語文
夠愛説英文	自立自主、合群合作、世界領航	實作（實驗）及探索體驗
電影人生	自立自主、合群合作	跨領域／科目統整
國際數學解題	自立自主、合群合作	數學
就是玩科學	自立自主、合群合作	實作（實驗）及探索體驗
閱讀歷史人物	卓越公民、世界領航	社會
爆新聞	合群合作、卓越公民	社會
立體看世界	合群合作、卓越公民、世界領航	通識性課程
究食尋味	合群合作	實作（實驗）及探索體驗

課程名稱	對應之校本學生能力指標	課程領域
程式設計初探	自立自主	實作（實驗）及探索體驗
APP Inventor 2手機程式設計	自立自主、合群合作、卓越公民	實作（實驗）及探索體驗
C/C++程式設計入門	自立自主、卓越公民	實作（實驗）及探索體驗
Java語言基本概念與程式設計實作	自立自主	實作（實驗）及探索體驗
Python程式設計入門	自立自主、合群合作、卓越公民	大學預修課程
大城小事：城市文學與文化	自立自主、合群合作、卓越公民、世界領航	跨領域／科目統整
文法的跳躍音符與樂章	世界領航	語文
動畫設計與邏輯思考	自立自主	跨領域／科目專題
創意插畫與版畫設計	自立自主、合群合作	實作（實驗）及探索體驗
解題萬花筒～國際數學解題	合群合作、世界領航	實作（實驗）及探索體驗
跨越時空的星鮮人	自立自主、合群合作、卓越公民	實作（實驗）及探索體驗
小木作製作課程	自立自主、卓越公民	實作（實驗）及探索體驗
蜜蜂生態與蜂產品的研發創新	自立自主、卓越公民	實作（實驗）及探索體驗

資料來源：臺北市中崙高級中學，2019。

　　學校配套除提供部分鐘點費支應聘請相關講師進行課程外，亦編列校外教學車資，提供16門選校課程規劃校外教學之用；編列材料費，提供高一學生進行加深加廣課程；編列物品費，供探究實作課程進行；除此之外，編列資本門，採購教學必須之設備，期待透過經費的挹注給予學生更多元探索的學習機會。學習課程試行「實作（實驗）及探索體驗」以及「跨領域／科目統整」。系統規劃以便於未來以內建的方式，在彈性學習時數中，更有時間與空間給學生充實豐富的學習歷程。

　　以高雄一所科技型高中為例，各群科以開發「同校跨群」、「同群跨科」、「同科跨班」之選修課程為主要方向，例如：資電類「基礎數位邏輯實習」、「可程式邏輯設計實習」、「物聯網原理與應用」；機械群與電機電子群「跨域整合 Maker 創意實務」等；彈性學習課程則以開發「增廣補強」、「選手培訓」、「學校特色活動」、「創客教育」、「自主學習」之各項微課程為方向。

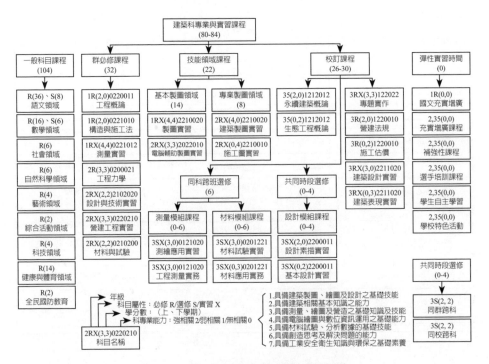

圖 9-1　技術型高中課程地圖示例

　　學生在上圖 9-1 中「按圖索驥」後，能自不同課程模組中，選擇符合自己興趣與需求之課程，並從中培養相應之專業能力，迎向學習的康莊大道。

　　依據綜合型高中十二年國教總綱分流主張（教育部，2018），高一強化基本能力，發展學生探索自我之能力。高二起藉由課程選修進行分流，並實施選課輔導使學生藉由主修學程之選修，達到適性發展、專

精學習。部定必修降低 6 學分,校訂必修最低學分提高至 4 學分;最高學分降至 12 學分,以增加高一之深度職業試探選修課程學分數,這與前述兩種學制有些差異。

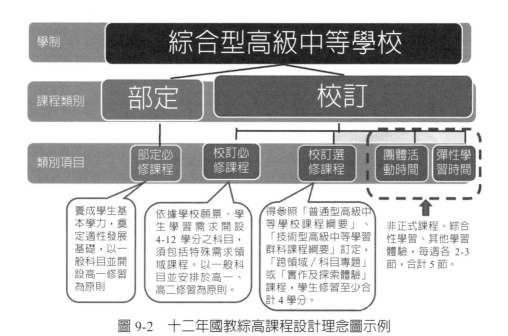

圖 9-2　十二年國教綜高課程設計理念圖示例

下表是 105 學年度全臺北市普通高中選修課程開課狀況,身為課程諮詢教師,除了熟悉自己服務學校的課程發展地圖外,透過課程諮詢教師的社群媒體互動,亦能旁及觀察同級友校開課選課動態,提供他山之石為宣導講解時的橫向聯繫佐證。

表 9-3　105 學年度全臺北市普通高中選修課程開課狀況

科目	開課總數	分科交流平臺負責學校	科目	開課總數	分科交流平臺負責學校
1.國文	70	中山、明倫	12.音樂	13	景美
2.英文 62+二外 9	71	建中、大直	13.美術	18	育成

科目	開課總數	分科交流平臺 負責學校	科目	開課總數	分科交流平臺 負責學校
3.數學	75	永春、建中	14.藝術生活 6+ 戲劇 1+舞蹈 2	9	復興
4.物理	25	松山	15.資訊科技	39	內湖
5.化學	15	麗山	16.生活科技	12	南港
6.生物	18	萬芳、成淵	17.生涯規劃	13	大同
7.地科	20	成功	18.生命教育	4	松山
8.探究實作	7	北一	19.家政	14	陽明
9.歷史	23	中正	20.健康護理	6	大理
10.地理	18	和平	21.體育	13	南湖
11.公民	24	西松、華江	22.跨領域	96	百齡
合計	366			237	

參　課程諮詢教師的動態課程理解

　　課程改革節奏排山倒海，未艾方興。教師無法深入理解掌握課程的自主性，加上年金改革等社會氛圍丕變下，普遍讓教師士氣與尊嚴受到打擊。因此，教師如何重新對課程的從容掌握與自主，讓「課程理解」（Curriculum Understanding）在紛亂的課程改革及繁雜的教學歷程中，找到教師在親師生間的自處之道？個人以為身為課程諮詢教師，可從下列五個向度去理解。

一、哲學思辨影響課程理解

　　從知覺產生在世存有（being in the world），是在世存有意識的開始。學校知識不應只著重知識的堆疊，不是單純概念之量的增加，而是共同建構一整體，產生新的能力，為追求邁向「全人學習成長」的一個意識流的變化。課程哲學動態觀，其導向是關於教育目的之個人信念，如課程意圖、內容、組織、教學方法、學習活動和課程教學評

估。Schiro（2008）將課程背後的哲學思潮分爲四種意識型態：學習者中心（learner centered）、社會效能（social efficiency）、學科課程（scholar academic）與社會重建（social reconstruction）。投射至校內教師角色亦然，身爲課程諮詢教師，教學的資歷相當豐厚，一定有其教育哲學信念。而課程設計研發教師，亦有其課程哲學信念的立基點，站在幫助學生學習的共識下，倘能相互對話，增進課程理解，則相輔相成良性循環。

　　在課程目標的邏輯層面，傳統上不脫認知、情意、技能的基本分類，但新課程改革兼顧了「能力的培養」、「素養的陶融」的境界，所謂的能力無法單獨培養存在，實有賴應用知識的展現。所以論及「培養解決問題能力」的課程，事實、問題、應用之間的關聯性，未必能由一門「校本課程」或「多元選修」所能概括，橫向與縱向的先備修課可能是必要的，但初期這些非部定必修課程的開課不易，亦無「擋修」之機制，這些都需要在實施一段期程後進行課程愼思，在討論反思中尋找最適化的課程決定。在課程組織的邏輯層面，在學習的認知歷程中，片段式的選修課程，因其時數分配框架，可能流於直觀的、體驗式的學習，事實上高中的知識發展，必須進入符號抽象概念，因此，如何組織教授內容，是很重要的課題。因此，課程單元可能是主題式的、拼盤式的，從學生學習心理學角度言，可能帶來學習適應的挑戰。在課程的統整邏輯層面，課程終究是要將學生導向理性存有（rational being）的實踐，在邁向全人教育理想的征途，不能忽視心理與社會的發展，「如何促進課程的統整？」是每個學校在課發會常常交鋒的選項，教育改革在臺灣演繹迄今，較爲精準的是「高中課程跨科或跨域統整要到什麼程度才適切？」原本期待是知識的整全拼圖，實際上部分操作卻容易流於萬花筒式的雜燴，知識的本體在每次滾動中妥協失焦了。究其因有二：其一，傳統學科課程過於偏向學術，失去與其他知識形式彼此交互擴充的機遇；其二，校本選修課程的目標，未能闡述清楚，特別是在高中教授的內容，未能說服選課學生，「本門課與生涯進路的未來性如何？」

二、師資結構影響課程理解

「教師是轉型的知識分子，學生即解放的公民」（Giroux, 1988）從後現代的角度言，課程諮詢教師應有更寬廣的視野，去看待處於混亂多變時代的學生。當前我們中學教師普遍工作超量，每天學生問題甚多，容易「被解除技能化」（De-skilled），一般日常教學與班級經營，已耗去大量心力。發展精緻的多元選修或加深加廣課程，都須多付出額外心力，實際校園生態上領域召集人或課發會代表，每學期走馬換將頻仍，對於只減微量授課時數的課程諮詢教師，亦是如此，無論從質或量的層面看，皆讓廣大教學經驗豐厚的老師們裹足不前。

從素養師資培訓的現狀看，不論是師範院校或一般大學，在講授學科素養教材教法的師資都面臨專才不足的問題，而教師多半關心學科知識與能力取向的研習，致使新課程精神未能置於整體課程改革脈絡，日後開設之課程流於徒有其形，卻無其神。尤有進者，侷限校內師資背景所學、能力、興趣，課程規劃與開設聞之抽象，未必能緊扣學生經驗與發展需求，落實「以學習者為中心」的改革要義。

三、教材選編影響課程理解

新課程內有許多校內師資自行開設的選修課程，其教材可能選用坊間既有文本，也可能教師自編。選修課程不強調一體適用，而在於能夠覺知學生學習表現的差異性，能夠發展以學生學習需求為基礎的教學計畫，能夠選擇適切的教學材料、方法及評量方式。教材與教法的調整：因學習對象制宜的教材內容、明確對焦的學習目標、排定優先順序的教學進度規劃、強調形成性評量，並提供回饋的學習材料。

相較於部定必修課程所採用的教材，是一綱多本的教科書，其編輯、審定、選用，過程嚴謹。但新課程有 35-45% 自訂選修課程，則由授課教師本於專業，進行教材的選用或編輯。但是只要是教材即與政治、經濟、社會、文化等勢力隱然相關，其發展受授課教師的課程意識型態決定，文本也可能為某種勢力的發展媒介，即便純由知識領域來看，教材的選用也可能牽動文教產業的經濟利益。

四、入學考試影響課程理解

　　學生學習成效是否達標？考試表現常是判準的一個重要參考。升學考試的影響，造成課程內部各學科的價值有不同解讀，非升學考科顯然只要按表操課，學生主動求知的欲望平平，優先淪為被選修，也很可能被不選；但一向被視為高價值的，當然以考科配分高者莫屬，入學簡章中明訂加權者亦然，無不受到師生、家長追捧。考科在校內課表也有其優先選擇，倘若節數不足影響進度，私下可能還會向他科借課，也是目前所謂課後輔導常見的學科。學生在學校學完感到尚且不足，在家長投資下，還得尋求校外的家教或補習補強。不可諱言，大學升學考試制度下，考試結果影響學生未來選校科系，甚至職涯優勝劣敗。對大部分學生言，有競爭力的課程，即是牽動未來升學考試成績的課程，對家長言，不只要多排，還希望校方早排。

　　學力測驗或指考，對於大學端這只是一個篩選工具。教育的本質與升學競爭是相互矛盾，而課程改革是走向具備素養的全人學習，不容許教育工作者棄守此一重責大任。為導正考試與課程改革的良善循環，也避免「全部科目都成考科」帶來嚴重的負擔，晚近將升學考招制度與課程革新做一連動，是一個新嘗試，期待既能減輕學生學習的壓力，又能透過採計在校全科成績的繁星制度等，以確保課程改革的果實。

五、課程經營影響課程理解

　　課程改革本身牽動不同教育理念和方法的爭議，其中還隱含各種的利益衝突，本來就不容易建立共識。不過課程諮詢教師應主動關心課程經營，關注校內外的各種力量，改革學校課程，提升教育品質，促進學習者的學習表現。

(一) 確立經營的組織與任務

　　經營課程改革應該建立完整的課程改革組織，以目前學校層級的相關組織言，課程發展委員會、前導學校或新課綱試辦學校設有核心小組，課程諮詢教師不必然是委員，但校方應邀其廣泛的參與，透過親身觀察體驗，以便更熟悉課程經營的脈絡。而其觀察重點，在如下幾個面向：

　　1. 觀察各種課程布局的需求，評估社會變遷、知識發展和學生需求對學校課程的期許，理解課程實施的方向。

　　2. 觀察課程教材的蒐集運用，蒐集校內外課程發展成品，包含課程地圖、教科書、教學指引、延伸教材、教學媒體等，建立資料庫，提供課程諮詢教師群組相關的服務，深化課程理解。

　　3. 觀察相關配套措施的規劃，舉凡課程實施時間、課選方式、銜接課程、師資結構、設備、與升學制度連動的考試，以及宣導等其他各項行政支援措施。

　　4. 觀察課程發展實驗的管理、課程發展實驗的對話，參與學校教師實驗課程設計，合作辦理課程諮詢師資研習，實驗過程教學演示改進討論，與課程實驗師生互動理解。

(二) 建立專業課程諮詢團隊

　　課程諮詢教師是師生互動的關鍵人物，結合教師的力量，才能確實啟動課程改革。成功的課程諮詢經營，應將各學科老師納入課程改革的環節之中，課程諮詢教師在校本課程發展製作，可以擔任學校課程發展委員會的成員，或擔任課程研發小組的成員、協同小組的成員。

　　為了落實校內課程諮詢發展組織的運作，讓教師投入課程諮詢的發展任務，配合這項任務的教師工作負擔結構宜加以調整，其所參與的課程任務採計為工作負擔的一部分，而且隨著教師生涯發展的演變，為激勵諮詢教師負責更多的各種課程領導，教育主管機關應訂定配套辦法予以獎勵。

肆　建構未來學校課程諮詢教師樣貌

一、智能科技認識對學生學習歷程檔案平臺建構的支撐

(一) 目前學生學習歷程檔案平臺的發展

　　在布魯姆的學習活動分類當中，記憶和理解，大致可以被歸類為較為被動的學習活動，而應用、分析、評鑑與創造等，則是比較主動的學習活動。在設計高等教育課程時，應該要多設計需要主動學習的活動。另外一種分類學習的活動方式，則是根據老師可以提供的素材，

分成事實性知識（factual）、概念性知識（conceptual）、程序性知識（procedural）以及後設認知（meta-cognitive）等類型。為落實十二年國教「適性揚才」精神，教育部國教署委請國立暨南國際大學建置全國高級中等學校學生學習歷程資料庫，現階段已選定國立彰化高級中學、國立新豐高級中學、國立中興大學附屬高級農業職業學校、國立秀水高級工業職業學校及國立斗六高級家事商業職業學校進修部等 12 所不同學校類型之高級中等學校擔任試行學校，已陸續完成校務行政系統與本紀錄模組之系統整合，預定學生學習歷程資料庫之系統串接，自 108 學年度起正式啟用。傳統上，學習活動偏重記憶與理解，上課的形式也多採老師講授。因此，未來在設計課程與運用數位學習歷程檔案時，要試著帶入主動學習的活動，讓學生可以獨立思考，發揮創意，後設省思自己的學習過程，並且可以宏觀的角度了解事物，並體會知識的價值與美好。

(二) 從大學端與高中端看大數據概念在學習輔助上的運用

　　就大學端言，在招生選才上必須利用數據分析，挑選具備學習潛力的學生。除了入學考試成績外，高中表現、學生自傳等學習歷程檔案往往是學生和系所媒合成功的關鍵。因此，校務研究辦公室必須分析過往學生的背景資料、學習表現、學習滿意度及畢業流向之間的關係，提供教務處及各系所作為招生篩選機制的參考依據。以繁星入學、個人申請及考試分發三大入學管道而言，繁星生通常具備主動學習的動機及企圖心，申請生也會在申請時較充分了解系所的未來發展，因此這兩種入學管道的學生相較於考試分發的學生常能有較好的學習表現。如何透過數據，挖掘具有學習企圖心的學生，是招生選才的重要課題。

　　就高中端言，當前已開發完成公版校內學生學習歷程檔案紀錄模組（如圖 9-3），可附掛於既有校務行政系統，藉以彙整學生在學期間之學業（例如：在校成績、課程學習成果）及非學業表現（例如：校內外活動、競賽成果、幹部經歷、檢定證照等），以及自傳（得包括學習計畫）等資料，完整記錄學生學習軌跡，並適度提供大專院校入學選才參探，期待達到多元入學之願景。此外，未來趨勢，課程諮詢教師利用大

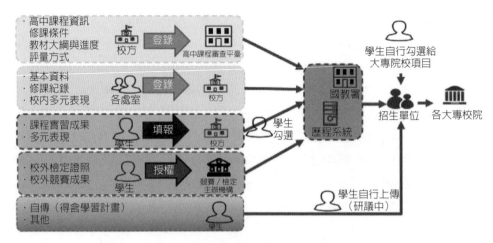

圖 9-3　學生學習歷程資料流（教育部，2017）

數據歷史紀錄，運用適當的軟體或 APP，透過統計方法或機器學習的方法來建構出學習者喜好模型，以便進一步整合或連結至「閱讀線上認證系統」、「中學生小論文網站」獲獎作品網頁、蒐集個人學習網站（個人簡介、履歷、網絡參加社群、部落格）等，提供更精準的課程諮詢。

(三) 數位學習歷程檔案評量成為促進自主學習的鷹架

Barbera（2009）研究就顯示，數位化學習履歷的同儕與教師回饋，可激勵學習者自我改善以提升學習成效。數位學習歷程檔案，可以擔負一個重要任務，就是透過評量這些檔案，成為促進自主學習的鷹架。系統化記錄學生學習成果精華，突顯代表作，限制大學參採的資料數量。資料不必包山包海，導向重質不重量，不要流於無意義的軍備競賽。課程學習成果（例如：實作作品、書面報告等）每學期經教師認證後上傳至多 3 份。申請入學時，大學各科系得採計至多 3 份。多元表現（例如：校內外活動、競賽成果、幹部經歷、檢定證照等）每學年上傳至多 10 項。學生於申請入學時，得選定「代表性資料」至多 10 項、圖片至多 3 張及字數合計至多 800 字之綜合心得一份。根據學生學習成果的實證比較、相互觀摩來考察學生是否習得條列在學習目標中

的技術與能力。要了解學生的學習成就，很重要的一個方式，則是要學生針對課程學習活動撰寫學習心得。寫作是心靈之鏡，導師與課程諮詢教師可以藉由問答題的方式，讓學生反思學習的過程，以及呈現他們學習的成果。

二、心理諮商素養取向的輔導融入課程諮詢模式

(一) 心輔知能與諮商技巧的自我充實

課程諮詢教師的定位並非諮商師，必須覺察自己的有限性，但面對學生相關問題的求助，往往不能以課程、心理、情感、壓力等類別鋸箭法做切割，很可能遭遇的問題是環環相扣，彼此連動的，站在學校「輔導一體」與「三級預防」的概念下，為能初步有效的回應，自身的基礎心輔知能與諮商技巧提升，實屬必要。

個別諮詢歷程的晤談中，自我揭露就是一個需要審慎拿捏的例子，如何適度的分享經驗、如何避免過快對當事人下結論、如何不要強加過多自己的價值觀給學生、如何和求助個案維持和諧互動，舉凡這些課題，在當年師資養成教育或許都了解，但課程諮詢教師一般也是學科教師，在減課不足的情況下，晤談的品質只得求速效，對於課程諮詢教師的服務品質可能難以達成。

為了讓課程諮詢教師的服務更臻精緻化，適切的心輔知能與諮商技巧培訓，在師資的回流養成教育中建議提供，例如：從適應學習環境改變的向度言，後現代取向的「短期焦點諮商治療」（SFBT）著重受輔導學生自我發現、自我改變向上，就是一個較不預設、著重當下處置的一種選項，加之以適時的鼓勵讚美、耐心傾聽，都是一位課程諮詢教師該具備的基本素養；又如，模考或大考後，喚回學生喪失的自信心，以及對修課恐懼，對未來憂鬱，可以考慮「認知療法」（CT）式的對話，晤談時以開放式語句，幫助學生反思個人的議題，重新評估自己的信念，建構自己的課程選擇結論，幫助學生改善身心狀態。

(二) 課程諮詢與學習資源中心的設置

在高中學涯，雖然基本必修課還是不少，但鼓勵孩子找到自己的

學習動機、熱忱，找到一個你願意花心力去探究的事物，絕對是必要的，因爲它絕對會使你在未來的路走得更長遠。「課程諮詢與學習資源中心」的設置，就是一個求知、選課的塔臺，是一個鼓舞學習動機的加油站，除了課程諮詢教師駐點服務外，也訓練安排優秀的「榮譽學習諮詢學長姐」，引導學弟妹好好追隨著標竿，努力經營自己的學習進路，它會讓孩子看到更多的選擇，讓自己成爲「能去選擇」的人，而非只是貪圖眼前享樂、蹉跎了中學歲月後，變得別無選擇。

(三) 以全人生涯發展（life-span）之觀點開展課程諮詢

所謂「一生一課程」規劃「探索式選修課程」，讓學生從多元選修中探索自己的學習興趣；差異化教學菜單、開放學生自主選課，降低每週學習科目，以及降低師生比、導生制等實驗配套，在《實驗教育法》通過後都可被鼓勵。這也豐富了課程諮詢教師的身分，不僅是標定不動的指路人，也適時是客製化課程品項的引水人，在選修課百花齊放、眾生喧嘩中指導孩子開渠行舟。

伍　持續進化的課程諮詢教師核心能力

一、持續建構系統化課程導航能力

持續進化版的課程諮詢，其核心基礎是以教師課程地圖爲藍本，轉化成學生學習的知識地圖（Knowledge Map），透過系統的自動學習監控，引領學習者進行課程選擇與學習。依據 Vygotsky（1978）的近側發展區間理論（the Zone of Proximal Development，簡稱 ZPD），參考學習者目前在知識地圖的學習狀態，課程諮詢教師指導學生，以適當的選課分析，往外擴充有限距離的知識空間，提供作爲學生持續探索的空間範圍。

爲了讓學生與家長充分了解學校所規劃的教學目標、課程內涵與選課重點，校方應編印選課說明與選課指導手冊。學生之選課與輔導有制度化與系統化之機制，例如：教學規範上網，甚至課程預選制度，如有需要，亦可考慮邀請開課教師，於學校日等時段舉辦雙向座談，提供學生面對面說明，以確保學生充分了解課程目標、選課方向與機制等。

二、結合生涯發展與升學進路的能力

持續進化版的課程諮詢，得有更長遠的生涯環境變遷資訊，提供學生在選組、選校、選系等方面的現況或趨勢資料，分析學習者歷年來的選課紀錄，並結合學生的選課成績與領域專家所定義的課程與課程之間的參考權重值，使用資料探勘的技術，幫助學生規劃課程與學習進路。

課程諮詢輔導的關鍵步驟中，推動全校課程地圖時，要將所有課程做有系統的連接，讓學生清楚知道自己為什麼修這些課程、可以培養自己什麼能力與素養，這些素養或能力對未來的工作與生涯發展有什麼關聯性，不但對必修科課程進行分析，還進一步對選修課程進行分析，想一想未來要做什麼、現在要加強什麼能力？系統化幫助學生有結構性的選課參考。

三、透過充實學習歷程檔案引導學習意願的能力

持續進化版的數位學習歷程檔案不再只針對單一課程，而是要放到整個學校與個人發展的任務，以及設定的學習目標當中，並為學生未來的生涯與終身學習做準備。學習履歷可記錄師生之學習成長互動過程，其中包含探究知識的方法和歷程與自我省思，另一個很重要的概念，就是學生需要自己找到學習的意義與價值，而不是由老師事先擬訂好給他們。部分中學生懵懵懂懂，未來的志向尚未明確，也無法主動為自己的學習負責。而我們想要達到的目標，應該是讓學生學會主動學習，自行找到學習的價值。這就像要讓學生自己就是課程航海的船長，自己設定要航行到的目標，老師的工作只是擔任領航員，引導幫助他們的學習而已。因此我們需要好好利用數位學習歷程檔案來促進這類以學生為導向的主動學習。

四、帶入永續思維深化課程理解能力

課程永續觀帶來信任的幸福感，課程諮詢教師的回饋是一枚催化劑，協助課程研發群體進階編修，促進反思；也是一枚潤滑劑，調和課

程教學發展與運作的主客體，友善對話。課程諮詢教師是隱性的課程領導者，直接間接促進課程決定及發展實踐。而在學校本位的時代中，課程諮詢教師幫助學校夥伴及利害關係人面對課程事務，在相同的語言中溝通理解，諮詢教師團隊適時相互補充能量，可以走出侷限、擴大視野，成為教育價值鏈重要的一環。

　　未來學校「師師皆為課程諮詢師，生生俱是學習成功者」，建議教育部應以培訓每位老師都是合格課程諮詢教師為目標，讓各個學校持續把各校的特色、課程，以及學生進路的相關訊息傳達給所有的利害關係人，如此對學生的幫助就可以更全面。

問題與討論

一、課程諮詢教師是學校課程領導的一環，課程發展後設實務上他可以有哪些貢獻呢？

二、課程諮詢教師如何協助教師端的課程地圖，轉化為學生端的學習地圖？

三、課程諮詢教師在從事團體諮詢與個別諮詢時，各有哪些需要注意的事項？

參考文獻

(一) 中文部分

臺北市立中崙高級中學（2019）。臺北市立中崙高級中學 **108** 學年度高中優質化輔助方案計畫申請書。取自http://www.zlsh.tp.edu.tw/ezfiles/0/1000/img/13/751108230.pdf

臺北市百齡高級中學（2017）。臺北市百齡高級中學 **106** 學年度高中優質化前導學校計畫申請書。取自 http://web2.blsh.tp.edu.tw/ezfiles/1/1001/img/49/145076970.pdf

教育部（2014）。十二年國民基本教育課程綱要總綱。臺北市：教育部。

教育部（2017）。中小學師資課程教學與評量協作電子報。http://newsletter.edu.tw/2017/11/10/

教育部（2018）。教育部技術型高級中等學校課程推動工作圈。取自技術型高級中等學校課程推動工作圈。http://vtedu.mt.ntnu.edu.tw/vtedu

修慧蘭、余振民、黃淑清、彭瑞祥、趙祥和、蔡藝華、鄭玄藏譯（2016）。諮商與心理治療理論與實務（Gerald Corey, 2003 原著）。臺北：雙葉。

(二) 英文部分

Barbera, E. (2009). Mutual feedback in e-portfolio assessment: An approach to the netfolio system. *British journal of educational technology, 40*(2), 342-357.

Declaration, I. (2015). Education 2030: *Towards inclusive and equitable quality education and lifelong learning for all*. Paper presented at the World Education Forum.

Giroux, Henry A. (1988). *Teachers as intellectuals: toward a critical pedagogy of learning*. Introduction by Paulo Freire, Foreword by Peter McLaren. London: Bergin & Garvey.

Jacobs, H. H. (Ed.) (2004). *Getting results with curriculum mapping*. Alexandria, VA: Association for Supervision and Curriculum Development.

Schiro M. S. (2008). *Curriculum theory: Conflicting visions and enduring concerns*. Los Angeles, CA: Sage Publications.

Vygotsky, L. S. (1978). *Mind in society: The development of higher psychological process* (M. Cole, V. John-Steiner, S. Scribner and E. Souberman, eds.). Cambridge, MA: Harvard University Press.

第⑩章

誰來檢視課程？
校長課程視導⑩意涵⑭實踐

許籐繼

校長最重要和最需要花時間的核心任務，即是課程發展的視導工作（Fenwick & Pierce, 2001）。

壹 緒論

我國中小學歷經標準本位、能力導向，乃至近來以素養導向的課程變革，這些不同時期所推出的課程革新政策，皆源自社會變遷的需求。以 108 學年度即將實施的十二年國民基本教育課程綱要（以下簡稱新課綱）為例，其係源自十二年國民基本教育政策推動、少子女化精緻教育需求、AI 和機器人科技技術創新、民主參與的蓬勃等社會變遷的挑戰，期望透過新課程綱要的研修，以滿足我國未來人才培育的需求。因此，新課綱本於全人教育的精神，以「自發」、「互動」及「共好」為理念，強調學生是自發主動學習者的觀點，持續強化中小學課程之連貫與統整，實踐素養導向之課程與教學，以期落實適性揚才，成就每一個孩子的教育，培養具有終身學習力、社會關懷心及國際視野的現代優質國民，適應現在生活及面對未來挑戰（教育部，2014）。

上述課程變革理想能否實現，端賴學校教育人員的理解、支持與推動。如何增進學校教育人員對於課程革新政策的正確認知？如何促進其有效推動？校長作為學校的領導者自然責無旁貸，必須承擔起課程發展與推動的責任。課程視導是校長促進教師翻轉課程並革新課程實踐的重要途徑，Payne（1987）在《課程視導：一個改進教學歷程》（*Curriculum supervision: A process for improving instruction*）一文提到：如果沒有課程視導，那教學視導也不可能產生有系統的教學改進程序。國內諸多的研究發現，校長對教師進行教學視導可以提升其教學效能（陳亭橋，2008；鄭國卿，2004；簡毓玲，2000；蕭美智，2003）。可見，當校長進行教學視導時，也同時進行著課程視導（劉振民，2010）。Kienapfel（1984）進一步指出，有效的課程視導對一所學校的課程方案與辦學績效具有其重要性。是以，本文分就校長課程視導的意義、內涵與實踐發現加以探究。

貳　校長課程視導的意義

　　課程視導（curriculum supervision）是一個含括課程（curriculum）與視導（supervision）的複合概念（許籐繼，2005a）。課程所指為何？從課程發展觀點而言，涵蓋了規劃、設計、實施與評鑑階段的課程。從課程內容而言，課程即為「教給學生的東西」（Zepeda & Mayers, 2004），這些東西是經過篩選的結果。因此，課程方案成為篩選機制（filtering mechanism），經過篩選後的課程內容，可以是教科書（textbook）、節課計畫（lesson plan）、系列學科經驗（course experience）、會議共識（meeting summaries）等。從組織功能而言，課程發揮有序機制（ordering mechanism）的功能，提供教師材料秩序的引導。經過不同組織的課程，可以是科目課程、相關課程、融合課程、廣域課程、領域課程、核心課程、跨領域課程和活動課程等（Armstrong, 2003）。從決定層級而言，由上而下可區分為理想課程、正式課程、知覺課程、運作課程和經驗課程等。從存在性質而言，首先，是實有課程（real curriculum）或教導課程（the taught curriculum），可區分為顯著課程與潛在課程，而前者可再區分為正式課程與非正式課程。目前新課綱的學校正式課程包括部定課程即領域學習課程，和校訂課程即彈性學習課程。其次，是書面課程（written curriculum），主要是官方正式的課程，通常存在於官方的課程手冊。第三，則是測驗課程（tested curriculum），主要是指不同測量的課程，包括標準化測驗，或日常正式或非正式的學業成就測驗，例如：一個單元或一學期結束時，所進行的測驗和實作表現評量（方德隆，2005；黃光雄、楊龍立，2004；Zepeda & Mayers, 2004）。本文之校長課程視導所指的課程，係指在學校課程規劃、設計、實施與評鑑過程中，透過課程方案篩選的內容，所形成的領域或跨領域的實有課程、書面課程與測驗課程。

　　視導就字面而言，係指視察與輔導。不過，從視導演進與發展來看，視導的性質已逐漸從早期強調科層控制、標準化和追求效率，轉變為重視人際同儕關係、尊重教師的合作歷程，以及強調培養教師自我省

思能力的發展（許籐繼，2005b；謝文全，2004；Beach & Reinhartz, 2000; Pajak, 2000）。Glatthorn（1997）出版的《區分化視導》（*Differentiated Supervision*）一書中提到，視導必須提供受視導者依其意願選擇適切的視導方式，同時考慮資源與差異，透過合作性的視導協助受視導者的專業知能發展與實踐。在四大視導取向中（Pajak, 2000），Acheson 與 Gall（1996）所提出的三階段臨床視導循環歷程最爲簡潔而富有彈性，包括觀察前會談（pre-observational conference）、教學觀察（instructional observation），以及回饋會談（feedback conference）。前述有關視導的發展，可以發現視導已轉向爲一種尊重並與受視導者合作探究的回饋改進歷程，這個歷程主要由三階段的循環步驟所構成。

根據上述課程與視導的概念分析，可見課程視導作爲一個複合概念具有其複雜性。不過，如果從「課程實務」（curriculum practice）所涉及的教育內容與方法來看，「課程視導」很自然的成爲學校教育管理的一部分。許籐繼（2005a）便認爲課程視導是學校教育視導的一環，係指課程視導人員在學校教育情境中，有計畫、有組織地運用各種方式，藉視察與輔導來協助受視導者提升其課程知能與不同層次的課程實務，進而促進其課程專業發展，增進學生學習效果，達成學校教育目標的服務歷程。呂孟潔（2008）則將課程視導定義爲：「學校內的生活課程任課教師及相關教育人員，在每日的專業活動中，以團體合作的方式，讓課程視導者與被視導者在合作、平等、信任的基礎上，共同針對學校生活課程的發展與實務，以系統的方式，蒐集課程設計、實施及評鑑等工作及相關資料，藉以不斷反思以增進教師的課程知能，進而提升課程品質，達成教學目標。」施杰翰（2014）將課程視導定義爲：「係指視導者爲了導引學校教職員改進其課程成效，根據學校團體系統特性提出視導計畫，採取支持性的態度，並於各課程發展階段和校內外相關成員進行蒐集資料、幫助釐清目標與改善的民主性互動，以提升學校課程品質和參與人員課程專業的一切動態活動歷程。」前述定義皆指出課程視導是在學校教育情境之下，有計畫、有組織且採取合作支持方式，改善不同發展階段的課程品質並促進人員的課程知能。惟並沒有指

出特定的課程視導人員，可能由內部成員或外部專家擔任。

　　本文之課程視導者係指校長，校長可以督導學校課程的發展，Hill（1990）發表的《校長即課程視導》（*The Principal as Curriculum Supervision*）一文中所指課程視導，即偏向校長的課程督導。不過，後來Hill 將課程視導意義擴大為多元的領導。Kienapfel（1984）雖然強調要建構一個自我改進的課程視導氣氛，然而其視導階段之活動仍偏重校長的視察與督導。施杰翰（2014）則將校長課程視導定義為：「學校校長為了導引學校教職員改進其課程成效，根據學校團體系統特性提出視導計畫，採取支持性的態度，並於各課程發展階段和校內外相關成員進行蒐集資料、幫助釐清目標與改善的民主性互動，以提升學校課程品質與參與人員課程專業的一切動態活動歷程。」前述定義之要點，分別涉及校長作為課程視導者、不同層級課程與發展階段、課程視導對象與目的、課程視導情境、方式與歷程等。本文從學校情境觀點，將校長課程視導定義如下：「在學校的情境脈絡中，校長有計畫、有組織、有系統地運用各種視察與輔導方式，針對不同層級課程在不同發展階段，與課程發展相關人員一起檢視與評估課程，以了解課程實踐與問題，進而研究改進措施，以促進人員課程專業知能，提升課程品質並增進學生學習效果，達成學校教育目標的歷程。」依本文定義，從內容來看可以顯示現代校長課程視導的特徵，包括系統性、制度性、民主性、合作性、專業性與發展性。

參　校長課程視導的內涵

　　有關校長課程視導的內涵，歸納而言有下列重點：目的、層級、對象、階段、方式、課程範疇、視導角色與歷程。茲分述如下：

一、校長課程視導目的

(一) 提升人員課程知能與實踐

　　校長需要發展一種從 K-12 有關優質教學、學生學習需求概念性的理解，才能獲得視導教師的相關知識與能力。這是校長承擔領導教師和引導教育革新發展的教學領導任務。教師也需要此種願意接受教學支

持挑戰的校長，因為教師每天都在冒險，特別是在教材內容的精熟方面。因此校長必須幫助教師，透過回饋、討論機會、省思會談等協助和增能教師課程專業，其第一步便是發展課程視導的實踐（許籐繼，2005a；Zepeda & Mayers, 2004）。

(二) 達成學校教育目標

校長經營一所學校時，通常會先形塑學校發展願景與建立教育目標，然後透過行政規劃、課程發展、教學實施與評量活動的進行等，以企圖達成學校預期的目標。學校教育目標最後是否能夠達成，端賴各個教育活動層面的落實程度而定。課程與教學作為教育活動的核心，其發展與推動歷程的品質，更成為其中的關鍵。因此，校長透過課程視導以確保課程發展各階段的品質與落實，實是達成學校教育目標的重要途徑（施杰翰，2014；Zepeda & Mayers, 2004）。

二、校長課程視導發生的層級、對象、階段與方式

校長作為學校教育的領導者，對於學校課程發展有其責任。課程視導就成為校長承擔此責任的重要途徑之一，就我國學校課程決定的層級而言，校長課程視導至少可以在三個層級進行（許籐繼，2005a；Zepeda & Mayers, 2004）：教室、小組、全校，不同層級分別有不同的課程視導對象、重點課程發展階段與課程視導的常見方式，如表10-1 所示。上層級即全校層級，參與對象為課發會成員和全校師生，通常發生在課程規劃與課程評鑑階段，常以會議討論或書面評估方式；中層級即小組層級，參與對象為各小組或教學團隊，通常發生在課程規劃、設計與評鑑階段，常以學習社群、學習共同體或行動研究方式；最基礎層級即教室層級，參與對象為個別教師，常發生在課程設計與實施階段，常以臨床視導或同儕視導方式進行。

表 10-1　課程視導層級、對象、重點與方式對照表

層級	對象	重點階段	常見方式
教室（基礎層級）	個別教師	課程設計 課程實施	臨床視導 同儕視導
小組（中層級）	領域教師 年級教師 教科書選用小組 課程研發小組	課程規劃 課程設計 課程評鑑	學習社群 學習共同體 行動研究
全校（上層級）	課發會成員 全校師生	課程規劃 課程評鑑	會議討論 書面評估

三、校長課程視導的課程範疇、視導角色與歷程

校長進行課程視導時，除了考慮不同課程決定層級、視導對象、重點階段與方式之外，也需要考慮到所要視導的課程範疇、視導角色與歷程。

(一) 校長課程視導之課程範疇

Payne（1987）認為在課程視導中，兩個最重要也最容易受忽視的部分就是內容與教導內容所需的時間。當教師被詢問要教什麼？教師往往會根據內容來回答。然而，過去認為內容不重要，因為一個目標可以透過不同內容來達成。但是，事實上內容是目標傳達的媒介。因此課程視導的課程範疇應放在課程內容，思考如何在有限時間內，選擇適切內容以達成課程目標。Zepeda 與 Mayers（2004）則從更寬廣的視角，提出課程視導的課程範疇，應包括書面課程、實有課程與測驗課程。書面課程涵蓋課程發展的理念目標、規劃原則或規範，以及所設計完成的課程；實有課程包括實際的課程實施活動與學生學習反應等；測量課程則包含各種評量的設計、實施與成效。Hill（1990）則更詳細地提出六個課程範疇，分別是書面課程、教導課程、資源課程、經驗課程、測驗課程和理想課程。茲將上述校長課程視導之課程發展階段與範疇，對照彙整如表 7-2 所示。

表 10-2 校長課程視導之課程發展階段與範疇對照表

課程發展階段	課程範疇		
	Payne（1987）	Zepeda & Mayers（2004）	Hill（1990）
課程規劃	有限時間內，設計適切內容	書面課程	書面課程
課程設計			
課程實施		實有課程	教導課程 資源課程 經驗課程
課程評鑑		測驗課程	理想課程 測驗課程

　　根據表 10-2 顯示，Payne 課程範疇著重在「內容」與「時間」，強調課程規劃與設計，屬於凡事豫則立的觀點。然而，此觀點卻忽略了課程實施與課程評鑑。Zepeda 與 Mayers 以及 Hill 所提出的課程範疇，涵蓋了課程發展不同階段的課程，尤其 Hill 提出更為詳細的課程。就校長課程視導而言，其視導的課程範疇應涵蓋不同發展階段的課程，不僅考慮課程是長期發展的結果，也須考慮在同一發展階段的不同類型課程。綜合專家觀點，在課程規劃與設計階段視導的課程範疇，以書面課程為主；在課程實施階段視導的課程範疇以教導課程、資源課程及經驗課程為主；在課程評鑑階段視導的課程範疇以測驗課程及理想課程為主。

(二) 校長課程視導之視導角色與歷程

　　校長擔任課程視導的角色，往往會因為不同課程層級、課程發展階段、課程範疇、學校規模、受視導對象的課程專業、課程視導的不同歷程等因素考量，而扮演多元的課程視導角色，例如：有時校長必須扮演監督者，有時扮演評估者、檢視者、探究者，有時又必須扮演首席教師等多元角色（Hill, 1990）。但是，無論校長扮演何種角色，應與受視導者建立夥伴關係並扮演相應的課程視導者角色。正如一位校長所提：「雖然校長扮演的視導角色可能是監督角色、承擔者角色或是首席教師角色，但是在視導過程中應以夥伴關係來進行，不能用上對下

的方式來進行對話。」（許籐繼，2005a）前述校長在扮演多元角色之時，往往會隨著課程視導歷程進行權變處理，因此必須掌握校長課程視導的歷程，以及其與臨床視導歷程的異同。茲將 Kienapfel（1984）、Payne（1987）、Zepeda & Mayers（2004）和 Hill（1990）的課程視導歷程主張彙整，並與臨床視導 Acheson & Gall（1996）之視導歷程作一對照，整理如表 10-3 所示。

　　根據表 10-3 顯示，Acheson 與 Gall（1996）提出的臨床視導歷程涵蓋三個階段，分別是計畫會談、教學觀察與回饋會談。Kienapfel（1984）認為校長課程視導歷程包括兩個階段，其一為準備階段，涵蓋三項任務：(1)協同發展學校的課程哲學，協助教師釐清學校的「課程藍圖」；(2)討論課程方案的方向；(3)建構自我評鑑、自我反省與自我改進的學校氣氛。其二為視導階段，涵蓋五項重點：(1)了解課程發展相關人員是否熟悉課程綱要；(2)調查學校相關人員，如學生、家長、行政人員與教師對學校課程的期望，將其意見列入課程發展的考慮；(3)評估課程的範圍、順序及內容是否適當；(4)考量課程實施時學習組織與規模的適切性，學生學習分組是否考慮不同領域科目、性別、年齡、能力及成就；(5)考察課程實施時間安排的問題，哪些課程應該每天上，哪些科目放在上午或下午，一週上幾次以及每節課的時間長度，校長要盡可能從各種可能的解決方案中進行有效選擇或決定。

　　Payne（1987）針對運作課程的課程視導歷程，提出下列五個步驟：(1)了解課程時間軸（the timeline），所謂時間軸是指將整個學年分成幾個區塊，例如：每六週一個區塊，其中只註明「內容」及其所分配到的「時間」；(2)檢視目標與其他要素連結適當性，課程目標是否與時間軸緊密連結，所訂目標是否能代表教師在進行這個單元教學之後所要進行的測驗等；(3)檢視評量（assessment）與「目標」的相關程度；(4)進行課程方案評鑑（program evaluation），即是檢討課程內容、目標及時間分配，學年間及學年內的課程範圍及順序是否安排恰當，以及評量與教學是否相關；(5)努力於方案改進。

表 10-3 校長課程視導歷程彙整表

學者	課程視導歷程		
Acheson & Gall （1996）	・計畫會談	・教學觀察	・回饋會談
Kienapfel （1984）	・準備階段： 1. 協同發展課程哲學 2. 討論課程方案方向 3. 建構自我改進的氣氛	・視導階段： 1. 了解人員對課程綱要的熟悉度 2. 調查人員對學校課程的期望 3. 評估課程範圍、順序及內容的適當性 4. 考量課程實施時學習組織與規模的適切性 5. 考察課程實施時間安排的問題	
Payne （1987）	・了解課程時間軸 ・檢視目標與其他要素連結適當性	・檢視評量與目標的相關程度	・進行課程方案評鑑 ・努力於方案改進
Zepeda & Mayers （2004）	・檢驗課程地圖 ・檢驗內容進度	・檢驗教學節奏	
Hill （1990）	・建立視導組織 ・檢視計畫	・檢視課程實施	・區分問題 ・處理改變 ・評估整體方案
綜合歸納	・準備合作	・檢視分析	・回饋改進

Zepeda 與 Mayer（2004）認為校長課程視導的重點在審查（audits），即是透過系統性的方式蒐集資料的檢驗程序。因此，校長課程視導的歷程，首先是檢驗課程地圖，包含內容和目標以確認成員發展的需求。課程地圖可以用來呈現多年的學程順序，校長可以協助教師繪製課程地圖，並利用符號標示出所使用的教學策略及所需的時間。課程地

圖可以幫助教師決定要教些什麼、如何教以及有多少時間可以教。其次，檢驗內容進度，包含完成一個單元或達成特定目標所要花費的時間。第三，檢驗教學節奏，包含特定教學活動所花費的時間。視導教學節奏時，可以考慮下面問題：學生有足夠的時間學習並適應嗎？課程中的各個活動要素需要花多久的時間來進行？根據相關的時間考慮，有效安排課程實施的節奏是什麼？

Hill（1990）認爲課程視導的歷程包括六個階段：

1. 建立視導組織：校長需要去建構一種教職員同儕合作的關係，讓他們商討學校需求、優先順序及改進方案。

2. 檢視計畫：校長須透過團體成員雙向溝通的會議，概覽計畫過程。

3. 處理改變：校長可透過課程視導採取由內而外或由外而內的取向，尋找改變的動力。

4. 檢視課程實施：校長在實施課程階段要去描述課程實施狀況，評量成員對方案實施的滿意度，形成下一個課程實施的動力。

5. 區分問題：校長在課程視導的過程中對問題解決的知覺，比解決問題的本身來得更爲重要。

6. 評估整體課程方案：校長要能觀察、反思整個方案的各個層次，以作爲後續改善的依據來源。

根據上述不同專家對於校長課程視導歷程之分析，本文進一步將校長課程視導歷程歸納爲三個階段，分別爲準備合作、檢視分析、回饋改進等三個階段。每一個階段的校長所要扮演的課程視導角色、採取的課程視導方式與活動，必須考慮課程決定的層級，係屬於教室、小組或全校，也必須考慮課程發展的階段與範疇，甚至必須考慮學校規模和成員的課程專業程度而定。

肆　我國中小學校長課程視導的實踐

我國自從實施國民中小學九年一貫課程迄今，校長在課程發展與政策推動上扮演著課程視導者的角色。綜合相關研究（許籐繼，2005a；施杰翰，2014；簡毓玲，2000），有關校長課程視導的實踐有以下幾

點主要發現：

一、校長扮演課程視導者角色在理想與實際之間有顯著落差

　　課程視導是校長多元角色職責的一部分，而課程視導者角色究竟在校長內心的優先性排序爲何？根據施杰翰（2014）的研究指出，如表10-4所示，就理想上而言，校長會將課程視導者角色排在第二順位，但是在實際扮演或落實方面，排序則在第八。顯示校長對於課程視導者角色的扮演，產生了理想與實際之間的明顯落差。校長花更多時間在學校計畫管理和紀律執行上，更多偏向科層控制而非專業發展的角色。

表 10-4　校長角色理想和實際順序對照表

校長角色	教學視導者	課程視導者	教職員選擇養成者	學校計畫管理者	教師評鑑者	鼓勵士氣者	公共關係促進者	學生服務協調者	執行紀律者	自我評價者
校長認為理想順位	1	2	3	4	5	6	7	8	9	10
校長實際作到的順序	5	8	9	1	3	7	6	4	2	10

資料來源：施杰翰（2014）。國民小學校長實施課程視導之調查研究（未出版碩士論文）。國立臺灣海洋大學，基隆市。

二、校長進行課程視導多以全校層級為主

　　大部分校長經常會進行全校層級的課程視導，主要有二個方面：其一，召開並主持課程發展委員會進行課程審查；其二，全校性學生作業抽查或學習成果發表觀摩（許籐繼，2005a；簡毓玲，2000）。此外，校長也會進行小組層級的課程視導，有些校長藉由參與由同年級或同一領域教師所組成的教學團隊或學習社群，進行領域課程發展的研討、設計、檢視、評估、對話、討論、回饋與修正的活動。有些校長則是透過推動學習共同體或學習社群，與團隊成員進行共同備課、觀課與議課的

活動。至於教室層級針對個別教師的課程視導，相對而言則比較少。誠如一位校長所言：「目前課程視導，學校比較關注全校性與學年的課程發展部分，個別班級課程發展部分在時間考量上尚無法實施。除非某一班級的課程發現有狀況，學校才會介入個別班級的課程視導。」（許籐繼，2005a）

三、校長課程視導的組織與對象呈現不同層級的多元性

校長實施課程視導，其人員組織運用，在不同階段分別帶領不同人員，惟校長個人直接進行課程視導的情形較少（施杰翰，2014）。基於有效落實課程視導，校長根據不同層級和課程發展階段的需求，彈性運用課程視導人員，以達最大的課程視導效益。因此，在不同層級與不同課程發展階段，校長根據需要會形成不同的視導組織與決定不同受視導者。在全校層級上，所有參與課程發展的人員可能都是校長課程視導組織或對象，包括處室主任、組長、教師、課程發展委員會委員（許籐繼，2005a）。校長透過召集課發會委員進行會議並討論校訂課程主題和檢視學校本位課程的規劃。在小組層級上，施杰翰（2014）研究發現，校長在課程設計階段主要參與者是領域小組成員；在課程實施階段則是教師團隊成員，共同參與觀議課活動；在教室層級，則是個別教師。可見，隨著校長在學校不同層級進行課程視導，其課程視導組織與對象也具有多元性。

四、校長課程視導以課程實施階段頻率最高，資料蒐集方法以文件和觀察為主

校長課程視導的頻率以課程實施階段最高，而課程評鑑階段的頻率則相對最低。校長經常在課程實施階段採用教學觀察方式，而在課程設計和評鑑階段採用文件方式蒐集資料。校長最常帶領教師及處室主任，進行課程實施階段的視導。透過觀察後的資料分析與受視導教師共同合作並討論改善之道（施杰翰，2014）。校長在課程評鑑階段進行視導的頻率最低，可見對該階段的課程視導有其難度。雖然如此，仍有校長會帶領課程發展委員會成員、處室主任、領域小組成員等，對發

展的課程進行評估與改進。誠如 Payne（1987）指出：「課程方案的評鑑，若藉由教師同僚分享機制，其修正改進是可以同時發生的。」校長帶領教師等團隊成員進行課程視導，或許正是此種用意。事實上，課程發展的每一階段都相當重要且彼此關係密切，課程評鑑能協助教育工作人員得以繼續進行課程設計、規劃與落實。因此，校長課程視導不能僅重視「課程實施」階段，而應盡力平衡每一課程發展階段之視導。

五、校長偏向採取民主式的課程視導型態

根據施杰翰（2014）的研究發現，在課程設計、實施與評鑑三個課程發展階段，校長課程視導偏向採取「共同改善」與「提供協助」等方式，比較少採取「直接指導」的作法。此種「民主式」的視導方式是受視導者，特別是教師比較能夠接受的方式，也最能增進教師效能的表現（邵惠萍，2009）。不過，劉仲成（2004）研究發現：「強勢督導式」的視導，對整體學校專業發展與組織績效的影響最為顯著。可見，校長在課程視導的實施上雖然應採取尊重受視導者的基本原則，但是如果受視導者對於基本而重要的課程知能，例如：國家所頒布的課程綱要及根據課程綱要訂定學校課程目標等的素養不足，有時運用「直接指導」方式，對於受視導者的學習效果反而更大，也更有利於後續課程發展的推動。

六、校長課程視導的主要影響因素在於人員因素

校長實施課程視導的影響因素，主要來自教師因素，其次為學校因素，再其次為校長本身因素，最後則是政策因素（林世元，2009；施杰翰，2014）。教師因素主要是關於受視導者意願的問題，由於教師工作負荷過重、不習慣接受校長課程視導、對校長課程視導的負面觀點，以及未能明顯感受校長實施課程視導的效益等，以至於接受視導的意願不高。如欲降低這方面的因素，則必須考慮減輕教師負荷及提升其對於校長實施課程視導的正面效益及觀感。其次是學校因素，主要在於缺乏經費聘請專家、缺乏有利推動課程視導氣氛、缺乏校長實施課程視導時間。再者是校長因素，包括校長的工作內容龐雜缺乏足夠時間、實

施課程視導缺乏明確法源依據，以及校長本身無法兼顧不同領域課程知識或課程視導的素養不足等。如果能從法令賦予校長課程視導權力、減輕工作負擔及提升課程視導相關知能，才能有效增進校長課程視導之效益（施杰翰，2014）。最後是政策因素，如果學校能配合政策推動學習共同體或新課綱，對校長課程視導的實踐都將有正面的影響，反之則無。

伍　結語

　　學校教育品質的良窳，課程與教學是其中的核心。換言之，優質的學校課程發展才能確保學校教育的效能。然而，誰能夠在課程發展過程中進行課程把關並促進課程品質呢？校長無疑就是最佳人選，而課程視導也正是校長有效承擔此一職責的重要途徑。過去，校長扮演科層控制管理者角色更勝於專業合作與引導者角色，因此早期學校教育人員，對於課程視導不但在概念上較為陌生，即使有所認識也往往侷限於由上而下監督與控制的刻板印象。此種對校長課程視導的負面印象，將阻礙校長在學校落實課程視導的可能性。因此，本文就校長課程視導的意義進行分析與定義，揭示現代校長課程視導的系統性、制度性、民主性、合作性、專業性與發展性的特徵。在校長課程視導的內涵上，清楚介紹校長課程視導目的、層級、對象、階段與方式、課程範疇、視導角色與歷程。最後提出我國校長課程視導實踐的發現。希望透過本文對於校長課程視導的意義、內涵與實踐的分析，能促進學校教育人員對校長課程視導的進一步了解。未來如果期望校長課程視導能在學校情境中落實，應在人員增能、制度建立與資源支持三方面加以努力，以消除不利的影響因素，藉此形成對校長課程視導的共識，共同形塑專業合作的學校組織氣氛，使校長課程視導得以落實並裨益學校課程發展，增進學校的辦學品質。

問題與討論

一、校長課程視導的概念與特徵為何？

二、校長為什麼要進行課程視導？

三、校長實施課程視導的不同對象與任務重點之差異為何？

四、校長課程視導的課程範疇與歷程有哪些？

五、目前我國校長課程視導的實施現況為何？

六、如何改善我國校長的課程視導？

七、如果您是校長，如何規劃與實施課程視導？

八、如何改善影響校長課程視導實施的不利因子？

參考文獻

(一)中文部分

方德隆（2005）。**課程理論與實務**。高雄市：麗文文化。

呂孟潔（2009）。**國民小學課程視導之研究——以生活課程為例**（未出版之碩士論文）。國立臺灣海洋大學，基隆市。

林世元（2009）。**國民小學校長教學視導實施之研究**（未出版之博士論文）。國立臺中教育大學，臺中市。

施杰翰（2014）。**國民小學校長實施課程視導之調查研究**（未出版之碩士論文）。國立臺灣海洋大學，基隆市。

邵惠萍（2009）。**桃園縣國民小學校長教學視導之研究**（未出版之碩士論文）。輔仁大學，新北市。

教育部（2014）。**十二年國民基本教育課程綱要**。臺北市：教育部。

許籐繼（2005a）。**學校本位課程視導之實施——基隆市國民小學個案研究報告**。基隆市：國立臺灣海洋大學。

許籐繼（2005b）。**教學視導人員能力指標建構之研究**（第二版）。臺北市：師大書苑。

黃光雄、楊龍立（2004）。**課程發展與設計：理念與實作**。臺北市：師大書苑。

陳亭橋（2008）。**校長教學視導、教師知識分享與教師專業發展關係之研究——以屏東縣國民小學爲例**（未出版之碩士論文）。國立屏東教育大學，屏東縣。

劉仲成（2004）。**國民小學校長教學視導、學校專業發展與組織績效之研究**（未出版之博士論文）。國立臺北師範學院，臺北市。

劉拯民（2010）。**苗栗縣國民小學校長教學視導現況與專業知能之調查研究**（未出版之碩士論文）。國立臺中教育大學，臺中市。

鄭國卿（2004）。**一位國小校長以教學視導帶領老師學習五 E 學習環教學模式的行動研究**（未出版之碩士論文）。屏東師範學院，屏東縣。

謝文全（2004）。**教育行政學**。臺北市：高等教育。

簡毓玲（2000）。**國民小學校長教學視導對教師教學效能影響之研究**（未出版之碩士論文）。國立臺北師範學院，臺北市。

蕭美智（2003）。**校長實施臨床視導之研究——以新北市快樂國小爲例**（未出版之碩士論文）。國立臺北師範學院，臺北市。

(二) 英文部分

Acheson, K. A. & Gall, M. D. (1996). *Techniques in the clinical supervision of teachers: preservice and inservice applications* (4th ed.). New York: Longman.

Armstrong, D. G. (2003). *Curriculum today.* Upper Saddle River, N. J.: Merrill Prentice Hall.

Beach, D. M. & Reinhartz, J. (2000). *Supervisory Leadership-Focus on instruction.* Boston: Allyn & Bacon.

Glatthorn, A. A. (1997). *Differentiated Supervision* (2nd ed.). Alexandria, Virginia: ASCD.

Hill, J. C. (1990). The principal as curriculum supervisor, *Principal, 69*(3), 6-9.

Kienapfel, B. (1984).Supervision of curriculum at the Middle Level. *NASSP Bulletin, 68*(473), 52-57.

Pajak, E. (2000). *Approaches to Clinical Supervision: Alternatives for instruction.* Norwood: Christopher-Gordon Publishers.

Payne, R. K. (1987). *Curriculum supervision : A process for improving instruction.* U.S. Illinois Press.

Zepeda, S. J. & Mayers, R. S. (2004). *Supervision across the content areas*. New York: Eye on Education.

第十一章

臺北市優質學校 4.0——指標的蛻變與進步

楊淑妃、陳弘偉

「成功」是歷經一次次的失敗，卻仍未喪失你的熱情。
（Success is going from failure to failure without losing your enthusiasm.）（邱吉爾，Churchill）

壹 緣起——怎樣才能經營一所有品質的好學校？

教育是將知識與經驗傳遞給人的歷程，在學校教育普及後，學校成為孩子受教育的主要場所，承擔了關鍵的傳道、授業和解惑的任務。如何建立一所好學校？如何提升學校教育品質？是公部門的重要責任，也是城市進步與否的重要指標。

先進國家對於提升學校教育的功能，都有許多創新措施，舉凡英國的夏山學校（Summer Hill School）、燈塔學校（Beacon Schools）（吳清山、林天祐，2003）；美國的藍帶學校（Blue Ribbon Schools）（張明輝，2003）、磁石學校（Magnet Schools）及特許學校（Charter School）（賀武華、李承先，2009）等，都是推動教育改革進步的方案。臺北市在企圖躍升為國際化都市進程中，教育的「優質、卓越、精緻、創新」發展，是因應國際化的政策取向，也是奠定國家競爭力應走的方向。臺北市必須與國際接軌，作為國家首善之都的前瞻、領航角色，以及高水準市民對於教育發展的期待，臺北市政府教育局（以下簡稱教育局）爰於 2003 年開始研發「優質學校向度指標」。

自 2006 年迄今，優質學校評選與獎勵活動已推動 13 年，13 年來已建立系統化的「優質學校」知識體系，並於過程中歷經「生產、應用、創新與分享」的知識管理歷程，成為本市帶動學校教育發展與提升學校品質之重要動力。

貳 目的

一、讓臺北市每一所學校都成為優質學校

前教育部長，亦是優質學校創始人吳清基（1990）指出：「優質教育」是一種扎根的教育，其作為是要提供給孩子「適性」發展、

「潛能」發揮的機會，讓學生都能人人就其資質，然後「盡」其潛能地發展，把孩子的「潛能性」化成為「實在性」，亦即，幫孩子「知自己」，「把每個孩子帶上來」。

2005 年臺北市政府教育局，將該年訂為「臺北教育品質年」，以品質作為價值與尊嚴的起點，建構出以卓越、績效、科技、創新為核心價值的「優質學校評選向度與指標方案」。13 年來，歷經四次的「向度與指標方案」修訂，臺北市高中職、國中小及特教學校，以學校優質辦學項目，申請優質學校評選與獎勵，計有 2,704 件方案，其中共 679 件方案獲獎（楊淑妃、陳弘偉，2018），其目的即是在鼓勵各級學校優質辦學，讓臺北市每一所學校都能成為優質學校。

二、整體提升臺北市教育品質

臺北市教育在國際評比中一向占有優勢地位，2010 年（民國 99 年）起英國《經濟學人》城市評比，臺北市連續三年在教育項目均為滿分，目前仍維持優異的態勢；在 PISA（The Program for International Student Assessment）的排比中，不論科學、閱讀、數學、問題解決等項目，個別項目縱有變化，整體上仍屬於領先群（劉春榮，2015）。在國內的排比中則獨占鰲頭，例如：在 2016-2017 年臺灣地區總體競爭力調查，教育與文化項目均排名第一（遠見編輯部，2017）；2017 年縣市競爭力總排名，臺北市在文教力指標平均分數排第一（天下雜誌，2017）。在優勢的教育經營與環境條件下，臺北市教育必須不斷的創新精進，踏穩國內外教育潮流的浪潮，有效地引導學校優質精進。

參　目標

美國學者對於何謂教育卓越（educational excellence），曾從工業經濟時代至服務導向經濟時代提出六種觀點（臺北市政府教育局，2004），包括：

1. 從政治經濟學取向：認為卓越是指學校如何能增進國家的政治經濟優勢。

2. 從生產力取向：指學校如何有效地轉化輸入爲輸出。

3. 從附加價值取向：指學校如何有效地促進個人發展。

4. 從製造者與消費者取向：認爲決定於製造者與消費者的品質。

5. 從內容取向：認爲是由課程的品質與範疇來判斷。

6. 從折衷取向：認爲應由各個層面來評鑑，包括效率、效能、參與者的特質等。

無論何種取向，教育的卓越與否，終究要顯現在學校實體上。

一、建構優質學校 4.0 向度指標

臺北市「優質學校向度指標方案」歷經三次之修訂後，2017 年經國小校長於校長會議建議及曾燦金局長之裁示，由臺北市教師研習中心（以下簡稱教研中心）成立「臺北市優質學校 4.0 版向度指標」專案小組，由市立大學榮譽教授劉春榮擔任召集人，經三次焦點團體座談會、核心諮詢委員、向度委員及向度小組等共 40 餘次會議討論，優質學校 4.0 版向度指標終於在 2017 年研發完成，並已於 2018 年函頒臺北市各級學校查照，據以爲辦學之參據及努力方向。

二、編輯中 / 英文版優質學校 4.0 向度指標電子書

「優質學校向度指標」歷經 2003 年之萌芽期，建構出系統的優質學校知識，並經歷 12 年之分享、應用，2018 年臺北市除以創新研發之 4.0 版優質學校向度指標進行評選與獎勵外，爲期優質學校之系統知識得以 e 化分享，亦將創新編輯中 / 英文版優質學校 4.0 向度指標電子書。

肆　優質學校的發展與沿革——知識之生產、應用、分享與創新

「優質學校向度指標」的研發，從 2003 年 10 月召開第一次專案小組會議起，經過無數次學者專家與各校校長的精心擘劃、切身參與，研訂出由宏觀而微觀的教育藍圖，在系統架構的專業思維中呈現了細膩具體的可行策略，提供給各階段學校教育發展的推動藍圖。劉春榮（2017a）歸納了優質學校各階段的發展主軸，略述如下：

一、優質學校 1.0──以「學校效能」為主軸

臺北市「優質學校向度指標」之研發，初版以「學校效能」為主軸，內涵包含了「卓越」、「績效」、「科技」和「創新」；學校經營從「校長領導」開始，帶動「行政管理」、「課程發展」、「教師教學」、「學生學習」、「專業發展」、「資源統整」及「校園營造」，形成「學校文化」，進而成為優質學校。

二、優質學校 2.0──以「從 A 到 A+」為主軸

2010 年優質學校向度指標升級為 2.0 版，以「從 A 到 A+」為此版本主軸，內涵為「飛輪效應」、「資訊 e 化」與「邁向卓越」，改以「校長領導」為軸，「行政管理」、「課程發展」、「教師教學」、「專業發展」、「資源統整」、「校園營造」為輻，成就學生學習的廓，追求成為有動能的卓越學校。

三、優質學校 3.0──以「有效學習」為主軸

2014 年臺北市又繼續研發優質學校 3.0 向度指標，將「有效學習」作為學校教育主軸，以「學生主體」、「多元學習」、「教師專業」為內涵，強調學校的核心是「學生學習」，透過「教師教學」、「課程發展」提升學生學習成就；運用「學校領導」、「行政管理」、「專業發展」、「資源統整」及「校園營造」等強力的支持系統，領導帶動學校成為有學習成就的學校。

伍　優質學校 4.0 指標之研修──4.0 向度指標之創新與研發

自 2005 年迄今，優質學校之評選向度指標歷經四次修正，評選與獎勵活動已推動 13 年，13 年來已建立系統化的「優質學校」知識體系，並於過程中歷經「生產、應用、創新與分享」的知識管理歷程，成為臺北市帶動學校教育發展與提升學校品質之重要動力。

一、著手研修

有鑑於世界的快速變化，工業 4.0 與 AI 人工智慧對於教育的衝擊、12 年國教的推動、108 課綱之即將實施及教育局「創新、實驗、國際」教育主軸等鉅觀環境脈絡之改變，教研中心受教育局委託，展開「優質學校向度指標 4.0 版」與評選及獎勵要點之修訂，以建構符合時代新趨勢及未來發展之辦學指標。經三次座談會及核心諮詢小組討論決定，優質學校 4.0 版係以「智慧化、創新實驗、彰顯學校特色」為核心內涵。

二、成立專案組織

為研修優質學校向度指標 4.0 方案，教育局聘請劉春榮教授、吳明清教授、吳清山教授、湯志民教授、陳彩卿校長及曹麗珍校長組成「研修核心諮詢小組」，在教研中心楊淑妃主任及其團隊的領導與規劃下，研討優質學校評選 4.0 精進各項事宜。因應優質學校評選 4.0 各向度之研修，教研中心另聘請吳政達教授、陳紋濤教授、高新建教授、吳麗君教授、丁一顧教授、張民杰教授、黃旭鈞教授、湯志民教授及鄭崇趁教授等 9 人組成「向度精進小組」（臺北市教師研習中心，2017a），深化與簡化各向度之「項目、指標、評審標準及學校參考做法」。

三、廣泛徵詢研修意見

為廣泛蒐集教育各界對優質學校評選 4.0 方案之精進意見，「核心諮詢小組」分別於 2017 年 2 月 18 日、2 月 22 日、3 月 1 日召開家長、校長、行政人員及教師代表等三個場次焦點團體座談會（臺北市教師研習中心，2017b）。另由「核心諮詢委員」，於 2017 年 1 月 5 日、4 月 8 日、4 月 30 日、9 月 14 日召開四次會議（臺北市教師研習中心，2017a）。「向度精進小組」則於 2017 年 7 月及 8 月期間，以向度為單位，分別召開五次由學者專家、教師及行政人員組成之精進會議。為深入聚斂並周全統整經研修後之向度、指標，分別於 2017 年 6

月 4 日、6 月 8 日召開二次「向度精進小組」會議（臺北市教師研習中心，2017c），由召集人向各向度教授說明優質學校評選 4.0 之研修重點；2017 年 8 月 16 日、9 月 11 日、9 月 30 日、11 月 5 日、11 月 11 日、11 月 14 日召開六次「核心諮詢小組暨向度精進小組」聯席會議（臺北市教師研習中心，2017d），完成優質學校評選 4.0 向度指標之修訂。

　　經近一年的規劃、討論與研發，順利完成「臺北市優質學校 4.0 向度指標」，內容涵蓋臺北市優質學校 4.0 的「向度、項目、指標、評審標準及參考做法」，並已於 2018 年正式推出優質學校 4.0 向度指標，函頒各級學校查照（臺北市教師研習中心，2017e），以為各校辦學之努力方向及參據，自 2018 年起，以優質學校 4.0 向度指標進行本市優質學校評選與獎勵活動。

陸　指標的蛻變與進步──創新實驗展特色

　　本次優質學校評選 4.0 向度指標，係以「智慧化、創新實驗、彰顯學校特色」為核心內涵，並以「符應 12 年國教基本精神、契合臺北市教育政策、從拔尖方向看學校經營、突顯學生學習的主體性、HTDG（have-think-do-get）的引導學校創新（劉春榮，2017b），並維持向度間的有機結構」為精進重點。

一、優質學校評選第四循環以「創新實驗」為主軸

　　新增「創新實驗」向度，修訂後之優質學校向度為「學校領導」、「行政管理」、「課程發展」、「教師教學」、「專業發展」、「校園營造」、「資源統整」、「創新實驗」及「學生學習」等 9 個向度（臺北市教師研習中心，2017f），並將「創新實驗」概念列為每一向度考量的因子（劉春榮，2017a）。

二、強調「智慧化」學校經營，鼓勵教育進行「創新實驗」

　　以「智慧化」、「創新實驗」、「彰顯特色」為指標內涵（劉春榮，2017c），用智慧化學校經營，提升教師專業，引領課程發展、教

師教學，在永續的校園營造、資源統整中，前瞻地創新實驗，培育學生優勢能力，成就學生學習，建構能創新且具特色的優質學校。

三、重視學校教育創新「特色」發展

不再標榜優質學校統一規準化，創新鼓勵學校發展特色指標，期許學校能因時、因地、因人、依環境等各方面條件，發展最適合學校的教育課程、活動或環境，讓教育能開創更多元豐富的學習機會與樣貌。

四、續留原有優點基礎，增添具體績效呈現之參考做法

指標建構以優質學校 3.0 為基礎再做提升，把握過程有品質、成果有績效、表現有特色的陳述，儘量以績效呈現指標。指標結構包含向度、項目、指標、評審標準、學校參考做法。

五、以「精質」、「簡化」及「具體」為指標修訂方向

精緻規劃每一向度有 4 個項目、1 個學校特色，每一個項目簡化為 2 個指標，每一個指標有 2 個質性的評審標準，並規劃 4 個學校參考做法，供學校參考（劉春榮，2017b）；學校特色則由申請學校以條列方式具體說明，鼓勵創新發展特色。

六、獎勵金額大幅提高，提升學校卓越經營的誘因

4.0 版修訂單項優質獎及整體金質獎向度，從 8 項增為 9 項；並提高單項優質獎獎金，榮獲單向度獎金由 10 萬元提高為 20 萬元，以部分學制獲獎者為 10 萬元，整體金質獎獎金由 100 萬提高為 150 萬元，獎勵金額大幅調高。

另修訂免接受校務評鑑之條件為「凡累計獲得單項優質獎五項以上，或獲得整體金質獎的學校」，即可免除最近一次之校務評鑑（臺北市教師研習中心，2017f）。這些都是非常具體且具實質效益的獎勵措施，對於提升臺北市各級學校投入優質學校評選，有非常大的鼓舞效果。

柒　價值與意義──從「好」進步到「優質卓越」

一、積極回應工業4.0─AI人工智慧時代對教育之衝擊

從「機器化」的工業 1.0 演進到「電氣化」工業 2.0，進而推展至「自動化」的工業 3.0，至今已邁向「智慧化」的工業 4.0 時代（劉春榮，2017c），智慧化已儼然成為社會演進的動力，讓教育也須不斷地向前邁進、創新發展。優質學校 4.0 向度指標同樣也強調「智慧化」，將智慧學習（i-Learning）、智慧社群（i-Social）、智慧管理（i-Management）、智慧綠能（i-Green）、智慧行政（i-Governance）及智慧保健（i-Health）等智慧化概念融入學校教育（教師研習中心，2017f），展現科技運用、環保永續及智能管理等進步的智慧教育新發展，這些精神都適時地融入在「行政管理」、「校園營造」與「資源統整」等向度。

二、符應十二年國教之基本精神

108 學年度即將逐年實施的十二年國民基本教育，核心理念為「自發、互動、共好」（國家教育研究院，2017）。優質學校的向度指標建構也期待教育能培養學生成為自發主動的學習者，能主動的參與、創生；並且能與他人相互連動依存，能有團隊共處與合作的素養，進而朝向「以生命為中心」的教育；關心孩子自我生命、他人生命、社會生活及自然環境之間的圓滿完整，這些精神都適時地融入在「學生學習」、「教師教學」及「專業發展」等向度。

三、突顯臺北市「創新實驗」之精神

「創新實驗」是這次優質學校 4.0 向度指標的核心。教育的創新與實驗，在學校應用可包括學校型態實驗教育、非學校型態實驗教育、學校委託私人辦理實驗教育、創新行政、校本特色課程、教育實驗班、創新教學模組等（劉春榮，2017c），鼓勵各不同教育階段、不同教育體制的學校都能突破既有框架，進行教育創新。

四、「環保永續」的價值實踐

科技越進步，環境生態的保護議題更顯重要。優質學校「校園營造」向度特別設置「建構自然的永續校園」之指標，運用建置智慧校園（iCampus），建築永續校舍或綠建築、加裝省水省電設施、強化雨水回收再利用、增設風力及太陽能設備等參考做法（臺北市教師研習中心，2016），引導校園景觀重視自然生態環境建置，擴增綠覆地，推展小田園，並注意與課程之結合。

五、重視並強調「學校特色」之形塑

從建立學校經營特色、建構學校學生學習特色、教育行政管理特色、課程教學特色，甚至學校建築景觀特色，學校整體表現出各種特色，皆能促使學校教育的品質提升，並在九大向度中均設計開放的欄位讓學校發揮創意，鼓勵在各向度中都能建立學校專屬特色。

捌　知識管理的啓示──讓每一所學校都成爲優質學校

一、學校辦學主軸觀點的遞嬗

隨著教育思潮的延伸或遞嬗，教育局約每 4 年精進「優質學校向度指標方案」一次。1.0 版從「校長領導」開啓，演變到 2.0 版以「學生學習」爲主體，持續到 3.0 版，直到 4.0 版本又將「學校領導」作爲學校教育作爲的開端。

4.0 修訂目的以「創新實驗」爲主軸，以智慧化學校領導及行政管理，提升教師專業，引領課程發展、教師教學，在永續的校園營造、資源統整中，前瞻地創新實驗，培育學生優勢能力，成就學生學習，建構能創新且具特色的優質學校。

二、臺北市學校均參與「優質學校」之「知識管理」歷程

優質學校評選迄今已邁入第 13 年。13 年來歷經 4 次的評選方案精進，高中職、國中小及特教學校，以學校優質辦學項目，申請優質學校評選，計有 2,704 件，679 件優質方案獲獎。每一年獲獎學校的辦學成

果，教研中心都會上傳至「臺北市優質學校資源網」（臺北市教師研習中心，2018），讓各個學校都能上網觀摩。對臺北市各級學校而言，都參與了優質學校知識「生產、應用、分享、創新」的歷程。這套經營學校的系統知識，亦成功地成為學校辦學參據及努力方向。

三、臺北市教育局團隊知識之建構

優質學校 4.0 向度指標之建構，以優質學校 1.0、2.0 及 3.0 為基礎再做提升（臺北市教師研習中心，2017a），期待各校把握過程有品質、成果有績效、表現有特色的實體效益。這些向度指標和 679 件優質學校獲獎方案，除可提供各級學校辦學應用外，亦已建立教育局團隊之知識系統，以此系統知識持續督導各級學校辦學之方向，並在既有的基礎上持續創新分享，持續擴散優質學校之成果與效益。

四、系統化知識應用於組織之成果──臺北市教育品質之提升

優質學校向度指標之研發建構成果，能鼓勵積極營造優質教育環境、辦學優異之學校，並能成就有特色的創新學校，持續提升臺北市學校教育品質，進而將此教育的智慧成果推廣至全臺，甚至全世界！

優質學校向度指標之建構及據此辦理之評選與獎勵活動，其目的是將「怎樣才能經營一所有品質的好學校」之系統知識建立起來，透過「應用、分享、創新、再應用、再創新、再分享」，鼓勵各級學校優質辦學，並給予獎金作為優異辦學的激勵，期待臺北市每一所學校都能成為優質學校，持續為臺北市教育的進步與發展努力！

問題與討論

一、臺北市優質學校指標的目的與功用為何？
二、臺北市優質學校指標從 1.0 版到 4.0 版的主軸理念為何？
三、臺北市優質學校 4.0 向度指標有哪些特點？哪些價值與意義？
四、從知識管理的角度來看，臺北市優質學校 4.0 指標對十二年國教下的學校辦學，具有哪些好處？

參考文獻

天下雜誌（2017）。2017 幸福城市：完整指標下載。天下雜誌，第 631 期，縣市調查。取自 http://topic.cw.com.tw/download/2017city.pdf

吳清山、林天祐（2003）。燈塔學校。教育資料與研究，50，117-118。

吳清基（1990）。精緻教育的理念。臺北市：師大書苑。

國家教育研究院（2017）。十二年國教總綱中英文摺頁簡介。十二年國教課綱。取自 https://www.naer.edu.tw/files/15-1000-14181,c1593-1.php?Lang=zh-tw

張明輝（2003）。美國藍帶學校計畫。北縣教育，25，16-18。

賀武華、李承先（2009）。美國磁石學校的特色創新及其成效分析。北京師範大學：比較教育研究，200906，057-061。

楊淑妃、陳弘偉（2018）。臺北市優質學校 4.0 向度指標之創新研發。臺北市第 18 屆教育審議委員會會議報告案，臺北市政府教育局。

遠見編輯部（2017）。2017《遠見雜誌》19 縣市總體競爭力大調查。遠見雜誌，2017 年 7 月號，財金。取自 https://www.gvm.com.tw/article.html?id=38976

臺北市政府教育局（2004）。精緻教育——臺北市優質學校經營手冊。臺北市：臺北市政府教育局。

臺北市教師研習中心（2016）。智慧校園‧教育創新國際研討會會議手冊。臺北市教師研習中心。

臺北市教師研習中心（2017a）。臺北市優質學校第四循環（4.0 版）向度指標修正核心諮詢委員會議紀錄。臺北市教師研習中心。

臺北市教師研習中心（2017b）。臺北市優質學校第四循環（4.0 版）向度指標修正焦點團體座談會會議紀錄。臺北市教師研習中心。

臺北市教師研習中心（2017c）。臺北市優質學校第四循環（4.0 版）向度精進小組會議紀錄。臺北市教師研習中心。

臺北市教師研習中心（2017d）。臺北市優質學校第四循環（4.0 版）核心諮詢小組暨向度精進小組聯席會議紀錄。臺北市教師研習中心。

臺北市教師研習中心（2017e）。臺北市 107～110 年度優質學校評選向度指標。臺北市：臺北市政府教育局。

臺北市教師研習中心（2017f）。**臺北市優質學校評選及獎勵要點**。臺北市：臺北市政府教育局。

臺北市教師研習中心（2018）。**臺北市優質學校資源網**。取自 http://tpqs.tp.edu.tw/comm/index.aspx?S=YER20180928150208X0E

劉春榮（2015）。優質學校，十年有成。**臺北市 104 年度優質學校頒獎典禮發表之簡報**。臺北市教師研習中心。

劉春榮（2017a）。臺北市優質學校評選 4.0 的理念與架構。**臺北市 107 年度優質學校評選評審工作坊研習手冊**，4-20。

劉春榮（2017b）。臺北市優質學校 4.0 評選的要領與重點。**臺北市 107 年度優質學校評選評審工作坊研習手冊**，21-35。

劉春榮（2017c）。優質學校 4.0 的核心理念。**臺北市 107 年度優質學校評選評審工作坊發表之簡報**。臺北市教師研習中心。

附　錄

臺北市 107-110 年度優質學校評選向度指標

目　次

一、「學校領導」向度、項目、指標、評選標準及學校參考做法

向度	項目	指標	評審標準	學校參考做法
一、學校領導	1.領導理念	1.1確立前瞻的辦學方向及特色	1.1.1學校成員能掌握辦學方向和永續發展。 1.1.2學校具有明確的辦學方向及特色，並訂有具體發展策略。	a.與組職成員（全體師生、行政同仁、家長）共同建立學校發展方向。 b.建構具體可行的辦學方向與發展策略。 c.發展學校辦學特色以促進學校永續經營。 d.其他。
		1.2導引適切的校務發展計畫	1.2.1訂有可行的校務發展計畫。 1.2.2校務發展計畫能反映並符合學校辦學方向及目標。	a.經公開程序由下而上訂定年度及中長程整體校務發展計畫。 b.確實考評計畫執行情況，並適時滾動修正。 c.持續檢討計畫內容，修訂校務發展計畫。 d.其他。
	2.領導團隊	2.1組成合作的團隊成員	2.1.1建置領導團隊成員相互合作的機制。 2.1.2營造團隊氣氛，建立團隊認同感與榮譽心。	a.能掌握整體的協調合作機制。 b.能整體搭配並發揮團隊效能。 c.團隊氣氛融洽，社區、親師生或媒體等給予學校正面肯定。 d.其他。
		2.2激發創意的團隊成員	2.2.1領導團隊成員具有創意素養。 2.2.2領導團隊有創新表現。	a.有具體的改革創新實驗計畫。 b.學校行政團隊能創新經營，展現團隊活力。 c.建立激勵教師創新教學的措施。 d.其他。

向度	項目	指標	評審標準	學校參考做法
	3.領導作為	3.1建立創新的機制與做法	3.1.1善用領導知能，凝聚共識並激勵服務熱忱。 3.1.2領導團隊能帶領創新積極的發展規劃。	a.能提高組織成員的團隊凝聚力與決策參與率。 b.能帶領組織成員運用科技進行行政流程或教學的創新。 c.能提出具體的創新計畫，並增進組織成員對於創新計畫的支持與參與。 d.其他。
		3.2強化監控與後設的管理機能	3.2.1領導團隊能建置行政品質監控管理機制。 3.2.2領導團隊能運用有效的質量數據管控品質。	a.目標與過程並重，有效管控工作的質與量。 b.能依據目標計畫、行動方案，訂定品質管理與內控措施，產出辦學績效。 c.能運用具體、相對的質量數據，作為年度檢討依據。 d.其他。
	4.領導績效	4.1發揮卓越的領導並能自我改善	4.1.1領導教師持續專業發展與教學革新。 4.1.2落實教學視導與自我改善機制。	a.能暢通溝通管道凝聚共識，重視專業發展與教學革新。 b.整合行政團隊，積極支援教學，發揮學校整體效能。 c.能以具體指標實施績效管理，並落實教學視導與校務評鑑。 d.其他。
		4.2促進積極的社區參與及學生適性發展	4.2.1學校行政團隊與教師會、家長會及社區互動良好，並建立聲望與口碑。	a.能促進學校與社區資源交流，並與教師會、家長會保持良好的互動關係。 b.營造有利學習的校園環境。

向度	項目	指標	評審標準	學校參考做法
			4.2.2優質的校園環境與學生學習成就。	c.舉辦有益於學生身心發展的活動,激勵學生學習成就。 d.其他。
	本向度學校特色	（請以條列式具體說明）		

二、「行政管理」向度、項目、指標、評選標準及學校參考做法

向度	項目	指標	評審標準	學校參考做法
二、行政管理	1.智慧網絡	1.1建立有效的數據管理與運用機制	1.1.1能建置行政及教學資源數據資料庫、各類行政及教學e化服務系統。 1.1.2能建立教育專業發展知識管理系統與系統間聯結的回饋檢核機制。	a.建置行政及教學資源數據資料庫。 b.建構各類行政及教學e化的具體服務系統。 c.能以量化顯示行政及教學的實施成效。 d.建立系統與系統間聯結的回饋檢核功能。 e.其他。

向度	項目	指標	評審標準	學校參考做法
		1.2 推動創新的知識管理與決策	1.2.1 能善用各級教育網路資源,聯結與應用管理,提升行政品質。 1.2.2 依據數據展現決策歷程,進行各項專業分享與儲存成果。	a.善於運用各級教育單位網路資源。 b.能運用儲存資料,以提升行政品質。 c.辦理成果發表與展示進行專業分享,推動轉化創新。 d.能有效儲存及系統整理各項活動計畫、智慧決策歷程及應用成果。 e.其他。
	2. 人力資源	2.1 進用優質的人力與專業培訓	2.1.1 能透過合法有效程序篩選優秀人才。 2.1.2 定期辦理教師及行政人員專業成長訓練。	a.學校依發展需求,進用適切的各類專業人員。 b.運用職務編排與聘用的相關資料。 c.辦理有助於組織發展之行政與教師專業成長訓練。 d.學校教職員工擔任行政工作之穩定度。 e.其他。
		2.2 落實有效的管理考核與激勵機制	2.2.1 定期進行員工管理考核。 2.2.2 建立激勵機制與提升危機處理能力。	a.訂有各類工作準則與規範,建立平時考核制度並確實記錄。 b.詳實管理員工出勤與差假,員工申訴機制明確周知。 c.訂有對組織成員獎勵與激勵機制,有效引導成員專業成長。 d.有效發揮危機處理小組功能。 e.其他。

向度	項目	指標	評審標準	學校參考做法
	3. 事務 運作	3.1建立完善的校舍建設與採購程序	3.1.1訂有學校設施新建與維護計畫，能定期保養、修繕、追蹤及記錄學校各項設備及設施使用情形。 3.1.2訂有採購案件標準化作業流程，能簡化採購流程，建立追蹤控管的做法。	a.新建工程或重大校舍修繕能納入校務發展計畫。 b.設備及設施有專人定期保養與修繕追蹤，並留有紀錄。 c.規劃節能措施，採購環保財物，落實節能減碳，減少設備損壞，降低經營成本並有具體成果。 d.建立採購流程標準作業程序，簡化並統一採購流程。 e.其他。
		3.2落實適切的經費編列與財物管理	3.2.1能依法定程序編列與執行預算，及建立經費編列與執行的績效管控機制。 3.2.2訂有財物管理計畫，善用資訊確實做到精確的財物管理。	a.精準作好經費的概算與預算編列，並能提升經費執行率及具體成果。 b.經費收支、分配及運用能符應學校的發展需求，建立經費分析表並評估其績效，落實經費管控與運用。 c.訂定財產盤點、修繕相關管理辦法，力行節約原則，整合現有財物資源相互流通。 d.教學與行政各項軟體運用能符合智慧財產權，同時能有效運用與管理。 e.其他。

向度	項目	指標	評審標準	學校參考做法
	4. 績效 表現	4.1運用管理技術提升績效	4.1.1能有效進行績效管理，親師生滿意度高。 4.1.2展現管理技術，進行計畫、試作、檢核及改進的實例。	a.校務經營能依需求進行親師生滿意度調查。 b.辦理提高績效表現之相關研習、分享或交流活動。 c.運用管理技術循環改進績效的成果。 d.定期執行行政與教學自我檢核與評鑑機制。 e.其他。
		4.2展現卓越的行政績效	4.2.1能建立追求卓越的績效管理制度。 4.2.2行政管理績效能展現學校特色，並符應學校未來發展需求。	a.行政團隊溝通協調良好，展現學校和諧氛圍與活力。 b.學校各項會議具有適切的管理制度與執行紀錄。 c.確實考核校務中長程發展計畫及年度工作計畫的成果。 d.校內外各項活動及學生學習表現有具體卓越成果，追求永續發展。 e.其他。
	本向度學校特色	（請以條列式具體說明）		

三、「課程發展」向度、項目、指標、評選標準及學校參考做法

向度	項目	指標	評審標準	學校參考做法
三、課程發展	1. 課程領導	1.1 訂定明確的課程願景與課程架構	1.1.1 課程願景的內涵明確，且適切轉化至課程架構內。 1.1.2 課程架構的內涵符合課程法制及時代需求。	a. 共同建構符應教育本質，且具時代性與前瞻性的課程願景。 b. 分析課程願景的內涵，據以訂定明確具體的課程目標。 c. 合作發展整體的課程架構及其內涵，且適切反映課程願景與課程目標。 d. 學校課程符合國家及本市的課程相關規範與教育政策。 e. 其他。
		1.2 創建優質的專業領導與課程發展機制	1.2.1 課程領導者能本諸專業，有效引領課程發展。 1.2.2 課程發展的組織完善，且富聯結性與參與性。	a. 課程領導者（如：校長；處室、學年及科主任；領域及專業學習社群召集人等）積極參與課程領導專業知能成長活動，並帶領課程發展、實施與評鑑。 b. 各層級課程組織的運作確實且制度化，發揮縱向聯貫與橫向聯結的功能。 c. 安排各層級課程組織的研討時間與主題，並追蹤其決議事項的執行情形。 d. 建置專業學習社群，形成正向的合作討論文化，持續帶動課程發展、實施與評鑑。 e. 其他。

向度	項目	指標	評審標準	學校參考做法
	2. 課程 設計	2.1 規劃完善的 課程方案與 計畫	2.1.1 課程方案與課 程計畫完善， 且能落實課程 願景。 2.1.2 各類課程方案 與計畫含括重 要的課程要 素，且具聯結 性。	a.依據課程願景、目標及 架構，設計各類課程方 案與計畫。 b.課程方案與計畫彰顯學 校特色及發展重點，充 分轉化願景的內涵，且 具統整性。 c.學習領域課程計畫、彈 性學習課程計畫及校定 課程計畫周延完備，且 具體可行。 d.課程計畫包含背景分 析、課程目標、課程內 容、教學方法、學習成 效評量及課程評鑑等要 素，且各要素間適切聯 結。 e.其他。
		2.2 設計合宜的 課程內容與 學習活動	2.2.1 課程內容與學 習活動充分達 成課程目標， 並彰顯學校 特色及社區特 性。 2.2.2 課程內容與學 習活動以學生 為中心考量， 並具價值性、 實驗性與創新 性。	a.設計或選用的教材與學 習活動，充分達成各類 課程目標，且能增進基 本能力並涵育核心素 養。 b.掌握學校發展特色、社 區特性及社會動向，充 分運用各種學習時數， 設計課程內容與學習活 動。 c.課程內容與學習活動， 運用並擴展學生的生活 經驗，發揮學生主動參 與的角色，且具有實驗 性與創新性。 d.訂定自編教材與學習活 動的審查辦法與程序， 且充分發揮其效能。 e.其他。

向度	項目	指標	評審標準	學校參考做法
	3. 課程實施	3.1增進有效的課程管理與教師動能	3.1.1課程管理機制具互動性，提升課程與教學品質及成效。 3.1.2教學者積極參加課程教學的專業成長活動，實際增能並加以應用。	a.任課教師及協同教學人員，參與適切的專業成長活動，充分了解課程的內涵。 b.妥適準備所需的教材、媒體、設備、空間、聯絡事宜及相關資源，以利順暢實施課程。 c.營造共同備課、觀課、議課及專業對話與分享的教師文化，藉由持續的教學省思，修改課程與教學，提升學生的學習品質。 d.定期檢視課程實施的問題或困難，並尋求解決方法或獲得協助及支持。 e.其他。
		3.2推動妥適的課程運作與學習評量	3.2.1落實課程與教學計畫，充分達成課程目標。 3.2.2善用各種評量方法、評量工具及評量結果。	a.掌握各類課程目標與課程內容的特性、學習情境及學生的特質，擬訂適當的教學設計，選用適切的教學策略與方法，並善用資訊科技融入教學。 b.選用或發展適切的學習成效評量工具及方法。 c.根據學生的學習情形，具體實踐課程計畫及教學設計，並在分析學生的學習過程及成效後，適時予以調整。

向度	項目	指標	評審標準	學校參考做法
				d.運用多樣且適切的評量方法,充分評估學生的學習表現及態度,並在分析後,改進教學或提供學習輔導。 e.其他。
	4. 課程 評鑑	4.1落實適切的課程評鑑規劃與實施	4.1.1課程評鑑的規劃與設計,適切且可行。 4.1.2採用適當的方法及工具,評估課程計畫的實施情形。	a.共同訂定適切的課程評鑑計畫及工具,其評鑑範圍至少包括課程的設計、實施及成效。 b.邀請校內外的適當人員,適時檢視課程的發展歷程、設計方案及實施過程,並提供改善的回饋意見。 c.採取適切且可行的方法與工具,評估課程與教學計畫的運作情形,並提供改善課程設計或教學實施的回饋意見。 d.適時提供課程評鑑所需的行政協助與資源。 e.其他。
		4.2發揮完整的課程評鑑成效與運用	4.2.1課程成效的評鑑,含括主要的課程目標、基本能力與核心素養。 4.2.2適切運用課程評鑑的結果,利於學生學習、教師專業成長及學校課程發展。	a.採用適切的學習成就評量方法與工具,評估學生的學習表現及達成課程目標的情形。 b.課程成效的評鑑,展現課程的重要效益,持續增進學生的基本能力及核心素養。 c.依據課程評鑑的結果,規劃並進行教師專業成長活動,鼓勵組成專業學習社群,並應用其增

向度	項目	指標	評審標準	學校參考做法
				能，提升學生的學習成效。 d.依據課程評鑑的結果，修改並持續發展課程，檢討課程評鑑之規劃與實施的妥適性。 e.其他。
	本向度學校特色	（請以條列式具體說明）		

四、「教師教學」向度、項目、指標、評選標準及學校參考做法

向度	項目	指標	評審標準	學校參考做法
四、教師教學	1.教學規劃	1.1規劃符合學習需求的教學情境	1.1.1有效活用教學資源，設計符合學生學習的教學與學習機制。 1.1.2建構豐富多元的教學情境以回應不同學生的需求。	a.教學規劃能切實評估或診斷學生的起點行為與學習問題，並運用適合學生理解的教學與輔導策略，兼顧因材施教進行差異化教學設計。 b.教師能有效活用時間、規劃教室空間及善用情境布置與教具資源，建立以學生為學習中心的合宜課程、教學與學習機制。

向度	項目	指標	評審標準	學校參考做法
				c.學校能設計與建構有利於教師教學的環境與制度；教師能展現創新的教學情境，並能將班級環境的建構予以課程化，配合學習持續更新。 d.其他。
		1.2發展多元有效的學習策略	1.2.1在社群、共備等各種合作的機制下，發展豐富且具彈性的學生學習策略。 1.2.2教師以研究的精神引進並調整學習策略。	a.在社群、共備或讀書會等相關機制中規劃、發展多元的學生學習策略。 b.秉持研究創新的精神，引用新進的學習策略，繼而能回應學校或班級文化進行調整改進。 c.教師能進行與自身教學有關的研究，持續發展並改進教學策略。 d.其他。
	2.班級經營	2.1訂定適切的學生行為規範	2.1.1具有明確的學生行為規範。 2.1.2學生行為規範適切且有效。	a.親師生共同發展出包容尊重、民主法治的班級氛圍。 b.學校和班級兩個層級均能發展出合宜且明確的學生行為規範。 c.學校及班級能運用適切機制，協助學生認同並遵守行為規範。 d.其他。
		2.2建立支持信任的班級文化	2.2.1營造支持、和諧的班級氛圍。 2.2.2形塑信任的班級文化。	a.導師及科任教師均能展現班級經營策略，全方位並有效經營班級相關之人、事、時、地與物等資源或活動，以營造

向度	項目	指標	評審標準	學校參考做法
				和諧、信任、支持的文化。 b.導師及科任教師的教室情境設計有利於學生知、情、意全方位的學習。 c.親師能共同鼓勵學生積極參與各類型班級團體活動，凝聚團體動力，形塑班級特色。 d.其他。
	3. 有效 教學	3.1善用有效的教學方法與資源	3.1.1運用有效的教學策略以活化學生學習。 3.1.2活用多元的教學資源以進行適性與差異化教學。	a.教師精熟教學內容及方法，使其針對不同學生特質與程度，採用適切的教學策略，以達成教學目標。 b.尊重並回應學生個別發展需求，提供適性與差異化教學輔導。 c.教師能有效運用社區及社會各項多元的教育資源，針對學生不同需求，進行適性與差異化教學，以發展學生多元智能。 d.其他。
		3.2運用適切的教學評量與回饋	3.2.1運用多元評量評估學生的學習成效。 3.2.2運用有效的教學評量回饋機制。	a.學校能設計與建構有利於教師教學回饋的友善環境與完整制度及工具。 b.除了紙筆測驗外，教師能設計多元評量方法，讓學生以不同方式展現學習成果。教師亦能分析並反思學生的評量結

向度	項目	指標	評審標準	學校參考做法
				果，繼而調整教學計畫，並設計適切的補救教學，以確保達成學習目標。 c. 教師能透過多元的教學評量回饋機制，進行教學反思，以檢核是否有效達成教學目標。 d. 其他。
4. 創新 教學	4.1展現創新實驗的教學知能	4.1.1 教師具有創新實驗的教學素養。 4.1.2 教師能發揮創新教學之知能及熱情。		a. 採用實驗創新的教學取向，如主題探究式教學、遠征式教學、設計教學、專題導向、跨領域學習等，並善用數位科技、多媒體與輔具等融入教學，提升學習成效。 b. 教師具創新教學的熱情，能依據學生屬性，在教學及班級經營上引進創新的元素，實踐創新教學活動，不斷自我省思與創新教學。 c. 學校能鼓勵並規劃各種交流、參訪與參與式研習活動，以提升教師的創新知能，或透過各種管道建構與分享自己的教學創新歷程與省思。 d. 其他。

向度	項目	指標	評審標準	學校參考做法
		4.2 統整創新的教學歷程與成果	4.2.1 以創新的教學策略活化教學歷程。 4.2.2 展現創新多元的教學成果。	a. 教師能夠結合課程綱要，發展創新的教學內容與素材，融入豐富多元、結合生活經驗、跨領域與具新意的教學資源以引發社會關懷、提升學生學習興趣。 b. 教師能突破傳統教學模式，發展以學生學習為主體的創新教學方法，培養學生基本學力、創新能力與自主學習的心智習性。 c. 教師提供機會與平臺使學生可以多元方式呈現其學習成果與評量。 d. 其他。
	本向度學校特色	（請以條列式具體說明）		

五、「專業發展」向度、項目、指標、評選標準及學校參考做法

向度	項目	指標	評審標準	學校參考做法
五、專業發展	1.專業規劃	1.1 規劃系統的專業成長計畫和方案	1.1.1 專業成長計畫具系統化。 1.1.2 專業成長方案具創新性。	a.符應學校願景、教育發展趨勢，訂定具統整性、系統化之專業成長計畫，並納入校務發展計畫。 b.系列規劃具實驗、創新性之專業成長活動，有明確的發展方向與主軸。 c.實施多領域、多學年或跨領域、跨學年的專業成長活動，並聚焦於學生學習與教師成長的同儕性。 d.專業成長計畫的型態兼顧教師個人、群體與學校整體組織的需求，帶動教師持續對話、合作、分享與省思。 e.其他。
		1.2 整合多元的專業成長資源	1.2.1 有效運用專業成長資源。 1.2.2 適切整合專業成長資源。	a.善用校內經費預算與人力物力資源，推動教師專業發展。 b.善用家長專長及社區等外部資源於教師專業發展中，建立有利於學生學習的夥伴關係。 c.主動申請教學輔導教師、教師專業發展實踐方案、教師專業學習社群、分組合作學習、學習共同體、活化教學或實驗教育等專案，促進教師專業互動與成長。

向度	項目	指標	評審標準	學校參考做法
				d.有效整合各項專業發展及其資源之運用，以發揮教師專業發展整體綜效。 e.其他。
	2. 發展 歷程	2.1辦理多樣的進修成長活動	2.1.1辦理多元化進修研習活動。 2.1.2辦理實踐本位專業成長活動。	a.實施教師個人、教師群體、學校整體的校內外進修研習或國內外參訪學習之成長活動。 b.形塑專業學習社群，建立專業對話與分享機制。 c.鼓勵教師進行創新教育研究，解決教學實務問題，累積教學實踐智慧。 d.落實教師教學檔案的製作管理與分享應用。 e.其他。
		2.2實施有效的教學觀察與回饋	2.2.1實施系統性的教學觀察。 2.2.2發揮教學觀察的回饋作用。	a.規劃進修與實作，增進教師教學觀察與回饋知能。 b.藉由同儕視導及教學輔導等專業活動，進行備課、觀課與議課，相互增長專業知能。 c.實施校長及教師公開授課，並進行專業回饋。 d.實施教師教學錄影，並能自省教學或與教師同儕進行專業對話。 e.其他。

向度	項目	指標	評審標準	學校參考做法
	3. 發展 成果	3.1 展現教與學的專業發展成果	3.1.1 呈現教師教學的專業發展成果。 3.1.2 提升學生學習表現的教師專業發展成果。	a. 教師參加各種教育競賽、成果發表活動或心得出版等有具體績效。 b. 教師能將專業成長心得或成果，提升有效教學、活化教學、差異化教學、創新教學、翻轉教學或補救教學等成效。 c. 教師能應用專業成長心得或成果，指導學生於校內外各種競賽或發表活動有具體績效。 d. 教師能將專業成長心得或成果應用於多元評量之實施，以提升學生之學習成效。 e. 其他。
		3.2 彰顯校本特色的專業發展成果	3.2.1 有效應用教師專業發展成果。 3.2.2 建立具有校本特色的專業發展成果。	a. 教師專業發展活動有助於學校經營的創新與實驗。 b. 教師專業發展成效可促進合作、分享與精進的校園文化。 c. 教師專業發展活動能運用創新觀念與做法，對學校教育發展具有實質效益。 d. 教師專業發展成果具備學校本位之特色，並可提供他校參考。 e. 其他。

向度	項目	指標	評審標準	學校參考做法
	4. 專業 永續	4.1 推動客觀評估及持續修正的專業發展方案	4.1.1 評估教師專業發展的系統規劃與執行成效。 4.1.2 根據評估結果，研擬改善措施並落實執行。	a. 掌握教師參與進修之狀況，定期檢視各領域進修內容、教師實際參與進修情形。 b. 建立回饋管考機制，設計研習回饋單，針對研習課程內容、講座及成效進行評估。 c. 能根據教師參與進修狀況、研習回饋結果及進修滿意度調查等資料，研擬改善措施，提供未來辦理之參據。 d. 能追蹤各項專業發展改進行動之實施狀況，並持續修正與精進。 e. 其他。
		4.2 建置分享與永續的專業發展機制	4.2.1 教師專業發展成果進行分享推廣。 4.2.2 教師專業發展成果呈現逐年成長趨勢。	a. 教師專業發展活動的成果，能透過晨會、研討會、工作坊、教學研究會、校務會議或學校日等方式，和校內教師、家長、學生分享經驗和成果。 b. 教師專業發展活動的成果，能透過區域策略聯盟、校外研討會、校外競賽、校外演講等方式，和校外或國外教育人員、家長、社區人士分享經驗和成果。 c. 教師參與各類型進修成長活動、教育研究、教學檔案和教學觀察與回饋的人數、次數與品質皆有正成長。

向度	項目	指標	評審標準	學校參考做法
				d. 教師參與教學輔導教師、教師專業發展實踐方案、教師專業學習社群、學習共同體、活化教學、創新教學或實驗教育推動等之人數、次數與品質皆有正成長。 e. 其他。
	本向度學校特色	（請以條列式具體說明）		

六、「學生學習」向度、項目、指標、評選標準及學校參考做法

向度	項目	指標	評審標準	學校參考做法
六、學生學習	1. 學習機會	1.1 尊重學生的主體性並保障學生學習權	1.1.1 尊重學生的主體性，提供學生主動探究與創造的學習機會。 1.1.2 學習活動與機會符合公平正義原則，提供各類學生多元適性的發展機會。	a. 學校規劃與提供的學習機會，能尊重學生的主體性，事先評估學生的學習需求，並能讓學生主動探究與創造。 b. 提供各類學生之多元適性的發展機會（如：不同性別、年級、智能、社經地位與族群等）。 c. 提供各類學生均等參與的學習機會，並注意社

向度	項目	指標	評審標準	學校參考做法
				會正義之原則，保障弱勢學生之學習權。 d.其他。
		1.2整合多元的學習資源並增加學習機會	1.2.1建構多元多樣的學習環境，形成學校特色與系統，促進學生學習。 1.2.2善用各類社會資源，結合校園與社區環境，豐富學生學習機會。	a.發展各類特色課程，並與學科學習做適當的統整連結形成校本課程與學習地圖，提供學生嘗試、探索與創新的機會。 b.依據學習需求，布置學習環境與情境，增進多元創新的學習機會。 c.學校結合各類社會資源，豐富學習內涵，提供多元化的學習機會。 d.其他。
	2. 學習歷程	2.1重視學習的個別化與差異化	2.1.1學校能發展符應學生學習個別化與差異化需求的課程。 2.1.2教師能引導學生學習動機、專注投入學習，發展學生合作學習與適性補強（救）教學的機制。	a.課程、教學與評量的歷程，能積極回應學生的個別化與差異化需求。 b.學生能尊重同儕個別需求及差異，幫助弱勢、拒絕霸凌，維護安全友善的學習環境。 c.教師能發展促進學生合作學習、同儕教導之實際做法，並對於學習落後學生提供適性補強（救）教學。 d.其他。
		2.2引導多元創新的學習策略	2.2.1學校能引導學生習得並運用多元創新的學習策略。 2.2.2學校能發展適切多元的評量	a.學生透過教師的引導，能運用提問、探究、欣賞、表達、實作、自主學習、合作學習及數位科技等多元的學習策略。

向度	項目	指標	評審標準	學校參考做法
			機制，促進學生學習成效。	b.鼓勵學生運用各種學習策略，進行各項創新實驗的學習活動，啟發個人多元智能。 c.學校發展適切多元的評量機制，檢核學習成果，協助學生發現問題，並尋求解決。 d.其他。
	3. 學習態度	3.1激發主動負責的學習態度	3.1.1學生具有主動學習、自我探索、發展生涯的表現。 3.1.2學生具有自我負責並與他人合作分享的態度。	a.展現學生自發求知、容忍挫折，進行多元試探、勇於接受新事物與挑戰的學習精神。 b.培養學生投入心力、盡心完成作業或活動的負責態度。 c.培養學生願意與他人互動、分享及共好的團隊合作情操。 d.其他。
		3.2培養尊重關懷的公民態度	3.2.1學生具有關懷他人、尊重多元文化的學習態度。 3.2.2學生具備民主法治、社會參與和國際視野的素養。	a.涵育學生民主法治素養，具備參與社會及服務學習的共好胸懷。 b.展現學生接納、理解、尊重、包容、欣賞及關懷他人的態度。 c.培養學生具備尊重生命、關注環保、文化差異及國際關懷的態度。 d.其他。
	4. 學習成效	4.1展現自主的學習與生活素養	4.1.1學生具備學科基本能力與跨領域的綜合素養。	a.學生擁有語文、數學、自然科學、社會科學及職業知能等核心素養。 b.具備數位學習、藝術人

向度	項目	指標	評審標準	學校參考做法
			4.1.2學生具備生活、自我管理及人際互動的素養。	文、生涯發展、運動、健康休閒等優勢素養。 c.學生表現具有自我察覺、自我管理、自我肯定、同理他人、有效溝通等素養。 d.其他。
		4.2運用高層次的思考與創新素養	4.2.1學生具備反思進步與問題解決素養。 4.2.2學生具備創造思考與創新素養。	a.學生展現反思、解構、重建的聚斂思考及察覺問題、分析原因、作成決定、執行檢討、問題解決等素養。 b.學生可以呈現出具有流暢、變通、獨創、精緻的創意性學習作品或表現。 c.學生發揮想像力與創造思考，提出創新思維及做法。 d.其他
	本向度學校特色	（請以條列式具體說明）		

七、「創新實驗」向度、項目、指標、評選標準及學校參考做法

向度	項目	指標	評審標準	學校參考做法
七、創新實驗	1.創新思維	1.1 引導前瞻的教育願景與創新價值	1.1.1 願景具備前瞻的思考與多元的特色。 1.1.2 理念具有創新的特質與附加價值。	a.善用教師同儕社群、對話溝通平臺與組織氛圍，凝聚願景的共識。 b.掌握教育趨勢、探究新興議題、鼓勵典範學習，建構有效的願景。 c.對於創新理念能爭取親師生的認同，並能付諸實現。 d.其他。
		1.2 強化整全的科際整合與系統思考	1.2.1 思維架構具有科際整合與深度學習的特性。 1.2.2 思維架構能促進系統思考，並凝聚團隊共識。	a.學校能鼓勵教師，透過對話，以整合科際與加深加廣的教學為目標，形成整體思維架構。 b.親師生對創新實驗有所期待，願意參與實踐行動，也認同並支持該方案。 c.學校鼓勵以團隊合作、系統思考，建構制度、解決問題等方式，形成共識以建立方案架構。 d.其他。
	2.創新策略	2.1 激發創新的策略開展與綜效作為	2.1.1 方案策略具有開創與激勵的特性。 2.1.2 採取的策略行動具有加乘的效果。	a.營造組織氛圍，建構有益於實驗創新的環境。 b.激勵團隊自動自發，保有創新實驗的熱情與成就感。 c.依據學校發展，彈性調整組織運作與分工，整合內外在資源，獲致最大效益。 d.其他。

向度	項目	指標	評審標準	學校參考做法
		2.2善用多樣的變通方法與創新作為	2.2.1採取具有變通性與流暢性的行動或方法。 2.2.2嘗試各種具有改變心智模式的創新作為。	a.透過腦力激盪，激發各種構想，形成多項行動的方法。 b.營造自由開放的環境，鼓勵創客、coding、新3R（VR,AR,MR）等資訊科技融入課程、教學、學習與行政創新方案。 c.善用各種策略，改變成員心智模式，願意從事彈性改變。因應情勢變化，有效處理問題，創造有利的環境。 d.其他。
	3.創新成果	3.1展現豐碩的創新成果與整體績效	3.1.1展現符應創新目標與價值的多元成果。 3.1.2呈現個別的創意與整體的績效。	a.建立學校本位之方案績效檢核指標，如關鍵績效指標（KPI）、徽章制度、學習護照等。 b.運用自評與他評機制，評估創新與達成目標的情形。 c.藉由參與相關競賽或評選獲獎情形，展現個別與整體績效。 d.其他。
		3.2打造優質的學校品牌與典範價值	3.2.1能建立優質且具特色的學校品牌。 3.2.2樹立創新的標竿與典範價值。	a.進行親師生對創新方案的滿意度調查。 b.善用媒體行銷，建立識別標誌，形成學校特色與品牌。 c.建立口碑並塑造學校成為創新實驗的典範或標竿。 d.其他。

向度	項目	指標	評審標準	學校參考做法
	4. 創新 分享	4.1創造具突破 性的變革與 可複製的模 式	4.1.1 能勇於突破現 況的限制，開 創各種可分享 的變革作為。 4.1.2 能建構具擴散 性與可參考複 製的具體創新 模式。	a.鼓勵成員吸收新知、掌 握時代脈動，擴大團隊 創新突破的動能。 b.引進專家諮詢輔導，引 領團隊創新突破。 c.透過標竿參訪，發揮優 質創新實驗經驗的互相 觀摩學習與交流。 d.其他。
		4.2共組合作的 夥伴學校並 擴散創新實 驗的經驗與 成果	4.2.1建立創新實驗 的夥伴學校與 合作關係。 4.2.2分享並擴散創 新實驗的成果 與價值。	a.邀集友校組成創新實驗 的夥伴學校，建立合作 互助關係。 b.透過討論與對話的機 制，匯聚集體智慧，進 行跨校性的創新實驗合 作。 c.辦理創新成果發表與分 享會，分享並擴散創新 實驗的成果與價值。 d.其他。
	本向度 學校 特色	(請以條列式具體說明)		

八、「校園營造」向度、項目、指標、評選標準及學校參考做法

向度	項目	指標	評審標準	學校參考做法
八、校園營造	1. 安全健康	1.1 建置安全的學校環境	1.1.1 校地安全，校舍建築結構良好，設施堅固安全，人車分道動線明確。 1.1.2 落實校園開放及安全管理，設置校園監視與保全系統，建構校園安全網絡。	a. 校地的地質地勢，校舍的承載結構，建材的容許應力等，應注意安全結構與耐震設計。 b. 學校設施、器材及庭園定期檢查維護，人車分道動線明確，設置家長接送區、通學巷或上學步道等，並有順暢的防災避難動線與清楚的逃生標示。 c. 加強實驗室和資訊系統安全管理、校園開放和門禁管理，健全警衛功能，設置校園監視與保全系統，裝設校園緊急求救通報系統及夜間照明設備，落實校園巡查工作，整合愛心服務站，建立社區安全支援系統。 d. 其他。
		1.2 設置健康的活動設施	1.2.1 設置適足多樣的體能活動設施。 1.2.2 提供舒適的生活休憩環境。	a. 體能活動設施能依教育需求設置運動場地、跑道、體育館、游泳池、球場或遊戲場等。游泳池，以室內溫水游泳池為佳；小學應設置遊戲場或共融式遊戲場。 b. 校舍建築色彩、音響、採光、通風等物理環境，應提供視覺、聽覺、嗅覺、觸覺之舒適感。

向度	項目	指標	評審標準	學校參考做法
				c.利用川堂、廊道之餘角空間設置休憩設施，以供對話、互動等；校園設置步道、平臺、水池、草坪等，以供休憩或探索。 d.其他。
2. 人文 藝術	2.1 形塑人文的校園風格	2.1.1 校園設施造型、意象和風格具有豐富的人文特性，以及人性化與親和性的設計。 2.1.2 維護與保存具有歷史性或紀念性的史蹟文物，建置鄉土教育情境。	a.校園建築設施的造型、意象和風格應具有人性、學術和文化之特性。校舍設計以教學及學習爲中心，規劃現代化的教室和教學設備，提供教師舒適辦公空間、教材製作室或專業社群發展空間等。 b.利用校園空間及角落布置教學與學習情境或動靜態學習成果展。設置無障礙的校園環境，提供安全與人性化的學習場所。重視性別平等空間，設置哺（集）乳室、更衣室等，或依實需設置性別友善廁所。 c.維護與保存具有歷史性或紀念性的史蹟文物，設置校史室或網路數位典藏校史資料，妥善保存學校相關文物等。配合學校民俗活動或地方文化特色，設置鄉土教室或布置鄉土教育情境。 d.其他。

向度	項目	指標	評審標準	學校參考做法
		2.2設置藝術的校園空間	2.2.1設置公共藝術，校舍建築與校園環境增添藝術美感設計或情境布置。 2.2.2師生參與校園藝術環境建置，增添美感環境的互動、賞析與認同。	a.校園公共藝術和藝術環境能融合學校願景與特色，以發展學校教育目標。 b.校園彩繪，藝能科教室布置豐富的學生作品，設置互動式校園公共藝術，規劃庭園美感景緻，設計Logo、視覺傳達系統或提供族群美學意境，以增添校園美感、變化和趣味。 c.結合社區和學校資源，設置校園藝術文化服務隊、藝術廊道、社區美術館，或規劃藝術家進駐校園活動，以擴展藝術文化活動績效和教育效果。 d.其他。
	3. 自然 科技	3.1建構自然的永續校園	3.1.1學校建築依永續或綠建築觀念新建或整（修）建，強化校園自然景觀生態和綠化。 3.1.2布置環保教育情境，落實節水、節能、減廢、減碳，加強閒置空間再利用。	a.校舍建築依永續或綠建築觀念整體新（修）建，加裝省水省電設施，強化雨水回收再利用，增設風力及太陽能設備等。校園景觀重視自然生態環境建置，擴增綠覆地，加強綠化。 b.布置環保教育情境，推行資源分類回收，避免使用一次性餐具，垃圾減量管理。落實節水、節能、減廢、減碳，注意實驗廢氣廢水儲與管理。加強閒置空間、

向度	項目	指標	評審標準	學校參考做法
				設施和庭園再利用，並注意應與課程結合，或有適切營運管理，以增加學校空間效能。 c.推展小田園，設置植物解說牌，建置自然校園環境地圖，鼓勵認養校園植物，辦理老樹尋根，建立學校樹木及植栽資料。 d.其他。
		3.2 設置科技的學校設備	3.2.1 校舍建築和教學環境設備，建置現代化和自動化資訊科技設施。 3.2.2 建構智慧校園，教室設置資訊教學設備，建置數位教學環境。	a.規劃現代化科技設施，如攝影棚、校舍高窗自動開合系統、屋頂電動開合游泳池、校門區設置車辨系統自動管制車輛進出等。設置自動化系統，如自動排煙窗、電捲門障礙感知器、自動照明，以及水電、照明、空調、防災自動監測系統等。 b.建置智慧校園（iCampus），推展智慧學習、智慧社群、智慧行政、智慧管理、智慧保健和智慧綠能等，結合酷課雲等，建置數位教育環境。 c.各科教室依實需設置遠距教學系統、單槍投影機、筆記型電腦、液晶電視、螢幕或電子白板等，推展創客教室或虛擬擴增實境（VR或

向度	項目	指標	評審標準	學校參考做法
				AR），並能善用酷課雲等教學影片，以強化e化教學和學習效果。 d.其他。
4. 學習資源	4.1提供豐富的學習資源	4.1.1設置圖書館（室）或學習資源中心，提供室內外豐富多樣的學習資源，激勵學生主動學習。 4.1.2專科教室和校本課程教室，學生皆有足夠的可操作設備。	a.設置圖書館（室）或學習資源中心，提供豐富多樣的學習資源，多購置學生用之圖書，設置行動服務車，並有便利的借還書系統，以滿足學生學習需求。 b.專科教室設備，如實驗室、音樂教室、家政教室、生活科技教室、桌球室等以及校本課程教室，上課時學生皆有足夠的可操作設備，以提高學習效能。 c.學校設施管理多採開放式管理（即學生可自由取用）減少借用管理時間，增加設備使用自由度和效能。 d.其他。
	4.2建置便捷的互動環境	4.2.1學生下課易匯聚空間，規劃便捷的動線。 4.2.2提供學生多元展能空間和互動環境。	a.圖書館、交誼廳或合作社、球場、遊戲場、社團教室等，學生下課或午休易匯聚空間，應設置於中心點或有便捷動線可資快速到達運用。 b.提供學生社團、學生自治團體或班聯會等學生團體之活動、展演及辦公之空間與設備，或才藝表演互動舞臺等，以

向度	項目	指標	評審標準	學校參考做法
				利學生互動與多元展能。 c.布置溫馨的合作社或熱食部，鄰近教學區提供學生近便、多樣的交誼互動的環境。 d.其他。
	本向度學校特色	（請條列說明）		

九、「資源統整」向度、項目、指標、評選標準及學校參考做法

向度	項目	指標	評審標準	學校參考做法
九、資源統整	1.親師合力	1.1引進多元的親師合力資源	1.1.1學校行政、教師會、家長會和諧共榮，合力爭取多元教育資源，促進學校卓越發展。 1.1.2運用社區資源，建置安全聯防網絡系統；提供學校	a.蒐集建置學校校內外有用之人力資料庫，包括退休教師、校友、家長、社區人士之人力資源，並建立合理的參與機制。 b.結合社區商家、警、消、環、衛、社、福利機構、社區志工等建立學童安全聯防系統，共同守護學生。

向度	項目	指標	評審標準	學校參考做法
			場地與空間設施，供社區居民使用，建立良性互動關係。	c. 串連家長會、教師會與學校行政共同參與校務，如：各項會議召開、計畫擬定、課程發展、學校工程修繕、設備購置、經費籌措等。 d. 建置學校與家長、社區間的多元溝通管道，鼓勵正向參與，良性互動，尊重並成就彼此需求。 e. 其他。
		1.2 統整豐富的資源運用	1.2.1 同心建構互助互信、共存共榮、溫馨和諧、共好合作的學校與社區。 1.2.2 經營行政、教師、家長及教育夥伴關係，合力專業示範，培育能夠實踐力行學生。	a. 引進社區人力、物力、財力資源有效改善校園環境，充實設備，並開放校園給社區民眾使用，資源共享，讓社區以學校為榮。 b. 親師生共塑學校資源統整之新目標，並一起努力，促其實現。 c. 學校與社區互相積極參與雙方活動，暢通聯繫支援管道，了解彼此需要，讓社區學校緊密連結。 d. 善用社區自然及文化資產，融入課程與教學，發展學校本位及特色課程。 e. 其他。

向度	項目	指標	評審標準	學校參考做法
	2. 資源系統	2.1 建構完備的學校資源系統	2.1.1 建置完整的課程、教學、社團、環境、競賽、活動、安全等輔助支持系統，支援師生課程教學及教育活動運作。 2.1.2 建構資源運用分配機制，增進課程教學、學生學習、學校社團及特色品牌的教育經營。	a. 具體呈現學校整合人力（志工、退休教師、學者專家、專業團體等）、物力（房舍、設備、專科教室等）、財力（工程款、專案經費、募款等）資源的系統資料。 b. 系統整合文史（內外部文獻、古蹟）、自然（內外部自然環境）、科技（資訊平臺、雲端、無線網路架構等）資源的運用成效。 c. 學校資源之運用與分配能以SWOT分析為依據，支援學校最有價值的教育需求。 d. 資源分配能考量公平正義，對於弱勢、特殊族群學生給予優先照顧。 e. 其他
		2.2 呈現活化的資源整合效益	2.2.1 運用量化數據或質性描述，彰顯資源活化的成果。 2.2.2 開展教育能量，創造系統資源運用，彩繪教育新價值。	a. 能有效地將資源運用於學生學習績效的提升，及教師專業發展的精進。 b. 資源運用結果能有效地增進學校對外各項學術、運動、藝文、科技評比成績。 c. 學校特色發展的具體成果，與資源運用具有連結關係。 d. 學校運用資源於社區活動辦理及媒體公關行銷，都有明確效益。 e. 其他。

向度	項目	指標	評審標準	學校參考做法
	3. 知能 創價	3.1 發揮支持的網絡輔助功能	3.1.1 建置知識管理與分享平臺，促進知識螺旋重組，提高資源統整效能。 3.1.2 增進「知識遞移」流量，傳承創新師生教育知能，發揮資源統整能量。	a. 應用資源統整，增進教師專業發展、參與行動研究、專業社群等，統整學校課程發展，精進教學專業（如：創新教學、差異化教學等）。 b. 引進各項資源，營造良好的教與學環境，落實校園就是立體教科書或大教具，有利學生遞移知識、情意與技能。 c. 透過資源統整，辦理多元創意教學活動，鼓勵師生產出作品或展現德行助人等有價值行為，並能將績效展示於公開平臺，以啟發觀摩激勵效果。 d. 統整資源以建立親師生知能實踐平臺，教育活動及主題教學安排「做中學、有作品」，並由親師示範、實踐篤行。 e. 其他。
		3.2 開展價值的教育實踐作為	3.2.1 鼓勵家長志工、專業人才及教師組織積極正向參與校務，提升教育實踐價值。 3.2.2 發揮學校教育影響力，提升家庭、社區及社會教育效能。	a. 建全家長會、教師會及課程教學任務組織，並促使會務運作順暢，邀請參與相關會議或活動，協助校務運作。 b. 建立並運用家長、社會志工、退休老師、學者專家、公家機關、民間團體等，成立知能實踐資源系統。 c. 整合學校與社區資源，

向度	項目	指標	評審標準	學校參考做法
				暢通互助共享管道或發展策略聯盟，透過學校專業力量，影響家庭、社區及社會發展。 d. 其他。
	4. 智慧創客	4.1 統整智德的系統智慧行為	4.1.1 應用有效資源，系統實踐品德教育及情意教學的核心價值。 4.1.2 發揮資源統整的效用，激發師生「好習慣」及「服務心」，整合實踐「知識→技術→能力→價值」的共好教育。	a. 整合資源，規劃中心德目（核心價值），並依年級（年段）訂定行為規準，融入教學、示範實踐。 b. 提升資源價值，訂定品德教育及情意教學相關獎勵辦法（要點），定期公開表揚服務助人、澤被群倫師生。 c. 結合資源，智慧管理學校榮譽史蹟及師生典範智慧表現。 d. 其他。
		4.2 能夠產出作品的創客教育	4.2.1 有效運用資源，逐年增加符合「做中學、有作品」的比例。 4.2.2 發揮資源統整的效用，激勵師生傳承創新「教」與「學」的實物作品。	a. 結合多元資源，宣導激勵教師及學生體會創客教育的時代價值。 b. 鼓勵教師運用資源，設計「有創意的學習食譜」，導引教與學活動符合創客教育實踐。 c. 充分運用資源，舉辦各領域及社團智慧創客習作成果展示活動，並辦理創客作品競賽。 d. 其他。
	本向度學校特色	（請以條列式具體說明）		

十、4.0 向度指標修訂之學者專家名單

總召集人		劉春榮
核心諮詢委員		吳明清、吳清山、湯志民、曹麗珍、陳採卿
向度教授		吳政達、陳泒澔、吳麗君、高新建、 丁一顧、湯志民、鄭崇趁、張民杰、黃旭鈞

建構向度	向度召集人	參與之專家學者
學校領導	吳政達	學者：張奕華、陳榮政、謝紫菱、陳琦媛、林進山
行政管理	陳泒澔	專家：李世文、莊明達、邱馨儀、林芸欣
課程發展	高新建	專家：周婉玲、宮文卿、李世文、陳智源、張瑞賓
教師教學	吳麗君	學者：黃永和、林偉文 專家：龔淑芬、許勝哲、廖純英、邢小萍、甘文淵
專業發展	丁一顧	學者：張德銳 專家：林昇茂、歐陽秀幸、鄧美珠
學生學習	張民杰	專家：廖純英、林美雲、蔡來淑、高松景、王淑麗 陳清誥、陳貴生、鄧美珠、鄒彩完、陳熔釧 陳幼君
創新實驗	黃旭鈞	學者：張奕華 專家：孫明峰、黃琬茹、方慧琴、李柏佳
校園營造	湯志民	學者：張奕華、林海清、陳琦媛 專家：陳福源、王登方、陳麗英、邱豐盛、王意蘭 林進山
資源統整	鄭崇趁	專家：林麗華、蔣佳良、吳煒增

第十二章

第二期美感教育計畫
創新策略與教學設計實例

卓秀冬

　　教育有愛；愛永不止息，永不放棄。

　　杜威的美學概念：藝術即經驗，即生活；美的感受是個人與環境交互作用的結果。

　　康德與席勒的美學與美育思想：其以「美感人」作為「自然人與道德人」之間的橋梁。

壹　緒論

　　21 世紀是個充滿創意與美感，高競爭、高品質的新世代，也是個功利、現實、無情、爭權奪利的壓力時代，尤其目前整個世界是充滿霸權、凌虐弱小的時代，所謂公義、平衡、和平，早已蕩然無存！這個世界真的需要美感薰陶，以軟化強硬心態，美化慈善心理！

　　如康德的美育觀點，其以「美感人」作為「自然人與道德人」之間的橋梁。

　　個人的身心健康、家庭的溫馨、社會的和諧、世界的和平，都必須從美感、品德教育，從幼小扎根教育起，因材、因勢利導，造化健康性格的良材；因此，教育部在檢討第一期五年美感教育之後，再詳細討論、研擬、訂定第二期五年美感教育新計畫。個人因為曾經參與諮詢會議，深感第二期計畫策略頗具多方創意，遂寫本文以簡要陳述。

　　美感的培養是以學生為主體，從幼時扎根，以學校課程教學為核心，開啟美與人文的內涵，以生活美感為主，包括校園空間美感的體驗與創意，以增進學生的美感理解與審美的基本判斷力。

　　本文首先簡要歸納第二期美感教育計畫實施策略新增的創意，另增加個人用心研究設計的美感課程教學實例：臺灣陶瓷藝術文化之美，一整學期修訂後之教學計畫（曾獲教育部專案獎助），與大家分享，敬請指教。

貳　教育部公布的第二期美感教育計畫目標、策略，與其創意特色

一、時間：108-112 年。

二、重點：美感即生活，從幼兒扎根，跨域創新，與國際連結。

三、美感與美感教育的意涵

(一) 美感的意涵

人運用其視聽感官去體驗、知覺各種形式的特質而產生愉悅、幸福、舒適、賞心悅目、喜歡與敬佩等經驗，轉化成韻律、符號、作品等，去表現其經驗與意義。

(二) 美感教育的意涵

美感教育是培育美感素養的實踐作為，美感素養乃透過生活美學的省思，豐富美感體驗，培養對美善的人、事、物，進行賞析、分享的態度與能力。美感教育須引領學習者覺察美、探索美、感受美、認識美及實踐美，敏銳其身心靈、多元感知的學習方法、學習機會與環境。

四、理念、目標與推動架構

(一) 理念

透過美育環境，進而提升國民的美感素養。美感的培養是以學生為主體，從幼時扎根，以學校課程教學為核心，開啓美與人文的內涵，以生活美感為主，包括：校園空間美感的體驗與創意，以增進學生的美感理解與審美的基本判斷力；課程設計透過教師的專業引導，期望能發展整體設計、創新與跨域合作的可能性；從點、線、面到整體規劃，公、私單位互跨合作，與國際連結，共同創造美好的生活。

美感即生活從幼時扎根，跨域創新，國際連結為主要理念。

(二) 目標
1. 營造美感學習環境。

2. 增進國民美學前瞻能力。

3. 從幼時扎根。

(三) 整體計畫架構的推動策略及具體行動方案

1. 支持系統

建置美感教育資源整合平臺、推動美感教育傳播與溝通計畫、促進美感教育與實踐、鼓勵具前瞻性美感領域的研究。

2. 人才培育

(1) 推動職前師資生美感提升計畫。

(2) 推動中小學在職教師美感素養提升計畫。

(3) 推動教育行政人員美感提升計畫。

(4) 推動美感前瞻人才培育計畫。

(5) 推動藝術與設計精英海外培訓計畫。

3. 課程與活動

(1) 辦理地方政府藝術與美感深耕計畫。

(2) 推動美感課程教學與學習體驗計畫。

(3) 協助課程研發。

(4) 推動生活美感與設計創新課程計畫。

(5) 推動校園多元美感體驗活動。

(6) 結合民間與跨部會資源，協力推動美感教育計畫。

4. 學習環境

(1) 設計校園生活美感實踐計畫。

(2) 建構學習情境美感生活地圖。

(3) 善用社會資源，師生共同建構具有啟發性之美感學習情境。

(4) 經費與績效評估指標：由教育部編列年度經費概算以支應相關所需，並依立法院年度預算審議結果調整經費。108 年 1 月 1 日至 112 年 12 月 31 日，估計 5 年約須新臺幣 20 億元。績效評估指標，依年度研訂不同指標，詳細見教育部藝術教育與師資培育司網站。

五、預期效益

1. 完善美感教育支持系統，深化美感教育學術及實務之發展。
2. 提升教育人員美感素養，養成美感教育領域人才。
3. 提升學生美感素養，增進國家社會美感競爭力。
4. 帶動校園、社區空間美學，提升國民美感生活素養。

六、第二期五年美感教育計畫新增創意方案

1. 鼓勵具前瞻性美感領域的研究。
2. 推動美感前瞻人才的培育計畫。
3. 職前師資生美感素養提升計畫。
4. 中小學在職教師美感素養提升計畫。
5. 建構學習情境美感生活地圖。

七、第二期美感教育計畫創意新策略

1. 加強行政單位與學校校長、主任推動美感、藝術教育策略知能。行政單位相關人員，尤其校長是推動藝術與美感教育的靈魂，影響性很大。

2. 從幼兒扎根。幼兒到小學應藉由啟發，導引著重美感情意的培養；中學開始加深、加廣，著重基礎美學理論與藝術技能的培養，加強情意陶冶；大專階段學生，可以再增加當代藝術、抽象美學的基本概念與創作知能。這正是活潑生動、知識技能基礎系統學習、創作揮灑新意的「律動學習」三階段。

3. 第二期美感教育計畫，兼顧藝術教育與美感教育的目標。因學生的身心發展階段與性向、興趣，課程兼顧生活美感、美感體會與美學理論、審思與判斷，逐漸加深專業之藝術教育課程設計。

4. 強調善用社會各方資源，也引入熱心志工、民間資源到學校。鼓勵學校爭取與企業、民間社會、文教基金等資源，落實本計畫相關政策。

5. 計畫中明列績效評估指標，分年度陳列詳細具體項目，方便地

方教育行政單位及學校，研訂校務中、長期與年度發展計畫。

6. 明訂美感教育的目標，在培育德、智、體、群、美五育均衡發展，身心靈健康的國民，提升學生設計、創新的美感素養。

7. 落實職前師資生美感素養提升計畫，以及中、小學在職教師美感素養提升計畫。提升美感教育師資專業進修，因材施教，彈性活潑化、數位化、前瞻化的教材教法，充實教學設備設施。

8. 第二期五年美感教育計畫，配合即將在 108 學年實施的十二年國教課綱「藝術涵養與美感素養」核心素養，因材施教，設計適當課程，編輯不同層面的藝術美感教材，現代化、數位化、資訊化、生動化、生活化的新教材。

9. 新計畫增列五年學校績效評鑑指標，也強調教學評量制度。教師必須落實美感教學成績評量。美感教育政策相關實施，列入學校辦學績效評鑑重要指標。針對認真落實本計畫之單位、機構、團體、個人等給予適當獎勵。

10. 增加辦理亞太等國際美感、藝術教育研討會，國際地區相關的參觀，期刊、雜誌出版與論文發表等。

八、建議

1. 就執行策略上，相關法令實施辦法應配合修訂。美感教育是全面性，包括各層學校教育、社會大眾教育。藝術教育較適宜在中、高等教育階段加深加廣，並依《藝術教育法》實施；學生具備特殊才藝教育部分，依《特教法》，隸屬國教署。

2. 編列較充足的相關教育經費，專款專用；籌劃多元的社會資源，彈性因應相關所需。

3. 為發揚中華五千多年優良文化，例如：陶瓷藝術、書法藝術、水墨畫、陶瓷現代抽象畫等等之課程與教材，納入課綱，以全面實施，落實培養文化藝術素養。

4. 因應新時代趨勢，委請課程、藝術與教育專家小組，發展活潑生動的數位教材、雲端教學等系列相關課程與教材，配合學生不同階段身心發展的特質。

5. 協助落實產、官、學合作政策，政府與民間組織攜手共同推動美感藝術相關產業。

6. 將美感學習成績明確列入學生升學成績指標之一，地方縣市教育、文化等施政績效評鑑項目，並列入經費補助參酌。

7. 教育部協調相關單位，以暢通升學進修管道，兼顧上下、左右銜接。

8. 建議教育部，針對國家教育研究院之「亞太美感教育研究室」，應予增加編列名額與經費，以提升相關績效。

參　美感教育學期課程教學設計實例

（詳見附錄）

肆　結論

第一期美感教育計畫，經過五年的實施、檢討，教育部重新研究、修訂，重新調整其計畫架構。策略重點：(1)支持系統；(2)人才培育；(3)課程與活動；(4)學習環境；(5)社會資源；(6)行政績效評鑑；(7)年度經費，多元層面重新整合、規劃，確實可以預見其效果的提升。

實例部分，是以個人家鄉鶯歌－陶瓷藝術文化為背景資源，「臺灣陶瓷藝術文化之美」一學期的課程教學設計，從教學目標與情意、知識、技能層面分列具體教學目標，一學期十八週的教學活動安排與問題討論等，本教學計畫作為實際美感教學實例參考，敬請指教。（本課程計畫曾獲得教育部專案獎助）

問題與討論

一、如何引發大眾的重視，可以爭取更多的相關經費？

二、相關軟硬體、人事經費等的有效支用原則？

三、美感教育層面多元，師資培育相關法令與政策的研訂？

四、如何發展有效益的相關教材？

五、如何善用社會資源，提升美感教學效能？

參考文獻

教育部師資培育與藝術教育司官網

國家圖書館官網

鶯歌陶瓷博物館官網

臺華陶瓷有限公司官網

臺華陶瓷有限公司（2010）。臺華窯陶瓷精品手冊。

李亮一（1985）。陶藝技法 1、2、3。雄獅美術出版。

吳念凡（2006）。臺灣小吃與創意餐具的對話。新北市鶯歌陶瓷博物館。

吳進風（2002）。土、臺灣、當代陶藝展。新北市鶯歌陶瓷博物館。

吳進風（2003）。臺灣彩繪陶瓷展古意新研。新北市立鶯歌陶瓷博物館。

連勝彥（2018）。傑閣八十書法作品專集。財團法人澹廬人教基金會。

財團法人澹廬文教基金會（2018）。澹廬書會九十周年國際書法交流展作品集。

范振金（2009）。陶藝釉藥學。新北市鶯歌陶瓷博物館。

孫超（2009）。窯火中的創造。新北市立鶯歌陶瓷博物館。

陳秀珠（2002）。臺灣傳統絕技交趾陶。新北市立鶯歌陶瓷博物館。

陳秀珠（2003）。醬缸文化、臺灣味。新北市立鶯歌陶瓷博物館。

陳庭宣（2008）。臺灣瑰寶、現代釉藥。新北市立鶯歌陶瓷博物館。

陳庭宣（2011）。百年風華臺灣陶瓷品牌經典特展。新北市立鶯歌陶瓷博物館。

陳新上（1999）。臺灣的民用陶瓷器。新北市立鶯歌陶瓷博物館。

陳新上（2010）。吳讓農紀念回顧展。新北市立鶯歌陶瓷博物館。

陳新上（2011）。臺灣百年、陶瓷、北投窯：臺灣現代陶瓷的故事。新北市立鶯歌
　　陶瓷博物館。

莊秀玲（2009）。臺灣當代陶瓷文化。新北市鶯歌陶瓷博物館。

黃麗蘭（2009）。青花艷評鑑展。新北市立鶯歌陶瓷博物館。

黃妃珊（2011）。第七屆臺北陶藝獎（成就獎）。新北市立鶯歌陶瓷博物館。

黃妃珊（2011）。第七屆臺灣陶藝獎（創作類）。新北市立鶯歌陶瓷博物館。

陶藝雜誌 2010～2011 年各期。五行圖書發行。

楊維富、何姚如（1992）。陶藝釉彩技法。南天書局有限公司。

國立臺灣藝術教育編印（1996）。**陶藝與生活**。

蘇世德（2011）。**2011 創意生活、陶瓷新品評鑑展**。新北市立鶯歌陶瓷博物。

劉鎮州（2011）。**臺灣現代陶藝賞析**。劉鎮洲陶藝網站。

謝東山（2008）。**臺灣現代陶藝發展史**。新北市鶯歌陶瓷博物館。

臺灣現代美術大系──經典陶藝（2008）。新北市鶯歌陶瓷博物館行銷。

附　錄

美感教育學期課程教學設計實例

課程代碼	（未定）	組別	（未定）	學分	2	人數限制	上限60人
上課時間	（未定）			教室		（未定）	
課程中文名稱	臺灣陶藝文化之美			任課教師		卓秀冬	
課程英文名稱	The Beauty of Taiwanese Ceramic Art Culture						

| 一、問題意識（請說明主持人基於何種社會觀察，而覺得需要開設此課程，以及本課程所欲解決的具體問題為何） | 一、問題意識
　　在這個高度資訊化與國際化的時代裡，每個人都會碰到介紹自己文化的時刻，到底什麼是臺灣陶藝文化與其特色呢？對於我從小生長的這塊土地，尤其是生長的家鄉——有陶瓷之鄉的鶯歌，最敏銳的陶瓷是什麼？該怎麼跟外國朋友及來自不同背景的學生，介紹臺灣最有代表性的陶藝文化呢？
　　當今臺灣處在多元種族、多元外來文化的衝擊，尤其是國際化開放市場的商業利益之下，報章、電視與數位電子媒體，競相報導異國文化風情，許多青年學生在此環境下，早已不認識臺灣的歷史文化了；對臺灣深具潛力的文化觀光產業資訊、知識缺乏，對臺灣陶瓷文化概念模糊，美麗臺灣的意識與信心，更是淡然。
　　為特別加強科技大學技職背景學生的藝術、人文涵養，以培育身心健全的現代公民；又有鑑於臺灣技專院校，開設陶藝相關課程很少；因此，更深深覺得開設「臺灣陶藝文化之美」課程的必要性。
　　因此本課程擬聚焦在「臺灣陶藝文化」，並將內容依臺灣近百年歷史、生活文化、陶瓷藝術文化的發展，分為四大個領域，從傳統生活陶藝、古典裝飾陶藝、現代創意陶藝及臺灣窯場之美一一切入，帶領學生欣賞（豐富視覺美感的體會與感受），澄清概念（增強了解臺灣陶藝的特色、陶藝與生活的關聯，參與當代陶藝議題的討論），並且鼓勵陶藝創作（強調釉彩之美與現代陶瓷綜合彩創作體驗的美妙），經由情感、知識、創意三方面著手，透過欣賞體會、問題發現、啟發思考、 |

	賞析批判與創新發表的教學，連接過去、開啓未來，帶領學生體會臺灣陶藝文化之美。 二、本課程要解決的具體問題 (一) 讓學生了解近百年臺灣主要的陶藝歷史文化 (二) 學生能了解臺灣陶藝文化的特色 (三) 學生明白臺灣傳統生活陶藝之需要 (四) 學生感受古典陶藝之華美 (五) 學生體悟創意陶藝之巧妙 (六) 學生了解陶藝創造智慧產權之保護 (七) 學生能將臺灣陶藝之知能用於網路設計 (八) 加強學生陶藝創作之興趣與熱情 (九) 深化大學生的臺灣陶瓷藝術文化意識 (十) 鼓勵透過專業網站永續經營的信念
二、課程目標 （請說明在前述問題意識下，本課程所欲含括的公民基本能力，以及具體課程目標）	一、課程目標 　　本課程所含括的公民基本能力與具體課程目標：以美學素養爲主，與倫理素養、民主素養、媒體素養及科技素養相輔相成。 (一) 美感素養 　　美感是一種判斷、一種審美觀，用系統化的方式探討我們的各種感覺（包含聽覺、視覺、嗅覺、味覺、觸覺等），譬如「視覺之美」，在色彩、線條、造型中找到和諧與秩序，觀賞時達到一種情緒上的祥和與舒暢，就是美感。本課程以臺灣陶藝爲主軸，從學生的生活經驗出發，引領學生關懷本土陶瓷藝術並參與當代陶藝議題的探討，從而培育學生的美感素養及創造能力。具體課程目標分情感、知識、體驗三方面，說明如下： 　　1. 情感面：藉由陶藝作品的觀賞，豐富視覺美感的體會與感受，培養優美的情緒，開啓學生對藝術文化的探索與關懷之心。具體目標爲： 　　(1)培養優美情緒、啓發陶藝美感的感受力。 　　(2)激發對臺灣陶藝文化的熱情、引導學生終生學習。 　　2. 知識面：澄清臺灣陶藝的基本概念，建立知識基礎。澄清概念與欣賞陶藝相互配合進行，深入本課程的核心內涵。具體目標爲： 　　(1)釐清相關概念 　　(2)建立知識基礎

3. 體驗面：提供課前觀賞，讓學生養成預習的習慣；利用課堂中的議題探討，讓學生在同儕互動中，聚焦思考當代陶藝的議題、互相交流想法與感受；鼓勵陶藝創作，強調創作實質體驗的重要。具體目標為：

(1)培養對美感批判思考的習慣

(2)強調陶藝創作體驗的重要

(二) 其他素養

藉由觀賞、參訪、閱讀、討論、活動與報告，將本課程所含括的範圍延伸到其他面向的公民素養，彼此相輔相成。

1. 納入人文精神、倫理素養的陶藝討論，讓「美」的理念追求與人文關懷的提升化為行動。包括：

(1)文化保護：文化資產的保護行動，為臺灣陶藝文化發聲（寫信給中外媒體或網路或UNESCO聯合國文教組織等），以及

(2)陶藝家訪談：訪談資深或傑出的陶藝家（從作品及創作理念中找出所描繪的倫理、人文情懷的美感畫面）。

2. 納入民主素養的創作題材，強調獨立自主及彼此尊重，以提升生活的和諧，並透過創作使人格的獨立自主能真正實現。包括：

(1)主題討論：陶藝創作智慧財產權的尊重，創作主題的多元性與自由性，以及

(2)創作：動手創製社會關懷意識的作品。

3. 納入媒體素養的陶藝報告，透過媒體平臺傳播臺灣陶藝的審美觀，並動手操作媒介科技。包括：

(1)陶藝記者（訪問鶯歌陶瓷博物館、臺灣陶藝家及陶藝產業等專業相關人士）。

(2)網路遊戲設計企劃書製作（運用臺灣現代陶藝的手法與臺灣民間風俗文化等故事為素材，設計網路遊戲），以及

(3)創作影片。

4. 納入科技素養，透過陶瓷作品製作所須之綜合材料、釉彩（化學氧化元素）、製作設備與技術等之認識，以及窯火燒製須千度高溫、控制技巧的簡單認識，讓學生明白高科技的進步，帶給陶藝創作的無限可能。包括：

(1)安排陶藝家到校或專車專案安排學生到窯場動手創作，並親眼參觀窯場燒製流程。

(2)科技進步帶給陶藝創作哪些素材的革新？

二、教學具體目標

(一)情意

　1. 能體會臺灣陶藝文化的美感，涵化生命關懷的人文觀念

　2. 能深度感受美的陶冶，養成人文精神

　3. 喜愛臺灣主題性的陶瓷藝術，樂於揮灑創作

(二)認知

　1. 了解臺灣陶藝文化的特色

　2. 能說出臺灣陶藝發展與生活文化的相關

　3. 能說出陶瓷綜合彩與當代陶藝的相關

　4. 能參與當代陶藝基本概念的討論

　5. 能了解陶藝著作權受保護的權利

(三)技能

　1. 能繪出臺灣陶藝發展概念圖

　2. 能彩繪陶藝作品

　3. 能創作陶藝簡易的作品

　4. 能設計陶藝主題之簡單網路遊戲

　5. 能操作網頁與他人溝通學習訊息

三、四大領域的主題與擬定討論題目，如下：

(一)傳統生活陶藝

　1. 本單元教學目標

　　(1)明瞭什麼是臺灣傳統的生活陶藝

　　(2)能說出傳統生活陶藝的特色

　　(3)能說出傳統生活陶藝與臺灣歷史文化的關係

　　(4)能繪出臺灣陶藝發展概略圖

　　(5)關愛臺灣陶藝歷史文化

　2. 教材重點

　　(1)臺灣傳統生活陶藝

　　(2)日用陶瓷、建築陶瓷、衛生陶瓷及藝術陶瓷的特色

　3. 分組討論題目

　　(1)什麼是臺灣傳統生活陶藝？其與生活文化及歷史發展
　　　有何關係？（本土先民唐山過臺灣，艱辛生活，陶藝
　　　製作與實際生活息息相關）

　　(2)臺灣傳統的日用器皿（例如：杯盤、茶具、缸甕、陶
　　　笛）、建築材料（壁磚、地磚、丁掛、三吋六）、衛
　　　浴設備、裝飾陶藝（花器、空間裝飾等），其特色為
　　　何？有何心得？

4. 評量作業

  (1) 請用電腦繪製臺灣陶藝與歷史發展概略圖

  (2) 指定閱讀心得報告

(二) 古典裝飾陶藝

  1. 本單元教學目標

  (1) 了解古典裝飾陶藝的意涵

  (2) 能說出何謂陶瓷青花、鬥彩、釉上彩、釉下彩、粉彩、古東洋風

  (3) 能說出青花作品與鬥彩的差異

  (4) 能區別釉上彩與釉下彩在製作過程及作品色彩上的差異

  (5) 可利用釉彩簡易揮灑陶繪

  (6) 喜愛古典裝飾彩繪陶藝品

  2. 教材重點

  (1) 青花

  (2) 鬥彩

  (3) 釉上彩、釉下彩

  (4) 古東洋風

  (5) 粉彩

  (6) 臺灣陶藝精品介紹

    已取得鶯歌陶瓷博物館、臺華窯及我家族陶藝產業，對教學用途的允許）

  (7) 臺灣新古典裝飾陶藝—法藍瓷個案介紹（位在學校旁，已聯絡其公關組張小姐，參訪相關事宜）

  3. 分組討論題目與報告（學生主動參訪或資訊蒐集）

  (1) 什麼是古典裝飾陶藝？其特色為何？

  (2) 釉彩裝飾：何謂青花？鬥彩？釉上彩？釉下彩？粉彩？古東洋風？

  (3) 臺灣陶藝精品：

    青花與鬥彩的色彩與風味有何不同？

    釉上彩與釉下彩製作過程有何差異？

    古東洋風的特殊風味？

    粉彩的特殊質感？

  (4) 你認為本土極成功的陶藝產業——法藍瓷（Franz）為例其陶藝作品有何特色（例如：百子蓮系列、蘭陽風情、親子關係）？有何優缺點？其經營成功關鍵因素為何？對你的啟示呢？

4. 單元評量

(1)分組報告討論的主題（結論及體驗心得）

(2)每位同學繳交陶瓷釉彩作品至少一件

(3)指定閱讀心得報告

(三) 現代創意陶藝

1. 單元教學目標

(1)了解臺灣現代陶藝的特色

(2)明瞭陶瓷綜合彩的基本概念

(3)了解綜合彩的美學特徵

(4)能說出陶瓷綜合彩與現代陶藝的關係

(5)能對臺灣現代陶藝家作品簡單評論

(6)喜歡臺灣現代陶藝作品

(7)願意動手動腦創作陶藝品

(8)學生提高了人文概念與人道精神

2. 教材重點

(1)現代創意陶藝的特色

(2)何謂綜合彩？其與現代陶藝的關係

(3)臺灣傑出陶藝家及其作品介紹（邱煥堂、吳讓農、吳
進風等）

(4)2012、2010、2008年鶯歌陶博館國際雙年展現代陶
藝品賞析（取得鶯歌陶瓷博物館用於純教學之同意公
函）

(5)我也可以動手動腦來創陶

(6)安排學生在校內或前往鶯歌陶瓷工作坊實作，動手動
腦創意陶

***(7)陶藝與人文、現代陶藝與人文精神

3. 分組討論題目

(1)什麼是綜合彩？有何特徵？其與現代陶藝的關係？

(2)試討論獲陶藝終身獎的邱煥堂教授的陶藝創作風格特
色（例如：社會人文關懷、蘋果系列、太空系列等）

(3)吳讓農陶藝家的創意淋釉系列等

(4)討論陶藝作品盜版、抄襲仿製、網路下載mp4等新傳
播方式，以及消費漸普及化、風格國際化等現象

4. 單元評量

(1)分組報告——現代陶藝與臺灣文化的關係

(2)每位學生的作業：現代陶藝與人文精神

(3)指定閱讀心得報告

(四) 臺灣窯場之美

　1. 單元目標

　(1)了解新北市立鶯歌陶瓷博物館的教育功能

　(2)了解新北市立鶯歌陶瓷博物館的陶瓷建築美

　(3)能說出華陶窯設立的文化背景及窯圍之美

　(4)可以比較蛇窯與華陶窯的風情差異

　(5)能說出臺華窯陶藝作品的特色

　(6)能說出法藍瓷與臺華窯陶藝品的風格特色異同

　(7)能應用臺灣窯場美的文化設計網上遊戲

　(8)能珍惜臺灣傳統與現代陶藝之美

　2. 教學重點

　(1)鶯歌陶瓷博物館

　(2)苗栗華陶窯

　(3)竹南蛇窯

　(4)鶯歌臺華窯

　(5)法藍瓷

　(6)安排全體師生實際參訪窯場

　3. 討論題目

　(1)比較鶯歌陶瓷博物館與鶯歌臺華窯，在經營目標、功能、陶藝作品上的差異？

　(2)苗栗華陶窯與竹南蛇窯，陶藝作品及窯場風格的比較？

　(3)鶯歌新興之臺華窯（建國百年系列、藝術家彩繪、外賓國禮作品等），其陶藝作品特色、產業經營成功之道為何？

　(4)心得體會如何？

　(5)對未來職場或生涯發展有何啓示？

　(6)參訪法藍瓷陶藝公司的體驗心得？

　4. 單元評量

　(1)對臺灣陶藝文化發展的前景與建議，並將其掛在網頁上分享

　(2)指定閱讀心得報告

三、教學進度及內容規劃（說明每週之課程設計與內容安排，如有校外演講者，請載明其姓名、單位及職稱）	週次	課程內容	指定閱讀
	第1週	課程介紹 師生互相認識 教學計畫（師生共同討論） **課程內容設計說明： 1. 爲讓學生了解本課程教學目標與學習目的 2. 尊重學生意見，師生共同討論教學計畫 3. 師生互相認識，增進情誼	教學計畫
	第2週	【臺灣陶藝】 總論（連接過去、開啓未來） 小組1～繪製臺灣陶藝發展概念圖 **課程內容設計說明： 1. 增進學生對臺灣陶藝歷史文化的了解 2. 啓發學生對臺灣陶藝文化發展的前瞻 3. 預期達成(三)1、(二)1.2.3、(三)1.2.的教學具體目標	1. 新北市立鶯歌陶瓷博物館網站 2. 謝東山臺灣現代陶藝發展史 3. 臺灣百年・陶瓷・北投燒：臺灣現代陶瓷的故事
	第3週	【傳統生活陶瓷】 介紹生活應用陶瓷之特色 原住民古陶瓷、日用陶瓷、建築陶瓷、衛生陶瓷及藝術陶瓷、交趾陶等 小組2～蒐集傳統陶瓷、日用陶瓷、建築陶等資料，攝影作品展示、專題心得報告。 **課程內容設計說明： 1. 學生能了解臺灣傳統日常生活陶藝 2. 閱覽相關網站及指定的書刊，擴展學生視野 3. 學生動手攝影及專題報告，強化做中學 4. 單元教學評量 5. 預期達成傳統生活陶瓷1(1)～(5)的單元目標	1. 陳新上。臺灣的民用陶瓷器 2. 後山陶藝網站及其連結網 3. 臺灣陶藝網（中華民國陶藝協會專業網站） 4. 吳念凡。臺灣小吃與創意餐具 5. 陳秀珠。醬缸文化、臺灣味

		校外演講者　林清平教授 **課程內容設計說明： 1. 臺北教育大學陶瓷課程專任教授，本校駐校陶藝家 2. 講題：陶藝與茶藝 3. 目的讓學生較深入了解臺灣茶壺與臺灣茶道，提升對臺灣生活文化的認識，進而修心增加人文氣息 4. 上網閱覽網站上的生活與茶具陶藝品，感受陶藝家創作之巧思，進而學習效仿 5. 預期達成(一)1.2.3.、(二)1.2.、(三)3.的教學具體目標	1. 市拿陶藝網 2. 安達窯 3. 海堂陶藝網
	第4週		
	第5週	【古典裝飾陶藝】 臺灣陶藝作品賞析 釉彩與造形裝飾重點說明與討論 陶藝創作品的智慧權 小組3～文化資產的保護行動（寫信給媒體、政府單位或UNESCO聯合國文教組織） **課程內容設計說明： 1. 讓學生能了解臺灣古典陶藝裝飾的優美與華麗 2. 加強學生較易了解的釉色與外在造形兩方面 3. 為鼓勵學生保護臺灣特有陶藝資產，疼惜鄉土的精神文化，因此設計此活動 4. 指定閱讀相關書刊、網站以增加學生對釉藥、青花、陶藝基本技法等的認識 5. 預期達成1(1)～(3)古典裝飾陶藝的單元目標	1. 市拿陶藝網站 2. 范振金。陶藝釉藥學 3. 楊莉莉。青花網站及 4. 美濃窯網站等 5. 李亮一。陶藝技法

	第6週	【新古典裝飾陶藝】 什麼是臺灣古典裝飾陶藝？ 什麼是臺灣新古典裝飾陶藝？ 小組4～訪談資深臺灣陶藝長輩（從陶藝創作歷程中，找出所描繪的鄉土畫面）或參訪學校旁之法藍瓷陶藝公司及工廠 其陶藝作品有何特色（例如：百子蓮系列、蘭陽風情、親子關係、赤子系列、臺灣蘭花等）？有何優缺點？其經營成功關鍵因素為何？學生發表心得與深度體認 **課程內容設計說明： 1. 安排訪談資深陶藝家，以加強學生對臺灣陶藝發展與創作或產業實質的認識 2. 安排參訪學校旁經營頗具特色的陶藝文化創意產業，深化學生的認知與體會 3. 已獲法藍瓷公司授權教學用圖檔使用 4. 相關指定閱覽，提高學生的認識與興趣 5. 網路專題討論或心得分享 6. 預期達成(3)～(6)單元教學目標	上網閱覽 1. 法藍瓷公司網站 2. 安達窯及 3. 祥鑫陶藝公司
	第7週	校外演講者　網路遊戲講師 或陶瓷藝術創作智慧財產權 **課程內容設計說明： 1. 講題：網路遊戲系統架構與規劃 2. 或聘請國立科技大學管理研究所陳曉慧教授，蒞校演講 3. 講題：著作權使用相關問題研討 4. 作業：聽演講後心得報告，以網路同步討論之 5. 預期達成（一）1.2.、（二）5.、(三)4.5.教學具體目標	1. 陶藝雜誌2010 and 2011年期（2001獲國家金鼎獎）

	第8週	【古典裝飾陶藝】 臺灣近半世紀裝飾陶藝風華 臺灣當代陶藝家作品賞析 **課程內容設計說明： 1. 陶藝作品賞析心得報告 2. 小組5～網路遊戲設計企劃書（運用臺灣近百年陶藝特色或窯場與民間故事爲素材，設計網路遊戲） 3. 教材採用鶯歌陶瓷博物館及臺華窯相關作者圖檔說明（已公函取得其用在教學之同意）、教師自編相關教材 4. 單元教學評量，以網路作業實施之 5. 預期達成(1)～(6)單元教學目標	1. 臺灣陶藝網（中華民國陶藝協會所建立的陶藝專業網站） 2. 陳新上。吳讓農紀念展 3. 任課教師編寫之教材
	第9週	期中報告 小組報告～網路遊戲設計企劃 說明： 1. 爲評量學生對臺灣陶藝文化的認知能力及其運用網路媒體，揮灑青年學生的創意 2. 學生學習合作、群體尊重的人文概念 3. 預期達成(一)1.2.3.、(二)1.2.5.、(三)3.4.5.教學具體目標	
	第10週	【臺灣窯場之美】 安排全班參訪鶯歌陶瓷博物館窯場、老街及年輕前衛陶藝創作工作坊 **課程內容設計說明： 1. 爲配合學生期末學習及課業壓力，窯場參觀安排在期中考後 2. 小組6～參觀與訪視心得體驗報告與評論網路作業與主題討論 3. 預期達成臺灣窯場之美(1)(2)(7)(8)單元目標	1. 臺灣陶藝聚落 Taiwan Clay Art Tribes 2. 新北市立鶯歌陶瓷博物館

		校外參訪 **課程內容設計說明： 1. 安排全班參訪鶯歌陶瓷博物館、臺灣歷史較久之苗栗華陶窯及竹南蛇窯 2. 小組7～陶藝記者（訪問兩窯場創辦或經營人士） 3. 作業：參訪心得報告，網路上進行主題討論與作業 4. 師生參訪經費擬由教育部專款補助支應 5. 預期達成臺灣窯場之美(3)(4)(7)(8)單元目標	1. 臺灣窯場DVD，鶯歌陶瓷博物館製售 2. 華陶窯專業網站 3. 水里蛇窯專業網站 4. 孫超。窯火中的創造
第11週			
第12週		【臺灣窯場之美】 **課程內容設計說明： 1. 專車安排學生至臺華窯 2. 臺華窯陶藝精品觀賞、聽解說、思考判斷 3. 小組8～臺華窯陶藝創作及多元經營特色 4. 參觀與訪視心得體驗報告 5. 將照片、資訊與報告，掛在網路專區，教學互動 6. 參訪經費擬由教育部專款補助項下支應 7. 預期達成臺灣窯場之美(5)(6)(7)(8)單元目標	1. 臺華窯網站 2. 臺華陶藝精品手冊（2010、2011-2018）
第13週		【現代創意陶藝】 **課程內容設計說明： 1. 何謂陶瓷綜合彩？其與現代陶藝創作之關係 2. 臺灣第四屆陶瓷金質獎作品賞析 3. 2010、2012、2014、2016、及最新2018國際雙年陶藝創作獎作品賞析 4. 2016 2018臺灣金壺獎陶藝設計獎作品賞析	作品事先取得鶯歌陶博館用在學生教學之同意書 1. 陶瓷綜合彩由五行圖書出版，2005 2. 莊秀玲。臺灣當代陶瓷文化

		*5. 專題討論：現代陶藝與人文精神 6. 小組9全部學生分組討論、師生共同評論、教師綜合指導 7. 指定閱讀心得分享，掛在網路討論 8. 預期達成(1)～(4)單元教學目標	3. 文建會官方網站 4. 臺灣陶藝網（中華民國陶藝協會所建立的陶藝專業網站）
	第14週	【現代創意陶藝】 **課程內容設計說明： 1. 臺灣傑出彩繪陶藝家作品及其生平簡介 2. 任課卓秀冬老師現代陶藝作品實例介紹創意陶、青花及釉下彩作品 3. 教師自編相關之教材 4. 作業：學生的評語與反思 5. 指定閱讀心得報告，掛網路分享或共同討論 6. 預期達成(1)～(5)單元目標	1. 楊莉莉青花網、輕鬆畫室 2. 臺華窯陶藝彩繪網 3. 采意文化創意 cccb.com.tw 4. 陳庭宣。臺灣瑰寶·現代釉藥 5. 黃麗蘭。青花艷評鑑展
	第15週	【現代創意陶藝】 **課程內容設計說明： 1. 安排校外陶藝創作家來校演講 2. 「動手動腦來創陶」工作坊(一) 3. 駐校陶藝家也是臺北教育大學陶瓷課程教授，林清平教授 4. 或青花彩繪資深陶藝家楊莉莉女士；楊女士是鶯歌「楊莉莉青花工作室」負責人，作品獲獎無數，青花彩繪技巧出神入化，作品為陶藝收藏家爭相收購 5. 講題：自由自在、快樂輕鬆創作現代陶 6. 作業：閱讀心得報告擇優掛在網路上，共同分享 7. 預期達成(4)～(8)單元目標	1. 苗栗陶瓷文物數位博物館 2. 交趾陶藝術 3. 第10-15屆臺灣陶藝創作獎（2011-2018）鶯歌陶瓷博物館發行 4. 臺灣現代陶藝賞析（劉鎮洲教授）

		【現代創意陶藝】 **課程內容設計說明： 1. 邀請彩繪陶藝專家，蒞校實際釉藥彩繪教學 　擬請楊莉莉老師或臺華窯資深技師蒞校教學 2. 「動手動腦來創陶」工作坊(二) 　我也可以來創陶（設陶藝巧手獎） 3. 小組10～彙集傑出創作品Po網頁分享 4. 指定閱讀網路討論與測驗 5. 預期達成(4)～(8)單元目標	學生獎品及相關費用擬由教育部專款補助 1. 臺灣陶藝網 2. 吳毓堂陶藝網。 3. 陶藝雜誌2011、2016、2018年期
第16週			
第17週		【現代創意陶藝】 **課程內容設計說明： 1. 臺灣陶藝的未來與建議 2. 臺灣創意陶藝產業前景 3. 任課教師編選之教材 4. 蒐集資訊並訪問臺灣產業人士 5. 學生研討並做記錄影片 6. 小組11～DVD影片製作 7. 指定閱讀心得網路上分享 8. ***期末對教師及教學助理評量 9. 預期達成(1)～(8)單元目標	1. 百年風華。鶯歌陶瓷博物館發行 2. 臺北故宮博物館 3. 陶藝雙年展專網 4. 臺灣陶藝金壺獎作品專網 5. 鶯歌陶瓷博物館電子季刊網（特別是30期以後各季期，2010～2018）
第18週		期中報告 **課程內容設計說明： 1. 期末心得體悟總報告 2. 學生陶藝創作品發並掛在網頁上討論分享	

四、教學助理
規劃
	教學助理之規劃：
	(一)教學助理：以校外陶瓷研究生為主（待聘）
	  1.負責分組討論並評分（事先說明討論方式與主題、協助指導蒐集資料的方向、討論時帶領並隨時參與同學討論）
	  2.協助分組陶藝活動並評分（事先參與陶藝活動的內容設計與執行方式，協助陶藝活動的實施並帶領同學參與活動）
	  3.分組討論及分組活動後，課堂中抽選幾組上臺報告，並督促整理成紀錄，隨時評估成效，以做調整
	  4.線上討論的管理，並隨時向老師回報狀況
	  5.督導學生完成小組討論筆記、分組作業、線上討論等事宜
	  6.蒐集陶藝展覽、創作、現代陶藝研究的新聞議題，引導學生關心議題並且閱讀思考
	  7.整理校外演講者的內容
	  8.撰寫課程觀察紀錄
	  9.各種教學器材、視廳教室等場地的借用事宜
	(二)教學助理的訓練
	  1.整個課程進行前，向教學助理充分說明課程設計的理念與目標、進行的流程、負責的工作
	  2.指導其蒐集、閱讀、準備課程所需的資料
	  3.課前，務必使其掌握每個討論問題與陶藝活動的學習目標
	  4.隨時了解學生分組討論與分組活動的現場、筆記的記錄、上線討論等狀況，評量其成效，若有問題，立即協調解決
	  5.課後，檢討彼此配合狀況，隨時溝通各種問題

五、指定用書	指定閱讀與陶藝展覽：
	(一)指定閱讀教材
	  1.自編講義：強調臺灣陶藝發展史、現代陶藝與人文精神
	  2.陶瓷綜合彩。張學文編著（2005）。五行圖書公司發行指定為上課主要閱讀書籍
	  3.陶藝辭彙：作為指定工具書，養成學生上課前先查閱相關概念的學習習慣

	4. 電子資源：以文建會、臺灣陶藝網、故宮博物館陶藝專網、新北市立鶯歌陶瓷博物館網站、苗栗陶瓷文物數位博物館網爲基礎，法蘭瓷陶瓷公司、華陶窯、水里蛇窯、臺華窯、安達窯、祥鑫陶藝、市拿陶藝、宜品陶瓷公司、後山陶藝、劉鎮洲陶藝、張繼陶陶藝、王修功陶藝、曾明男陶藝、劉良祐網、臺灣陶藝聚落、采意文化創意等爲輔，並篩選有公信力、專業人士所撰寫的文章作爲本課程的指定閱讀教材，運用便利的網路資源，讓學習資源的取得更爲便利 5. 延伸閱讀：每個主題的後面會列出三篇延伸閱讀書刊或網站，提供同學們更深入研究該單元的管道 (二) 指定教材 　　配合每週主題安排教材，請同學在上課前先預習過。包括： 　　曾明男著。現代陶。藝術圖書公司印行 　　張學文（2001）。陶瓷綜合彩。五行圖書發行 　　閱覽鶯歌陶瓷博物館陶藝電子季刊、電子報、臺灣陶藝網資訊網相關訊息等
六、參考書籍	鶯歌陶瓷博物館官網及網路相關資料。 臺華陶瓷有限公司（2010）。陶瓷精品手冊 李亮一（1985）。陶藝技法1、2、3。雄獅美術出版 吳念凡（2006）。臺灣小吃與創意餐具的對話。新北市鶯歌陶瓷博物館 吳進風（2002）。土、臺灣、當代陶藝展。新北市鶯歌陶瓷博物館 吳進風（2003）。臺灣彩繪陶瓷展──古意新研。新北市立鶯歌陶瓷博物館 范振金（2009）。陶藝釉藥學。新北市鶯歌陶瓷博物館 孫超（2009）。窯火中的創造。新北市立鶯歌陶瓷博物館 陳秀珠（2002）。臺灣傳統絕技交趾陶。新北市立鶯歌陶瓷博物館 陳秀珠（2003）。醬缸文化、臺灣味。新北市立鶯歌陶瓷博物館 陳庭宣（2008）。臺灣瑰寶・現代釉藥。新北市立鶯歌陶瓷博物館

陳庭宣（2011）。百年風華──臺灣陶瓷品牌經典特展。新北市立鶯歌陶瓷博物館

陳新上（1999）。臺灣的民用陶瓷器。新北市立鶯歌陶瓷博物館

陳新上（2010）。吳讓農紀念回顧展。新北市立鶯歌陶瓷博物館

陳新上（2011）。臺灣百年、陶瓷、北投窯：臺灣現代陶瓷的故事。新北市立鶯歌陶瓷博物館

曾明男（1986）。現代陶。藝術圖書公司印行

陳廷宣（2011）。百年風華──臺灣陶瓷品牌經典特展。新北市立鶯歌陶瓷博物館

莊秀玲（2009）。臺灣當代陶瓷文化。新北市立鶯歌陶瓷博物館

黃麗蘭（2009）。青花艷評鑑展。新北市立鶯歌陶瓷博物館

黃妃珊（2011）。第七屆臺北陶藝獎（成就獎）。新北市立鶯歌陶瓷博物館

黃妃珊（2011）。第七屆臺灣陶藝獎（創作獎）。新北市立鶯歌陶瓷博物館

陶藝雜誌2010～2011年各期。五行圖書發行

楊維富、何姚如（1992）。陶藝釉彩技法。南天書局有限公司

國立臺灣藝術教育編印（1996）。陶藝與生活

陶藝雜誌 2010～2011。五行圖書發行

蘇世德（2011）。2011創意生活、陶瓷新品評鑑展。新北市立鶯歌陶瓷博物

劉鎮州。臺灣現代陶藝賞析。劉鎮洲陶藝網站

謝東山（2008）。臺灣現代陶藝發展史。鶯歌陶瓷博物館發行

臺灣現代美術大系──經典陶藝（2008-2018）。鶯歌陶瓷博物館行銷

閱覽上述各電子資源網站

七、作業設計	(一)作業設計
	1.陶藝地圖：繪製臺灣陶藝概念圖
	2.陶藝資產：文化資產的保護行動
	3.承先啟後：訪談長輩的創陶記憶
	4.創意天地：陶藝作品自由自在作
	5.陶聲陶影：創作影片
	(二)活動設計
	1.集思廣義：分組主題討論

	2. 陶藝記者：臺灣陶藝記者（訪問資深陶藝家或產業經營人士） 3. 陶藝天地：陶藝學習的經驗交流，分組討論，錄製影片 4. 陶藝之旅：臺灣陶瓷窯場巡禮 5. 揮灑陶藝：動手動腦來創陶 (三) 報告設計 　藝起陶心—— 1. 網路遊戲設計企劃 2. 影片創作 3. 期末報告網站發表設計
八、成績考核	(一) 平時成績：60% 　1. 課程參與　20%　學習態度、隨堂筆記、參與課堂討論、線上討論 　2. 小組活動　20%　小組活動的參與、小組討論的筆記 　3. 作業　　　10%　個人及小組作業的繳交 (二) 期中報告：20%　網路遊戲設計企劃 (三) 期末報告：30%　創作品及期末網站發表設計 (四) 加分： 　撰寫課後延伸閱讀的心得或報導文章，每篇加平時成績2分，優秀文稿將刊登在本課程的網站上。 （以上評分，教師評分占75%，教學助理評分占25%）
九、課程網頁 　　規劃	〔建製中〕網址：http:// 預計請網站助理設置具有以下幾個區域的網站： 1. 公告區：公布課程進行的各項事務 2. 課程區：課程簡介、課程大綱、上課講義、討論主題、課程活動、演講資料、課程實況、問卷調查與建議等 3. 陶藝週報：蒐集陶藝議題的新聞，供學生了解與思考，並鼓勵學生撰寫臺灣近百年陶藝發展訪談等文章 4. 陶藝人物剪影：介紹陶藝家、陶瓷精營者、臺灣拉坯老師傅、釉藥專家、材燒師傅等人物的成就與生平 5. 臺灣陶藝專區：設有臺灣傳統日用陶瓷、古典裝飾陶藝、現代創意陶藝、臺灣窯場之美等主題，介紹其發展源流與相關新聞議題 6. 討論區：配合單元主題進行課後討論，以及課程問題的解決

	7. 作業區：學生個人作業、小組作業、精華作品觀摩園地等
	8. 連結區：連結相關網站，以開擴學生視野
	9. 教學團隊：授課老師、教學助理、網站助理等人的介紹
	10. Hot最新訊息：當下最新、最熱陶藝相關訊息
十、創意及特殊規劃	創意及特殊規劃： 1. 延伸閱讀：每個單元後附上二至三篇延伸閱讀，提供同學們更深入研究該單元的管道。 2. 隨堂筆記：每堂課後利用10分鐘的時間請同學們寫隨堂筆記，一方面讓同學回憶課堂所學、加強印象；一方面讓老師及助理了解同學們的吸收狀況。如有不清楚處，於下堂課再次複習或利用網路討論區討論補充。 3. 陶藝活動：配合主題，安排適當的小組活動，將學生引入陶藝之美活動中，除激發同學陶藝美的多元感受外，同時也培養個人與團隊默契的表現力。 4. 現代陶藝展覽會：結合每學期的通識藝文活動，舉辦陶藝作品展覽活動，並藉此難得機會，邀請陶藝家走進教室，與同學近距離談話。（100學年第1、2學期，已聘請到駐校陶藝家林清平教授） 5. 參觀訪問：安排師生前往臺北市內湖法藍瓷陶藝公司、新北市鶯歌陶瓷博物館、苗栗華陶窯、竹南蛇窯等實際參觀體驗。 6. 善用社區資源：與學校旁之法藍瓷陶藝公司、鶯歌陶瓷博物館、故宮博物館、鶯歌臺華窯等取得教學、參訪、實習與人力、物力支援之長期共識。 7. 具體教學目標：依教學目標，具體設計主要四大領域之單元目標。 8. 對教師的教學評量：公開、民主、尊重學生意見及感受，作為教學改進的重要參考。
十一、永續經營的策略	課程網站： 1. 課程執行結束後，將本課程網站掛在本校通識中心網頁之下，並安排專員定期回覆造訪人士的相關問題。 2. 持續蒐集臺灣陶藝的最新資訊，固定每三個月即更新一次，並呈現各主題最新資訊，期成為臺灣陶藝教學資源的交流平臺。 3. 本網站將作為陸續開設相關課程，國際間及臺灣校內、校外專業人士發表意見、師生教學互動的平臺。

十二、計畫主持人最近三年執行及申請之本部案件清單與計畫摘要					
計畫名稱	計畫期程	經費來源	計畫摘要	申請中／執行中／ 其他＿＿（請說明）	備註
（未申請）	未申請				

十三、本次申請之計畫如已向其他單位申請補助經費者，說明其經費來源；未向其他單位申請者，提具聲明。
　　　***本申請計畫確實未向其他單位申請任何補助，特此申明。

十四、其他補充資料（資料若無法寫入本欄位，得於本欄位列出資料名稱後獨立檢附）
　　　詳如附件

第十三章

偏遠地區國民小學
教師任用課題探究

梁金盛

　　名不正則言不順，言不順則事不成，事不成則禮樂不興，
禮樂不興則刑罰不中，刑罰不中則民無所措手足。（《論語‧
子路》）

壹　緒言

　　大多數人都不會否認，小學老師是人生中相當重要的啟發者，這也是小學教師的素質一直被重視的主要原因。2018 年 10 月 4-5 日在法國巴黎召開的世界教師日國際會議中，以「受教權就是擁有合格教師的權利」（The right to education means the right to a qualified teacher）為主題，旨在提醒國際社會：合格教學人員是實現受教權的基礎（楊智強，2018）。雖依據《國民小學與國民中學班級編制及教職員員額編制準則》第 3 條第 2 款規定：國民小學得視需要，在不超過全校教師員額編制數 8% 範圍內，將專任員額控留，改聘代理教師、兼任、代課教師、教學支援工作人員或輔助教學工作之臨時人員，但學校教師員額編制 12 人以下者，得將專任員額控留一人改聘之；其控留員額為二人以上者，至少半數員額應改聘代理教師。然而教育部師資培育暨藝術教育司（2018：177-201）公布的資料顯示：106 學年度之全國教師國民小學任教之代理教師人數有 11,196 人，占全部國民小學教師總數的 11.9%。另花蓮縣政府教育處（2018）統計的結果，107 學年度國民小學普通班的代理教師計有 441 人（含未具合格教師資格者），占全部教師員額的 31.1%。從這些現況可以得知，不管是全國或是個別縣市，在國民小學階段正式聘用之專職教師的比例都未能達到教育部公布的《國民小學與國民中學班級編制及教職員員額編制準則》的要求，尤其是偏遠縣市的情形更為嚴重。

　　臺灣地區的國民小學教師任用在 85 學年度（民國 86 年 7 月 31 日起）之前係採用派任制，亦即國民小學教師之員額控管係由教育主管機關負責，由縣市政府教育局統一辦理甄選、分發及遷調作業，惟自 86 學年度起，依照《教師法》第 11 條的規定，除了公費生或介聘分發者外，高級中等以下學校教師之聘用，應經學校教師評審委員會審查通過

後由校長聘任之。亦即將國民小學教師之任用改爲由學校組成教師評審委員會辦理教師甄選，由校長聘任的制度。辦理初期均由出缺學校辦理爲主，造成部分偏遠地區小型學校於暑假期間爲辦理教師甄選而苦不堪言，因爲整個暑假幾乎都在辦理正式教師、代理教師、代課教師、兼課教師等等教師聘用的業務而忙碌，逐漸形成學校自辦、聯合數校合辦、委託縣市主管教育單位辦理等形式的教師甄選戲碼。最主要的是教師甄選的權責，已因《教師法》及《學校教師評審委員設置辦法》的公布實施落在學校本身，爲何這幾年下來，學校竟然有這麼多的代理、代課教師，其問題實值得加以重視。以下即就偏遠地區國民小學教師聘用課題進行探究。

貳　國民小學教師任用制度的類別

鄺執中（1999）指出我國國民小學教師之任用制度分爲眞空期（1911-1917）、派任期（1918-1927）、混合期（1928-1947）、派任期（1948-1995），以及聘任期（1995-）等五個時期，可知在 1995 年以前，我國係採派任時期，研究者初任時恰爲該時期，且該時期的國民小學師資培育係採公辦的單一的公費制度，修畢國小師資培育課程（含實習課程），即由教育部（或臺灣省政府教育廳、北高二市政府教育局）分發到國民小學任教，教師拿到的是沒有服務期限的派令，學校的員額亦由地方政府主管教育行政機關掌控，遇有缺額時，由地方教育主管機關辦理調動事宜，教師所拿到的也是沒有任職期限的派令。但在 1995 年《教師法》公布後，教師的任用於該法第 11 條已明訂由學校組成之教師評審委員會審查通過後由校長聘任之，亦即所謂的聘任制度。雖然《師資培育法》第 14 條規定師資培育分自費並兼採公費二類，有關公費培育者之分發由教育部訂定，又依《師資培育公費助學金及分發服務辦法》第 15 條規定，公費合格教師之分發依《教師法》第 11 條第一項規定，免經教師評審委員會審查，亦即有分派之意，但缺額已在各國民小學，造成地方主管教育行政機關要分發公費生到國民小學時有其難處，影響到公費生培育制度的實施。以下即就派任制與聘任制分別說明如下：

一、派用制度

派任制度係由學校的上級主管教育行政機關負責最終責任，員額由主管教育行政機關掌控，教師任用的調動亦由教育行政主管機關訂定辦法，再由地方教育行政主管機關訂定執行要點實施，分發派任時，重視的是有沒有缺額和基本條件（是否具有合格教師證書）。此種制度被詬病的是學校辦學負責人（校長）沒有用人權，既然沒有用人權，還要校長負教育成敗之責，實不合理。尤其是在師資培育不足情形下，偏遠地區學校的校長對此制度表示苦不堪言，研究者曾於 1989 年間擔任花蓮縣政府教育局學務管理課的課長，就有偏遠地區學校的校長向我提及，他的學校服務年資最久的是學校的工友，其次是校長，因當時的教師調動規定，尤其是外縣市調動，偏遠地區的女老師服務半年即可調動，男老師則服務滿一年即可調動，所以他每年都是接新派任沒有教學經驗的老師，女老師半年就調任他縣市服務，男老師則一年期滿也順利調校服務，讓他不但無法做長遠的學校發展計畫，也對學生的學習產生不利的影響，因為學生每年都要面對不熟練教學現場的新老師。

二、聘用制度

教師聘任制度的精神即在於學校與教師間基於平等的立場，學校有缺額時，為尋找合適的人選，提出徵才的條件，有意到該校服務者也必須衡量個人的特色與能力，備妥相關履歷資料，送到徵才的學校爭取服務的機會，獲得任職機會後由校長依法聘任之。看來此制度學校應該可以找到他所需要的人才，個人也可以找到他的理想任職場域，是相當好的設計。然而，國民小學在進行教師甄選的過程中，雖然是具合格教師資格者眾的情形下，都市型的學校會遇到相當多的競爭者，有現任的教師，亦有候任者（具合格教師證書尚未取得任教職位）。反觀偏遠地區學校，則相較之下顯得冷清，若有參與者，幾乎都是候任者。甚至偏遠地區學校因無人問津，還須辦理第 1 次（具合格教師證書者）、第 2 次（修畢師資職前教育未取得合格教師證書者），或者第 3 次（大學畢業者）甄選代理、代課教師的作業，加上因教師生涯規劃需要辦理的

縣內積分調動，使得偏遠地區國民小學未蒙聘任之利，先受其害。另外，因聘任制度於聘書上訂有聘期，也予人有確定感，尤其是《教師法》第 15 條規定因減班併校等因素，致發生超額教師時，應優先輔導適合其職務者任職，如輔導無法完成則予以資遣。

基於學校本身的經營與發展，以及教師個人意願等立場論之，國民小學教師任用採取聘任制度才是最爲合適的方式，但是，學校的存在是因爲有學生，學生人數決定學校的班級規模，班級數又直接影響到教師任用人數。由於近十餘年來，多項政策（例如：新設學校、降低國民小學班級人數、提高教師員額編制數、減輕教師授課負擔、輔導教師設置等）的影響程度幾乎已到了極限，使得少子女化與都市化的兩項因素，對偏遠地區國民小學的學生人數影響更爲明顯。

從教育部（2018）統計資料顯示的小規模國中小縣市別分布得知，2017 年國小六班（含）以下的校數有 1,041 校，占全部校數（2,630 校）的 39.6%；另就國民小學之全校總學生人數來看，106 學年度全校人數 100 人以下者計 527 校，占全部國民小學校數 2,661 校的 44.9%，而 50 人以下者計 453 校，占全部校數的 17.0%，另 20 人以下者有 54 校，占 2.0%。至於花蓮縣政府教育處（2018）的資料顯示（不含特殊教育班級和私立學校或國立學校），全縣的公立國民小學計 101 所，六班以下計 78 校，占全部校數的 77.2%；另從學生人數來看，全校總人數 100 人以下者 73 校，占全部校數的 72.3%，50 人以下者計 50 校，占 49.5%，20 人以下者 7 校，占 6.9%。可知我國國民小學的小型學校所占比例已接近半數，這些小校大都係偏遠地區學校。

臺灣地區少子女化的情形已於 2010 年顯現緩和現象（當年新生兒出生數爲 16 萬 6,686 人，此後這幾年的新生兒人數都超過此數目），但是都市化的腳步仍未見止步，以 107 學年度爲例，花蓮縣即有 4 所國民小學一年級新生人數爲 2 人，2 所國民小學一年級新生人數僅 1 人，且有一所國民小學新生人數掛零，因沒有學生就讀，勢必減少該班的教師編制數，這也是目前偏遠地區國民小學不敢招聘教師的主要原因之一。加上偏鄉縣市的小型學校占的比例甚多，爲免因入學人數不斷減

少，甚至無法成班造成超額教師處理的難題，暫緩招聘新進教師，又為教師的生涯規劃的需求，辦理縣的教師積分調動，此種舉措顯現的是偏遠地區學校的教師調往都市地區，以花蓮縣為例，縣內教師的積分調動幾乎全是申請調動到花蓮市、吉安鄉的學校服務，也讓偏遠地區國民小學的正式合格教師偏低的現象更加嚴重。

2018 年世界教師日國際會議中以受教權就是擁有合格教師的權利，的確值得讓人深思，研究者曾任職於國民小學，也曾調任到都市地區的國民小學服務，記得到全縣班級數和學生人數最多的國民小學上班的第一天上課前，因為係自然科學任課教師，我正忙著準備上課時要用的教具，一位資深的自然科學教師笑著對我說「不要再忙了，你再怎麼忙，學生的表現還是一樣的。」我回以「那怎麼可能？」他回以「你不知道嗎？你很認真準備教學，學生的學習表現當然會好啊！如果你不認真準備教學，學生學得不夠好，那家長就會自力救濟啊！」我不解地問：「什麼是自力救濟？」他回以「就是找家教補習啊！」我回應這種做法是不對的。問題是都市地區的父母會對子女的教育採取補救措施，那偏遠地區的兒童呢？顯然地，偏遠地區學童擁有正式合格教師的需求更為迫切。為了避免學校在聘用正式合格教師後減班超額教師處理的問題，採行派任制似可解決此一難題。

參 偏遠地區國民小學正式教師任用的困境

自從 86 學年度起國民小學教師的任用改採聘用制度，可說將用人權回歸到用人單位，而用人單位理應最為了解學校的組織目標、發展需求、用人專長，但是用人這件事並不是這麼單純。因為自民國 92 年起，少子化對國民小學的影響逐漸明朗，學校因學生人數減少，造成減班減額情形日益嚴重，超額教師處理也成為棘手的問題，使得員額控管日見緊縮，雖然偏遠地區小型學校大都一個年級只有一班，仍會面臨裁班併校的威脅，也不敢冒然的徵聘正式教師。又因教師之生涯規劃、家庭生活等需求，而有縣內介聘的行動，主要都是從偏遠地區介聘到市區附近，造成偏遠地區國民小學正式教師不多。多年未甄選教師的花蓮縣，於 104 年間甄選了 8 位正式教師，雖名為數校聯合甄選，實則

由花蓮縣政府教育處主導，其中有 2 位新考上的教師由同一個學校聘用，因為該校除校長外，有 2 位正式聘用教師分別擔任教導和總務主任，又於 103 學年度時考上儲備校長，必須到花蓮縣政府教育處實習一年，又逢校長遴選至他校，造成全校沒有任何一位合格教師，權宜之計是其中一位儲備校長留在學校當代理校長，主任以下全部都由代理教師代理，至 104 學年度才完成正式校長上任，二位新聘教師也理所當然的分別擔任教導和總務主任，其餘教職都是代理、代課人員充任，至今仍是此種狀況。另屬花蓮南區的河東地區 6 所國民小學，107 學年度的各校之正式合格教師都未超過 50%，還有一個學校除校長外，只有一位係正式合格教師。為何會有這些情形發生，其可能的狀況分述如下：

一、學校校長認為正式教師甄選是個吃力不討好的任務

近十餘年來，具有合格教師者眾，各縣市政府開出的正式職缺非常少，造成競爭非常激烈的景像，少數應考者使盡各種可能的手段，就是要爭取到這個職缺。約莫十多年前，研究者曾和一群現職的學校行政人員（大都是國小校長或主任）到某縣的國民小學參訪，這所學校的確績效良好，在這校長任期內也爭取到相當多的經費，將學校的環境做了極大的改善，也是該縣教育局處的重要人物，而且調任學校也都能夠得心應手。前往參訪的人員就問到有關教師甄選的訣竅，因為都是同業，所以，這位校長也毫不保留的傾囊相授，他就提到來應徵者眾，且也有不少的推薦信，的確令人相當困擾，他會找機會去面見縣長，徵詢他的意見，最後則錄取了縣長最屬意的人選，當然有個皆大歡喜的結果。但是，這個前提是校長能夠真的充分掌控學校的教評委員，而且也對學校的人力資源運用毫無想法，才會有這樣的行動吧！事實上，有更多校長認為如此做實在有違教育良心，也為了減少不必要的紛擾，採取委託教育主管單位辦理，學校就等著接納考取的正式教師，是最好的策略。

二、減班併校的陰影籠罩

從學生來源的層面來看，偏遠地區學校一直面臨著人口外移與少

子女化的影響，就以研究者畢業的瑞美國民小學為例，在臺灣光復初期學生人數達一千多人，107 學年度時全校學生人數只有 45 人，平均起來，每班約只 6 至 7 人，其中二年級全班人數是 2 人，雖然依據教育部（2017）頒布之《公立國民小學及國民中學合併或停辦準則》第 4 條要求新生或一年或各年級學生有一人以上者，均應開班，對偏遠地區小型學校的裁班併校的壓力減輕不小，但仍然會擔心萬一招不到學生，仍會面臨自然減班的情形發生，造成教師超額的問題，因而不敢強烈的要求聘用正式教師。

三、原住民族教育法規的束縛

部分偏遠地區國民中小學學生組成大都以原住民族族群為主，若依照原住民族重點學校的規定，幾乎都屬原住民族重點學校，依據《原住民族教育法》第 25 條規定：原住民族中、小學、原住民教育班及原住民重點學校之專任教師甄選，應於當年度教師缺額一定比率聘任原住民各族教師；於《原住民族教育法》中華民國 102 年 5 月 7 日修正之條文施行後五年內，其聘任具原住民族身分之教師比率，應不得低於學校教師員額三分之一或不得低於原住民學生占該校學生數之比率。上述法案修正的當下，游太郎（2013）的報導指出，花蓮縣 102 年之國中小教師總數為 2,645 人，但原住民族籍只有 220 人，僅占 8.3%，五年內要達到 33.3% 的難度相當高。事實上，花蓮縣 103 學年度至今只於 104 年辦過一次的正式教師甄選，錄取人數計 8 人，且錄取者並非全部屬原住民族籍者，印證了 2013 年通過之修正法案達標之難處。

四、原住民族籍教師培育的難題

我國對於原住民族籍者之國民小學師資培育，在師範專科時期，有設於南投仁愛高農的原住民族師資專班、屏東師專的原住民族師資專班，以及其他師專的保障名額（係內含），《師資培育法》施行之後，雖有淡化此制度，然仍有具原住民族籍身分者加分的制度，依據張炳煌（2017）的研究顯示，105 學年度，全國正式教師計 95,906 人，原住民族正式教師人數為 1,506 人，占 1.58%。另《原住民族教育法》

第 23 條規定師資培育大學要保留一定名額予原住民族學生，依地方政府原住民族師資需求，提供公費名額，以及設置原住民族師資培育專班等措施，以培育更多原住民族師資。但以下有幾個實際的案例，值得思考：

案例一：某學系獲得一名由東部某縣提供的一般公費生名額，招生結果是高中學測 71 級分的學生，在系上的修習期間學習表現也相當出色，第二年由另一東部縣市提供一名指定原住民族籍公費生，招生結果是高中學測 46 級分，該生也相當認真學習，學習表現則屬持平。

案例二：東部某縣立國民小學提供了一個師培系的原住民族公費生，預計五年後學校即可補充一位合格正式的原住民族籍老師，但該校校長說，到了第三年時，學校接到委辦的學校表示，這個學生因學習表現不如理想，且無法適應學習要求而退學，只好再次委託該校重新甄選公費生，就算新甄選的原住民族籍師培生很順利修畢師培課程，且通過教師檢定考試，最快變成八年才能等候到這個合格的原住民族師資。

案例三：有一所師資培育大學近幾年國民小學教檢通過率大都處於低於全國通過率，尚獲得某縣提供大學師培專班的原住民族籍公費生，但實施了將近三年，竟有多數的學生之課業成績無法達到 GPA2.9以上標準，且有些學生還因連續二次而被取消資格。

案例四：某國民小學提供一名公費原住民族籍師培名額給東部一所師培大學的師培專班，經過二年多的學習，因為成績未達 GPA2.9 的標準而被取消資格，該小學經過再次考慮結果，決定將此名額改委託北部一所師培大學之師培專班培育，經招生結果無人問津，讓這所國民小學校長相當的無奈。

從上述這些現場的案例可以得知，《原住民族教育法》第 23 條訂有這些修文，但在實際現場而言，除了可能品質堪慮之外，執行方面也有其困境存在。

五、教師任教於偏遠地區意願不高

大多數縣市的國民小學仍沿襲在教師派任制時期的縣內積分調動，只是在此過程中，偏遠地區學校的校長內心最苦的是教師只有調出少有

調入的窘境，尤其是在粥多僧少的狀態下，在縣內教師積分調動時，幾乎都是從鄉下學校調往市區學校服務。雖然目前國內儲備的合格教師仍多，但是多年來，除了直轄市外，進行正式聘任教師甄選的情形並不多，加上每年都辦理縣內之國民小學教師縣內介聘，甚至有些學校的教師服務年資最低者達 20 年，這也是造成目前偏遠地區國民小學正式教師、合格教師比例不多的重要原因。

雖然從教育部公布的《師資培育年報》（教育部師資培育及藝術教育司，2018：162）顯示，106 年度之國民小學儲備教師尚有 27,181人，代理教師則有 10,991 人，表示就算將所有的教師缺額補足，儲備教師至少尚有 16,000 人以上，所以偏遠地區國民小學目前代理、代課教師比例偏高，不是儲備師資不足的問題，而是因為其他因素所致，可能的原因是減班併校及限用原住民族籍身分教師等因素所限。

肆 偏遠地區國民小學正式教師任用的建議

就現狀而言，偏遠地區國民小學的教師任用有聘用教師的繁瑣棘手、學生來源日漸萎縮可能面臨減班併校、原住民族教育法規的束縛、原住民族籍教師培育問題、偏遠地區教師任教意願低等問題都亟待面對，以下即就上述的問題提供可能的建議。

一、採取多元可行的教師任用制度

具有合格教師證書的教師如同時具有兩個機會，一個是在交通方便、資源豐裕的市區學校，另一個是交通不便、資源匱乏的偏遠地區學校，這些教師的大多數選擇是都會地區的學校。有一個案例發生於2003 年，當時每年培育的國民小學教師約 11,000 名，小學教師經過多年的補實之後，學校每年能開出的缺額已逐漸減少，花蓮東海岸最南端的靜浦國民小學，因地處偏遠，有一個正式教師的缺額，經過二次公開招考，均無人報名，8 月底再辦理第三次招考，卻湧入了 101 個競爭者，可見前二次的考試，因大多數的教師都選擇都會地區的學校，因失利才成為最後的選擇，這是聘任制度的困境。又因偏遠地區的學校學生來源有限且不穩定，可能面臨減班併校危機，學校校長也不敢冒然缺額

補實。如果學校對教師的任用可考慮聘派任並行、數校聯合聘用、部分缺額由教育主管機關負責派用等多元任用制度，則可解決偏遠地區學校教師任用的難題。

二、聯合數校成立行政中心負責教師任用業務

依據《偏鄉地區學校教育發展條例》第 19 條指出，中央主管機關為提升偏遠地區之教育水準，應鼓勵並補助地方主管機關設立任務編組性質之區域教育資源中心，對偏遠地區學校提供課程與教學之研究及行政支援，另在該條例的第 10 條亦陳明主管教育機關可對偏遠地區學校之組織、人事及運作、行政組織等彈性設置（教育部國民及學前教育署，2017）。亦即聯合數校成立行政中心辦理學校人事及運作是符合法令規定的，也可以針對數校間的行政組織進行彈性設置，除可整合各校間的資源，亦可進行組織的整建，對於學校人力資源的開發與運用，也可以有更好的著力，教師的任用自然更具彈性，將有利於教師的任用與專業發展。

三、原住民族教育法規的檢討

《原住民族教育法》第 25 條規定原住民族重點學校須於 107 年前聘足 33% 的原住民族籍之教師，是項規定尚有諸多可討論之處，一是教育的重點是在於培育兒童，發展其應有之潛能，我們所重視的是合適的教師來實施教學，而不是哪一個族籍的教師才有此種能力；二是我國目前之原住民族共有 16 個族群，其所強調的是各族都有其文化的特殊性，既是如此，對於原住民族重點學校的認定即不應將所有原住民族的學童視為單一族群才是正辦。再者，法令的規定也要有一定的彈性，不能夠因無法達成此要求，便不能任用其他具有資格者任教，同時也剝奪學童的學習機遇。

四、原住民族籍教師培育問題

依照《原住民族教育法》第 23 條明訂各大學應保留部分名額提供予原住民族學生就讀，並得依需求提供公費生名額。事實上原住民族籍

學生的就學機會，除了在入學過程中有加分的優待之外，各學系仍可提供部分外加名額予原住民族籍學生爭取。以本系為例，多年來雖提供了外加名額，但並未有學生來就讀，其中原因值得再予深入探究。還有公費生名額部分，也因為原住民族籍學生的學習表現而出現問題，使得提供公費生名額的國民小學不知如何自處。仔細思考，教育現場最重要的是教師素質和教學態度，才是對學童最為有利的選擇。

五、任教意願的問題

偏鄉地區的教師服務期程向來是偏遠地區學校校長困擾的問題，目前唯一的方法只有規定考上之後須服務一定的年限後才能調校，不過有些人因為如此，仍在服務過程中加緊準備應考都市地區學校的機會。一般而言，偏遠地區國民小學教師的情形是新任、服務年資短、經驗較少等問題。以目前師資培育量的情形而言，只要沒有族籍規定的限制，要補足正式合格教師，並不困難。因此任教意願的問題應該不大，重要的是讓經驗較不充足的教師有充分的教學支持系統。此支持系統除應持續強化偏遠地區教師的學科專業知識外，也應加強偏遠地區教師的教育專業知識，例如：利用寒暑假期辦理學校所定版本的該年段的教學研習，提供交換教學的機會，並給予參加研習期間的差旅費用等，才能真正強化偏遠地區國民小學教師的教學實力，減低因人員流動頻繁的衝擊。

伍 對偏遠地區國民小學教師任用要更有彈性（代結語）

個人的成長與發展和接受教育的品質有很高的關聯性，尤其是居住於偏遠地區的學童，學校是文化刺激的主要來源，教育的實施仍須靠教育人員來完成，最為關鍵的就是居第一線的教師。兒童除了家庭之外，第一個面對較為完整的知識學習者，即為國民小學教師，這也是大多數國家都對於國民小學階段的教師培育甚為重視的原因所在。

然而，偏遠地區於交通、文化、社會資源等均處於不利的地位，造成社區發展與產業也受到限制，產業不興，人也留不住，生源因而日漸萎縮，形成偏遠地區國民小學規模迷你，甚至面臨減班併校的危機。教

師的任用如果採用聘任制度，當發生教師超額時，因國民小學屬於消費型態之組織，實無法妥善處理超額教師的安排事項。

居住在偏遠地區的居民曾感嘆地說，如果我們有辦法到都市討口飯吃，我們會願意留在偏遠的鄉下嗎？此話道盡了偏鄉地區兒童父母的無奈，但我們不能因而忽視兒童接受有品質的教育之權利，能夠接受正式合格教師的任教是最基本的需求。

近年來偏遠地區國民小學教師的代理、代課教師比例偏高，有因《教師法》、《教師任用辦法》、族籍教師身分限制、教師工作保障等等相關因素的束縛，使得此問題已到了相當嚴重的境地（例如：幾乎無正式教師任教、教師流動大），唯有對相關教師任用法令能有更多彈性，以符應偏鄉地區國民小學教師任用需要，教育主管機關也應靈活運用現有法令的規定，鼎力協助偏遠地區國民小學的教育能夠更加健全，偏鄉的學童能夠接受有品質的學校教育，還給其應有的受教權利。

問題與討論

一、國民小學教師任用採派任制或聘任制的優點與缺點為何？

二、偏遠地區國民小學代理代課教師所占比例偏高問題如何解決？

三、偏遠地區國民小學教師多數往都會區調動問題如何解決？

四、原住民族教育法規定原住民族重點學校須聘有至少三分之一原住民族族籍教師之規定的合理性為何？有何爭議存在？

五、對於偏遠地區國民小學正式教師比例偏低問題，教育行政主管機關應有何作為？

參考文獻

花蓮縣政府教育處（2018）。花蓮縣公私立各級學校 **107** 學年度概況一覽表。107.8。

教育部（2018）。教育統計－重要教育統計指標－小規模國中小縣市別分布。http://stats.moe.gov.tw/files/important/OVERVIEW_M04.pdf（2018.11.14）。

教育部師資培育暨藝術教育司（2018）。**2017 師資培育年報**。2018.10。https://ws.moe.edu.tw/001/Upload/8/relfile/7805/61513/4682f82c-16c8-428d-b017-cff5bf8c-f17a.pdf（2018.11.14）

教育部國民及學前教育署（2017）。**偏鄉地區學校發展條例**。

張炳煌（2017）。原住民族重點學校中原住民族教師所占比例之探析。**臺灣教育評論月刊**，**6(9)**，40-47。

游太郎（2013）。原住民族教育法修正原民教師比例要 33.3% 難達標。自由時報電子報。2013.05.17https://news.ltn.com.tw/news/local/paper/679959/2019/01/13

楊智強（2018）。世界教師日要求臺灣及格嗎？**臺灣蘋果日報電子報**。3056。2018/10/06。

鄺執中（1999）。**我國小學教師任用制度之研究**。國立高雄師範大學教育學系碩士論文（未出版）。

第十四章

我國原住民族學前教育階段就學現況之探究[1]

陳盈宏、吳孚佑

---

1 本文為國家教育研究院研究計畫（NAER-106-12-C-1-04-01-1-19）之部分研究成果。

一個孩子、一名教師、一支筆和一本書，就能改變世界。
（馬拉拉・尤蘇芙札）

壹　緒論

　　長期以來，我國政府對於原住民族教育給予諸多法律保障，且積極透過各類政策工具，希冀能夠確保原住民族學前教育品質，例如：《原住民族教育法》針對原住民族學前教育階段的就學、師資、課程等提出相關法制保障、推動《原住民族語保母托育獎助計畫》等（郭李宗文、黃淑貞、Ciwas Pawan、黃慧娟、鄧蔭萍，2017）；再者，依據行政院原住民族委員會所公布之 106 學年度原住民族教育調查統計報告，雖可發現原住民幼兒入幼兒園之比率（67.77%）高於全體幼兒入幼兒園比率（60.25%）、原住民幼兒就讀公立幼兒園之比率（65.39%）高於全體幼兒就讀公立幼兒園比率（30.78%）等現象（原住民族委員會，2018）。然而，綜合教育政策制訂者的觀點（教育部，2018a；原住民族電視臺，2017）、研究資料（王雅萍，2015；周梅雀，2011；周梅雀，2013）、教育實務人員感受（吳芝嫻，2007；吳聰秀，2007）及社會大眾的認知（陳雅鈴，2007；施靜沂，2016）等相關文獻，仍可發現原住民族學前教育階段的就學面向尚存在諸多問題，例如：原住民族學前教育階段的就學面向相關調查數據不足（王雅萍，2015）、原住民族地區社區互助教保服務中心難以達到普設理想（蔡曉玲、馬秀辛、林美惠、潘夢詩，2016）等，故針對原住民族學前教育階段就學現況進行相關探討，有其必要性。

　　由我國教育部設置的國家教育研究院，除扮演國家級教育智庫的角色，並設置原住民族教育研究中心，其曾於 2016 年完成《原住民族教育政策成效追蹤評鑑前導研究計畫》，並以《原住民族教育法》第 10 條為基礎，具體提出原住民族學前教育階段六項就學評估指標（如表 14-1）（曾大千、葉川榮、陳枝烈，2016）。基於政策研究應用之觀點，本文借用前揭國家教育研究院學前教育階段就學面向評估指標，針對我國原住民族學前教育階段就學現況進行分析，並據此提出相關檢討、結論及建議。

表 14-1　原住民族學前教育階段就學面向評估指標

評估指標	指標內容
評估指標 1	原住民幼兒有就讀公立幼兒園、非營利幼兒園、社區或部落互助教保服務中心之優先權，政府並應設置各種族語沉浸模式的幼兒園。
評估指標 2	為保障原住民幼兒學習其族語、歷史及文化機會，與發揮部落照顧精神，地方政府應鼓勵、輔導或補助法人、團體辦理社區互助式或部落互助式幼兒教保服務。
評估指標 3	直轄市、縣市社政主管機關應鼓勵與輔導、委託民間或自行辦理未滿二歲原住民幼兒之托育服務；其鼓勵輔導辦法由地方政府定之，中央政府應設有專責輔導單位。
評估指標 4	政府對於就讀公私立幼兒園、非營利幼兒園、社區或部落互助教保服務中心之原住民幼兒，視實際需要補助其學費。
評估指標 5	原住民族地區普設公立幼兒園、非營利幼兒園、社區或部落互助教保服務中心，提供原住民教保服務機會。
評估指標 6	5 歲原住民幼兒入園率應達 96% 以上。

資料來源：本文整理自曾大千、葉川榮、陳枝烈（2016）。

貳　我國原住民族學前教育階段就學現況之分析

　　本文依據國家教育研究院於 2016 年建置之原住民族學前教育階段就學面向評估指標，從「法制面向」及「實施面向」針對我國原住民族學前教育階段就學現況進行分析。

一、評估指標 1：原住民幼兒有就讀公立幼兒園、非營利幼兒園、社區或部落互助教保服務中心之優先權，政府並應設置各種族語沉浸模式的幼兒園。

(一) 法制面向

　　關於「評估指標 1」相關法制規範，首先，在《幼兒教育及照顧法》第 7 條規定：「政府對處於經濟、文化、身心、族群及區域等不利條件之幼兒，應優先提供其接受適當教保服務之機會。」再者，依據

《原住民族教育法》第 10 條第 2 項規定：「原住民幼兒有就讀公立幼兒園、非營利幼兒園、社區或部落互助教保服務中心之優先權。」據此，《原住民族教育法施行細則》更於第 5 條第 2 項說明前揭優先權辦理方式如下：

1. 原住民幼兒及其他依法優先入園登記人數，未超過該公立幼兒園、非營利幼兒園、社區或部落互助教保服務中心[2]可招生名額，一律准其入園。

2. 原住民幼兒及其他依法優先入園登記人數，超過該公立幼兒園、非營利幼兒園、社區或部落互助教保服務中心可招生名額，本公平、公正、公開原則採抽籤方式決定之，並應先行公告抽籤地點及時間。

(二) 實施面向

關於「評估指標 1」之實施現況，本文自 101 學年度起整合原住民族委員會相關次級資料進行歸納及分析，包括：原住民幼兒就讀幼兒園之就學人數及入園率（表 14-2）、原住民幼兒及全體幼兒就讀公立及私立幼兒園比率（表 14-3）、社區（部落）互助教保服務中心之數量及幼兒就讀人數（表 14-4），主要發現如下：

1. 如表 14-2 所示，自 101 學年度至 106 學年度，原住民幼兒入園率皆高於全體幼兒入園率，並且在歷年的入園率皆保持六成五以上的水準；此外，從表 14-3 中可以發現自 101 學年度至 106 學年度，原住民幼兒就讀公立幼兒園的比率皆遠高於就讀私立者，且原住民幼兒就讀公立幼兒園比率亦高於全體幼兒就讀公立幼兒園之比率。

2. 根據表 14-4，自 101 學年度至 104 學年度，社區（部落）互助教保服務中心皆維持 5 所，於 105 學年度則新增 3 所社區（部落）互助教保服務中心，分別為新竹縣尖石鄉馬里光及司馬庫斯部落教保互助

---

2 《社區互助式及部落互助式教保服務實施辦法》第 3 條第 2 項尚規定部落互助教保服務中心招收具原住民身分之幼兒及二親等內任一直系血親具原住民身分之幼兒合計應達招收幼兒總人數 80% 以上。

服務中心、高雄市杉林區岱克拉思部落教保互助服務中心；另外，在幼兒就讀人數方面，也從 101 學年度的 109 人成長至 106 學年度的 175 人，成長幅度高達 60.55%。

表 14-2　原住民幼兒就讀幼兒園之就學人數及入園率一覽表　　　　單位：人；%

學年度	全體幼兒			原住民幼兒		
	戶籍人數	就學數	入園率（%）	戶籍人數	就學數	入園率（%）
101	789,360	496,380	62.88%	26,977	19,111	70.84%
102	777,777	465,398	59.84%	26,400	18,029	68.29%
103	793,882	458,068	57.70%	26,735	17,867	66.83%
104	810,878	462,115	56.99%	27,334	19,394	70.95%
105	841,692	530,893	63.07%	28,537	20,241	70.93%
106	866,174	521,904	60.25%	29,504	19,994	67.77%

資料來源：本文整理自原住民族委員會（2018）。

表 14-3　原住民幼兒及全體幼兒就讀公私立幼兒園比率一覽表　　　　單位：%

學年度		101	102	103	104	105	106
就讀公立幼兒園比率	原民幼兒	55.75%	58.07%	59.19%	56.23%	60.13%	65.39%
	全體幼兒	27.86%	28.77%	29.69%	30.07%	28.50%	30.78%
就讀私立幼兒園比率	原住幼兒	44.25%	41.93%	40.81%	43.77%	39.87%	34.61%
	全體幼兒	72.14%	71.23%	70.31%	69.93%	71.50%	69.22%

資料來源：本文整理自原住民族委員會（2018）。

表 14-4　社區（部落）互助教保服務中心之數量及幼兒就讀人數一覽表

單位：所；人

學年度	101	102	103	104	105	106
中心數	5	5	5	5	8	8
幼兒人數	109	113	119	119	176	175

資料來源：本文整理自教育部（2018b）及原住民族委員會（2018）。

根據上述說明，可推論政府透過相關政策工具的應用，例如：《原住民族教育法》及《原住民族教育法施行細則》的明文保障，在保障原住民幼兒就讀學前教育機構之優先權的部分，實有斬獲並做出成效。

二、評估指標 2：為保障原住民幼兒學習其族語、歷史及文化機會，與發揮部落照顧精神，地方政府應鼓勵、輔導或補助法人、團體辦理社區互助式或部落互助式幼兒教保服務。

(一) 法制面向

關於「評估指標 2」之法制規範，首先，在《原住民族教育法》第10 條第 4 項規定：「為保障原住民幼兒學習其族語、歷史及文化機會與發揮部落照顧精神，直轄市、縣（市）主管機關應鼓勵、輔導或補助法人、團體辦理社區互助式或部落互助式幼兒教保服務。」再者，在《幼兒教育及照顧法》第 10 條規定：「原住民幼兒基於學習其族語、歷史及文化機會與發揮部落照顧精神，得採社區互助式或部落互助式方式對幼兒提供教保服務。」並據此訂定《社區互助式及部落互助式教保服務實施辦法》，作為社區（部落）互助教保服務中心之推動依據。另外，依據《發展原住民族教育五年中程計畫（2016 至 2020 年）》，教育部國民及學前教育署於 2016 至 2020 年的績效目標為每年配合各縣市政府提報輔導設立社區互助教保服務中心所需經費需求；原住民族委員會於 2016 至 2017 年的績效目標為補助設立 5 所，2016 至 2020 年為補助設立 6 所。

(二) 實施面向

關於「評估指標 2」之實施現況，截至 106 學年度，社區（部落）互助教保服務中心共 8 所，計有屏東縣 5 所、高雄縣 1 所、新竹縣 2 所[3]，相關數據如表 14-5 所示。

---

3 屏東縣三地門鄉馬兒社區互助教保服務中心、瑪家鄉美園社區互助教保服務中心、泰武鄉平和社區互助教保服務中心、泰武鄉佳平社區互助教保服務中心、牡丹鄉旭海社區互助教保服務中心、新竹縣尖石鄉馬里光部落互助教保服務中心、司馬庫斯部落互助教保服務中心、高雄縣杉林區岱克拉思部落教保服務中心。

　　根據上述說明，若從社區（部落）互助教保服務中心的設立縣市別及設立年分，可發現從 106 學年度起，屏東縣以外的其他地方政府，已經開始輔導法人團體辦理社區互助式或部落互助式幼兒教保服務，但是，社區（部落）互助教保服務中心無論在設立縣市的普遍度及設立數量，都尚有相當大的進步空間。

表 14-5　社區（部落）互助教保服務中心基本資料　　　　　單位：所；人

學年度	教保中心數	教保服務人員數	2 歲以上未滿 6 歲之幼兒數
101	5	11	109
102	5	14	113
103	5	19	119
104	5	15	119
105	8	18	176
106	8	19	175

資料來源：本文整理自原住民族委員會（2018）。

三、評估指標 3：直轄市、縣市社政主管機關應鼓勵與輔導、委託民間或自行辦理未滿二歲原住民幼兒之托育服務；其鼓勵輔導辦法由地方政府定之，中央政府應設有專責輔導單位。

(一) 法制面向

　　關於「評估指標 3」相關法制規範，主要可見《原住民族教育法》第 10 條第 6 項，其規定：「直轄市、縣（市）社政主管機關應鼓勵、輔導、委託民間或自行辦理未滿二歲原住民幼兒之托育服務，中央社政主管機關得視實際需要予以協助。」

(二) 實施面向

　　在「直轄市、縣市社政主管機關應鼓勵與輔導、委託民間或自行辦理未滿二歲原住民幼兒托育服務」方面，經檢視中央政府及各地方政府官方網站，並電話諮詢各地方政府社政主管機關後，在中央政府方

面，係由衛生福利部社會及家庭署提供三項托嬰、托育補助及相關福利措施，分別為就業者家庭部分托育費用補助、公私協力托嬰中心及托育資源中心，但此三項福利措施的關照弱勢群體對象皆為弱勢家庭（低收入戶、中低收入戶等經濟弱勢），並未特別強調優先關照原住民幼兒（內政部戶政司，2017a）；另外，目前各地方政府的幼兒托育服務皆有特別針對未滿二歲原住民幼兒提供托育服務相關優惠待遇，以臺北市為例，其具體措施如表 14-6。

表 14-6　臺北市針對未滿二歲原住民幼兒提供托育服務相關優惠待遇一覽表

縣市名稱	具體措施
臺北市	1. 臨時托育補助：因突發狀況，有臨時托育需求，且父母一方為原住民之幼兒，就托於立案之保母或托育機構，可補助臨時托育費用。 2. 社區公共托育家園：滿 2 足月至未滿 2 足歲具原住民身分之嬰幼兒為第一序位優先收托對象。 3. 0 至 12 歲原住民兒童托育補助：0 至 12 歲原住民身分並設籍臺北市的兒童，可由父母任一方或監護人向就讀臺北市立托育機構提出申請，每人每月最高補助 8,000 元。

資料來源：本文整理自內政部戶政司（2017b）。

另外，中央政府目前對於幼兒托育的主要專責輔導單位為衛生福利部社會及家庭署，主要鼓勵措施為公私協力托嬰中心、托育資源中心等，而行政院更整合衛生福利部、教育部、勞動部等，於 106 年度推動《擴大幼兒教保公共化計畫》，重點方案包括「完善保母照顧體系」及「鼓勵企業設置托兒設施」等鼓勵措施，雖然並未必皆將原住民幼兒納為優先招收對象，但實質上，未滿 2 歲原住民的托育需求亦會得到滿足。此外，原住民族委員會於 102 年度起辦理族語保母托育獎助計畫，且在《發展原住民族教育五年中程計畫（2016 至 2020年）》，原住民族委員會所提出的年度績效指標為每年辦理 330 名族語保母，460 名受托育嬰幼兒，以確保原住民幼兒享有基本教育與照顧權。據此，「評估指標 3」相關內容獲得一定程度的落實。

四、評估指標 4：政府對於就讀公私立幼兒園、非營利幼兒園、社區或部落互助教保服務中心之原住民幼兒，視實際需要補助其學費。

(一) 法制面向

關於「評估指標 4」相關法制規範，在《幼兒教育及照顧法》第 7 條第 6 項規定：「政府對就讀幼兒園之幼兒，得視實際需要補助其費用；其補助對象、補助條件、補助額度及其他應遵行事項之辦法，由中央主管機關定之。」據此，在《幼兒就讀幼兒園補助辦法》第 4 條規定針對 5 歲至入國民小學前之幼兒給予學費補助及經濟弱勢加額補助，針對 2 歲以上至未滿 5 歲之幼兒，提供低收入戶及中低收入戶就學補助；所以，就我國幼兒教育及照顧法制基本體系，已經對全國幼兒提供就學補助（含括原住民幼兒）。此外，對於原住民幼兒而言，在《原住民族教育法》第 10 條第 3 項尚規定：「政府對於就讀公私立幼兒園、非營利幼兒園、社區或部落互助教保服務中心之原住民幼兒，視實際需要補助其學費；其補助辦法，由中央主管教育行政機關定之。」且《幼兒就讀幼兒園補助辦法》第 12 條第 1 項規定：「原住民五歲幼兒依原住民族教育法第十條第三項規定申領就學補助者，除不適用第三條第二款規定外，依本辦法規定辦理。」且「中央原住民族主管機關及直轄市、縣（市）政府，得視實際需要籌措財源，增加補助額度或擴大補助對象。」所以，我國亦有針對原住民幼兒特別提供的就學補助相關法制。

(二) 實施面向

關於「評估指標 4」之實施現況，目前中央政府對於原住民幼兒的學前教育階段就學補助措施，主要為行政院原住民族委員會辦理的「原住民幼兒就讀幼兒園補助」[4]，其補助 3 歲至未滿 5 歲原住民幼兒就讀公私立幼兒園之學期就讀費用，其中，就讀公立幼兒園者，每學期最高補助就讀費用新臺幣 8,500 元，就讀私立幼兒園者，每學期最高補助就讀費用新臺幣 1 萬元。101 年度至 105 年度的原住民幼兒受益人

---

4 法源依據為《原住民族委員會辦理原住民幼兒就讀幼兒園補助作業要點》。

數及補助經費總數如表 14-7，以 105 年度為例，原住民幼兒受益人數為 20,797 人，每位原住民幼兒平均受補助經費為 9,011 元。

表 14-7　「原住民幼兒就讀幼兒園補助」之受益人數及補助經費一覽表

單位：人；元

年度	原住民幼兒受益人數	補助經費總數	原住民幼兒平均補助經費
101	18,404	164,672,375	8,948
102	19,071	170,928,800	8,963
103	18,017	162,017,650	8,992
104	18,483	169,080,000	9,148
105	20,797	187,404,069	9,011

資料來源：本文整理自原住民族委員會提供資料。

　　另外，對於 5 歲原住民幼兒學前教育階段就學補助，係含括在教育部國民及學前教育署所辦理《5 歲幼兒免學費教育計畫》，5 歲原住民幼兒可享有免學費補助，並無排富條件，其中，就讀公立幼兒園者，學費全額補助，就讀私立幼兒園者，一學年的學費補助最高為 3 萬元，且若 5 歲原住民幼兒為低收入戶、中低收入戶及家戶年所得 70 萬元以下，可再申請弱勢加額補助，獲得其他就學費用之補助，101 年度至 105 年度的原住民幼兒受益人數如表 14-8。可見，我國政府對於就讀公私立幼兒園、非營利幼兒園、社區或部落互助教保服務中心之原住民幼兒，確實有視其實際需要及情況進行學費相關之補助。

表 14-8　5 歲幼兒免學費教育計畫之原住民幼兒受益人數一覽表　　單位：人

年度	原住民幼兒受益人數
101	11,790
102	13,438
103	13,077
104	12,623
105	12,935

資料來源：本文整理自教育部國民及學前教育署提供資料。

五、評估指標 5：原住民族地區普設公立幼兒園、非營利幼兒園、社區或部落互助教保服務中心，提供原住民教保服務機會。

(一) 法制面向

關於「評估指標 5」相關法制規範，在《幼兒教育及照顧法》第 7 條規定：「政府應提供幼兒優質、普及、平價及近便性之教保服務。」且《原住民族基本法》第 7 條進一步揭櫫：「政府應依原住民族意願，本多元、平等、尊重之精神，保障原住民族教育之權利。」且《原住民族教育法》第 5 條規範：「各級政府應採積極扶助之措施，確保原住民接受各級各類教育之機會均等，並建立符合原住民族需求之教育體系。」第 10 條第 1 項明確規範：「原住民族地區應普設公立幼兒園、非營利幼兒園、社區或部落互助教保服務中心，提供原住民幼兒教保服務之機會。」

另外，關於「原住民族地區普設社區或部落互助教保服務中心」之法源依據，主要為《幼兒教育及照顧法》第 10 條之規定：「原住民幼兒基於學習其族語、歷史及文化機會與發揮部落照顧精神，得採社區互助式或部落互助式方式對幼兒提供教保服務。」並據此訂定《社區互助式及部落互助式教保服務實施辦法》，作為社區或部落互助教保服務中心之推動依據。

(二) 實施面向

依據《幼兒教育及照顧法》第 55 條及《托兒所及幼兒園改制幼兒園辦法》相關規定，自 101 學年度開始，我國學前教育機構統稱為幼兒園，所以，關於「評估指標 5」之實施成果，根據教育部、原住民族委員會所提供的統計數據（教育部，2018a；教育部，2018b；教育部，2018c；教育部，2018d；教育部，2018e；教育部，2018f；原住民族委員會，2018），101 年度至 105 年度的原住民族地區公立幼兒園、非營利幼兒園及社區（部落）互助教保中心的相關數據如表 14-9，主要發現如下：

1. 原住民族地區學前教育機構數〔公立幼兒園、非營利幼兒園及社區（部落）互助教保中心〕大致維持在 470 所以上，從其占全國學

前教育機構數之比例觀之，則大致呈現出增加的趨勢（從 101 學年度的 7.2% 增加至 105 學年度的 7.5%）。顯示原住民族地區和非原住民族地區，雖然同樣受到少子女化的衝擊及經濟不景氣的影響，但原住民族地區仍維持一定的學前教育機構供給量，對於原住民族地區學前教育發展有其正面意義。

2. 原住民族地區的公立幼兒園在 101 學年度爲 391 所，並從 102 學年度的 389 所小幅增加至 105 學年度的 392 所，然而，觀其占全國學前教育機構數之比例可發現，呈現出持續下降之趨勢（從 101 學年度的 20.7% 下降至 105 學年度的 19.1%），推論其可能原因應爲近年政府積極運用各項政策工具引導各地增設公立幼兒園，例如「擴大幼兒教保公共化方案」，所以在非原住民族地區的公立幼兒園數量持續增加，導致原住民族地區公立幼兒園的數量雖然小幅增加，但占全國學前教育機構數之比例卻反而下降。

3. 原住民族地區私立幼兒園數量持續下降，從 101 學年度的 85 所減少至 105 學年度的 79 所，但是，其占全國私立幼兒園數之比例大致皆維持在 1.8% 上下，推論其可能原因應爲近年全國私立幼兒園數持續

表 14-9　原住民族地區學前教育機構一覽表　　　　　　　　單位：所；%

學年度	原住民族地區					全國總計				
	公立	私立	非營利	教保	小計	公立	私立	非營利	教保	小計
101	391 (20.7%)	85 (1.8%)	0	0	476 (7.2%)	1,888	4,723	10	0	6,611
102	389 (20.3%)	82 (1.8%)	0	5	471 (7.2%)	1,919	4,641	10	5	6,560
103	391 (19.8%)	82 (1.8%)	0	5	473 (7.3%)	1,975	4,493	20	5	6,468
104	391 (19.5%)	81 (1.9%)	0	5	477 (7.5%)	2,009	4,353	29	5	6,362
105	392 (19.1%)	79 (1.9%)	0	8	476 (7.5%)	2,052	4,258	50	8	6,310

資料來源：本文整理自教育部、原住民族委員會所提供的統計數據。

減少（從 101 學年度的 4,723 所減少至 105 學年度的 4,258 所），所以即便原住民族地區私立幼兒園數量減少，但其占全國私立幼兒園數之比例維持不變。

4. 原住民族地區仍極度缺乏非營利性質之幼兒園，與全國非營利幼兒園數量逐年增加趨勢不同，至 105 學年度仍無任何非營利之幼兒園設定。

5. 社區（部落）互助教保服務中心皆設立在原住民族地區，從 102 學年度至 104 學年度皆維持在 5 所，到 105 學年度新設立 3 所。

根據上述分析，自 102 學年度至 105 學年度，可發現原住民族地區學前教育機構總數大致維持不變，且占全國學前教育機構數量之比例增加，顯示我國政府對於原住民族地區幼兒就學權益之保障，至少在原住民族地區維持一定數量的學前教育機構，讓原住民族地區幼兒就學機會受到一定程度之保障。

六、評估指標 6：5 歲原住民幼兒入園率應達 96% 以上。

(一) 法制面向

關於「評估指標 6」之法制規範，主要是依據《發展原住民族教育五年中程計畫（2016 至 2020 年）》在「強化原住民幼兒教育品質」的預期關鍵績效指標。

(二) 實施面向

本文整理教育部國民及學前教育署提供的資料，根據表 14-10，可發現全國原住民 5 歲幼兒入園率自 101 學年度的 96.3% 提升至 105 學年度的 97.2%，均高於當年度全國 5 歲幼兒入園率；另外，根據表 14-11，原住民族地區 5 歲原住民幼兒入園率則自 101 學年度的 96.9% 提升至 105 學年度的 98.1%。據此，「評估指標 6」已然達成。

表 14-10　整體滿 5 足歲至入國民小學前原住民幼兒入園率一覽表　　單位：%

年度	101	102	103	104	105
入園率	96.3	97.2	97.4	97.0	97.2

資料來源：本文整理自教育部國民及學前教育署提供資料。

表 14-11　原住民族地區 5 歲原住民幼兒入園率一覽表　　　　　　　　單位：%

年度	101	102	103	104	105
入園率	96.9	97.7	98.1	98.0	98.1

資料來源：本文整理自教育部國民及學前教育署提供資料。

參　我國原住民族學前教育階段就學現況之相關檢討

根據前揭分析，本文對我國原住民族學前教育階段就學校現況，提出三點檢討事項：

一、我國政府對於原住民幼兒未能進入學前教育機構就讀之原因尚未有相關說明

根據本文分析，自 101 學年度至 105 學年度可發現原住民幼兒入園率皆高於全體幼兒入園率，且原住民幼兒就讀公立幼兒園比率亦高於私立幼兒園率，可推論我國政府對於原住民幼兒就讀學前教育機構優先權的保障，有其一定成效；但是，或許是因為學前教育階段並不屬於義務教育性質，原住民家長可以為其孩子自行選擇適當的學前教育方式之故，本文觀察自 101 學年度至 105 學年的原住民幼兒入園率，仍有三成左右的原住民幼兒並未進入幼兒園，相關主管機關亦未說明原因。

二、相關主管機關對於原住民學前教育就學政策的資源整合性可再加強

目前我國教育部對 2 歲以上未滿 5 歲的低收入戶及中低收入戶幼兒提供就學補助，對 5 歲幼兒提供學費補助，並不特別區分是否具有原住民身分，但在相關經費編列方面，曾衍生爭議，例如：立委高金素梅質疑既然全國幼兒皆享有 5 歲免學費措施，為何教育部還要區分非原住民及原住民幼兒，將原住民族教育經費預算中的 1 億 800 萬編列在 5 歲原住民幼兒就學補助。針對此爭議，教育部表示 107 年 5 歲幼兒免學費補助將由教育部統一編列，不納編在原住民族教育經費（原住民電視臺，2017）。另外，目前對 2 歲以上未滿 5 歲幼兒的就學補助，教育部係針對低收入戶及中低收入戶幼兒提供就學補助，原住民

族委員會則針對 3 歲及 4 歲提供就學補助，基於政策資源有限性之考量，相關主管機關對於原住民學前教育就學政策的資源整合性可再加強。

三、政府、部落、民間組織等不同部門的協力關係可再加強

目前政府不斷推動多項政策措施，希冀促進原住民族學前教育革新（施靜沂，2016），例如：《推動族語沉浸式教學幼兒園試辦計畫》、《原住民族地區幼托服務暨保母訓練與輔導試驗計畫》等，然而，政府、部落、民間組織等不同部門間的協力關係尚有加強空間，例如：政府常委託大學組成專案研究團隊，但常受限政府的績效指標或專案研究團隊的研究指標，造成幼兒園教學現場諸多困擾。另外，可提供原住民幼兒學習其族語、歷史、文化機會及發揮部落照顧精神的社區（部落）互助教保服務中心雖已納入學前教育機構類型之一，但其數量卻直至 2017 年才從 5 所增加為 8 所，顯示政府仍應採取更多友善性支持措施，以協助部落及民間組織辦理社區（部落）互助教保服務中心（蔡曉玲、馬秀辛、林美惠、潘夢詩，2016）。

肆　結論與建議

一、結論

(一) 我國對於原住民族學前就學政策的法制保障尚稱完備，但仍有可調整之處

我國對於原住民族學前就學政策的法制保障，在《中華民國憲法增修條文》第 10 條第 12 項、《原住民族基本法》第 7 條、《原住民族教育法》第 1 條及第 2 條，皆提出政府應依據原住民族意願，保障其教育權利及教育發展，且強調多元文化及教育機會均等之精神；另外，根據本文分析，可發現我國對於原住民族學前教育機構普及度[5]、

---

5 可參見《幼兒教育及照顧法》第 7 條、《原住民族教育法》第 10 條第 1 項、《幼兒教育及照顧法》、《社區互助式及部落互助式教保服務實施辦法》之條文內容。

原住民幼兒就學優先權[6]、原住民幼兒就學學費補助[7]、社區（部落）互助教保服務中心之輔導及補助[8]、鼓勵及輔導民間辦理未滿 2 歲原住民幼兒托育服務[9]等法制保障尚稱完備；且我國對於原住民族學前教育就學政策的法制保障除見於原住民族相關專法之外，亦見於一般教育法規，並強調多元文化及教育機會均等之精神。

　　但是，我國對於原住民族學前教育就學政策的法制保障仍有可調整之處，例如：《原住民族教育法》第 10 條第 1 項規定：「原住民族地區應普設公立幼兒園、非營利幼兒園、社區或部落互助教保服務中心，提供原住民幼兒教保服務之機會。」但是卻未明確指出何謂「普設」的判斷標準，亦即原住民族地區所設立的公立幼兒園、非營利幼兒園、社區（部落）互助教保服務中心等三類機構，至少應達到何種數量方符合「普設」的目標。

（二）我國原住民幼兒就學品質在「量」與「質」皆在持續進步，但仍有可加強空間

　　本文根據國家教育研究院於 2016 年建置的原住民族學前教育階段就學面向的評估指標檢視相關資料，發現我國原住民幼兒就學品質在「量」與「質」皆持續進步，例如：《原住民族教育法》及其施行細則明文保障原住民幼兒就讀公立幼兒園、非營利幼兒園、社區（部落）互助教保中心之優先權，且從 101 學年度至 105 學年度，在入園率、就讀公立幼兒園、5 歲幼兒入園率比率方面，原住民幼兒皆高於全體幼兒，近四年的 5 歲原住民入園率更高達 97% 以上等。

　　但是，尚有若干可加強之處，例如：對於原住民未能進入學前教育

6　可參見《幼兒教育及照顧法》第 7 條、《原住民族教育法》第 10 條第 2 項、《原住民族教育法施行細則》第 5 條第 2 項之條文內容。

7　可參見《原住民族教育法》第 10 條第 3 項、《幼兒就讀幼兒園補助辦法》第 12 條第 1 項之條文內容。

8　可參見《原住民族教育法》第 10 條第 4 項、《幼兒教育及照顧法》第 10 條之條文內容。

9　可參見《原住民族教育法》第 10 條第 6 項之條文內容。

機構就讀的原因未見說明、推動原住民學前教育各項就學政策的相關配套措施不足、原住民族學前教育階段就學相關數據仍未完備、各項原住民族學前教育階段就學政策的資源整合性可再加強、非原住民族地區的原住民族學前教育議題是亟須關注重點等。

二、建議

(一) 相關主管機關應了解原住民幼兒未能進入幼兒園的真正原因

本文發現 101 學年度至 105 學年度的原住民幼兒入園率，仍有三成左右的原住民幼兒並未進入幼兒園，相關主管機關亦未說明原因。基於確實保障原住民幼兒就讀學前教育機構相關權益，本文建議相關主管機關應了解原住民幼兒未能進入幼兒園的真正原因，例如：原住民委員會可在其每年所進行的原住民族教育調查統計之問卷增加相關題項、相關主管機關可合作建置原住民幼兒就學長期追蹤資料庫等，以據此調整相關教育政策措施。

(二) 相關主管機關可適度整合各類原住民族學前教育階段就學政策資源

目前對 2 歲以上未滿 5 歲幼兒的就學補助，教育部係針對低收入戶及中低收入戶幼兒提供就學補助，原住民族委員會則針對 3 歲及 4 歲提供就學補助。基於政策資源的有限性，本文建議應思考是否有可能比照 5 歲幼兒免學費計畫[10]，不受限於原住民身分考量，而是從經濟弱勢角度思考，整合 2 歲以上未滿 5 歲幼兒相關就學補助方案，以發揮教育資源最大之綜效。

(三) 相關主管機關應落實原住民族學前教育就學相關數據資料庫之建置及運作

依據《幼兒教育及照顧法》，教育部為中央主管機關，必須要對全國性教保服務基本資料進行蒐集、調查、統計及公布，直轄市政府、

---

10 依據林俊瑩（2016）之研究，其發現來自較低所得或原住民家庭更有可能因領取 5 歲幼兒免學費計畫的加額補助，進而減小與非低所得和非原住民幼兒同儕的差距。

縣（市）政府則必須要對地方性教保服務基本資料進行蒐集、調查、統計及公布。然而，根據本文分析結果，目前官方對原住民族學前教育就學相關數據的基礎調查仍有諸多改善空間，所以，建議教育部、直轄市政府、縣（市）政府應落實對於原住民族學前教育就學相關數據的蒐集、調查、統計及公布，且對於原住民幼兒未進入幼兒園就讀之原因必須具體說明，以回應聯合國永續發展目標的「不遺漏任何人」（leave no one behind），讓所有原住民幼兒都能得到基本的教育及照顧。

問題與討論

一、原住民族學前教育之重要性為何？政府應扮演的角色為何？

二、請以家長觀點說明我國原住民族在學前教育階段可能面臨的困境。

三、請提出提升我國原住民幼兒學前教育階段就學比率之政策建議。

參考文獻

(一) 中文部分

中華民國憲法增修條文（2005 年 6 月 10 日）。

內政部戶政司（2017a）。中央政府鼓勵婚育福利措施資源簡表。2018 年 1 月 4 日，取自 http://sweethome.moi.gov.tw/?p=1896

內政部戶政司（2017b）。各直轄市、縣（市）政府鼓勵婚育福利措施資源簡表。2018 年 1 月 4 日，取自 http://www.ris.gov.tw/zh_TW

王雅萍（2015）。原住民族學前教育的返本開新。原教界，**62**，12-19。

幼兒教育及照顧法（2018 年 6 月 27 日）。

幼兒就讀幼兒園補助辦法（2015 年 11 月 11 日）。

托兒所及幼兒園改制幼兒園辦法（2019 年 1 月 4 日）。

吳芝嫻（2007）。偏遠地區原住民幼兒教育問題。原教界，**17**，17-19。

吳聰秀（2007）。屏東縣原住民族地區公幼現況探討。**原教界，17**，41-47。

周梅雀（2011）。原住民族語文化在地化教育之實踐──以一所排灣族部落托育班浸潤式教學為例。**教育與多元文化研究，4**，73-117。

周梅雀（2013）。文化差異的課程看見：原住民幼兒語言文化教育政策與需求之對話。**教育研究月刊，229**，114-128。

林俊瑩（2016）。五歲免學費教育計畫對學前幼兒認知能力差距的影響評估。**教育政策論壇，19**(4)，125-157。

社區互助式及部落互助式教保服務實施辦法（2018 年 8 月 21 日）。

施靜沂（2016）。每週一小時族語課，就能保住原民文化嗎。2018 年 1 月 5 日，取自 http://npost.tw/archives/29758

原住民族委員會（2018）。**101 至 106 學年度原住民族教育調查統計**。2018 年 11 月 2 日，取自 http://www.ns.org.tw/

原住民族委員會辦理原住民幼兒就讀幼兒園補助作業要點（2014 年 5 月 13 日）。

原住民族基本法（2018 年 6 月 20 日）。

原住民族教育法（2014 年 1 月 29 日）。

原住民族教育法施行細則（2014 年 8 月 4 日）。

原住民族電視臺（2017）。原住民 5 歲幼兒免學費，經費編列回歸教部。2018 年 1 月 7 日，取自 http://titv.ipcf.org.tw/news-29791

教育部（2018a）。**106 年度原住民教育推動成效概況報告**。2018 年 11 月 2 日，取自 https://indigenous.moe.gov.tw/EducationAborigines/Article/Details/3059

教育部（2018b）。**幼兒（稚）園概況表（80-106 學年度）**。2018 年 11 月 2 日，取自 http://depart.moe.edu.tw/ED4500/cp.aspx?n=1B58E0B736635285&s=D04C74553DB60CAD

教育部（2018c）。**106 學年度原住民教育概況分析**。2018 年 11 月 1 日，取自 http://stats.moe.gov.tw/files/analysis/105native.pdf

教育部（2018d）。**106 學年度各級教育統計概況分析**。2018 年 11 月 2 日，取自 http://stats.moe.gov.tw/files/analysis/105_all_level.pdf

教育部（2018e）。原住民學生概況表（**87-106 學年度**）。2018 年 11 月 2 日，取自 http://depart.moe.edu.tw/ED4500/cp.aspx?n=1B58E0B736635285&s=D04C74553DB60CAD

教育部（2018f）。**各縣市幼兒園概況統計**。2018 年 11 月 2 日，取自 https://depart.moe.edu.tw/ed4500/News.aspx?n=82CAED1A33B4CD83&sms=DBDDB8DC17D0D8C4

郭李宗文、黃淑貞、Ciwas Pawan、黃慧娟、鄧蔭萍（2017）。原住民族語傳家計畫之幼兒族語表現成效探討。**臺東大學教育學報，28**(1)，29-51。

陳雅鈴（2007）。失落的一角——原住民國幼班家庭介入之必要性。原教界，**17**，38-40。

曾大千、葉川榮、陳枝烈（2016）。**原住民族教育政策成效追蹤評鑑前導研究計畫**。國家教育研究院研究計畫，未出版。

蔡曉玲、馬秀辛、林美惠、潘夢詩（2016）。社區互助教保服務中心，同村共同照顧的實踐。人本教育札記，**320**，48-51。

第十五章

我國中小學校長評鑑的趨勢展望：兼論以學生表現為核心的校長評鑑

蔡進雄

　　　　我們應該從法規制定、校長遴選及校長評鑑等面向重新思
考及定位校長的角色及責任，以引導校長將重心置於學生學習
並視為最核心之任務。

 前言

　　21 世紀可以說是教育評鑑的時代，教育評鑑不再是理論的倡導而
是已落實於教育現場，此外由教育行政之組織、決定、溝通、協調、領
導及評鑑的歷程觀之，看來是尾端的評鑑可是卻引導著整個行政歷程的
發展，因為「評什麼，人們就重視什麼」，此乃評鑑結果會影響校譽及
教育資源的分配，是以各校或受評者一聽到要進行教育相關評鑑，大都
是戰戰兢兢、認真準備相關資料，以備評鑑的來到。

　　早在民國 85 年行政院教育改革審議委員會所提出之《教育改革總
咨議報告書》，其中關於改革中小學教育即規劃建立教育評鑑制度。該
報告書認為各級學校各種教育評鑑，大多為行政單位委託辦理，因此在
時間、人員配當及實施方式皆不甚理想，進而剴切建議應設置專責機構
或委由民間學術單位負責，並實施評鑑後的追蹤輔導，以落實教育評鑑
的功能。

　　評鑑是運用不同方式與管道，蒐集受評對象的相關資料，然後針對
資料進行價值判斷，以作為改進或決定的參考。申言之，教育評鑑是運
用不同方式與管道，蒐集受評對象的相關資料，之後評鑑委員針對蒐集
到的資料進行價值判斷，以作為受評學校或受評對象改進或相關決定或
決策的參考（蔡進雄，2008）。此外，由於校長的領導品質影響一所
學校的發展甚巨，且新世紀校長應扮演願景推動者、教學領導者、道德
模範者、教育改革者、問題解決者及溝通協調者等重要角色任務（蔡進
雄，2003），因此對於校長之評鑑亦應受到重視。過去國內各級各類
教育評鑑已實施多年，惟關於校長評鑑方面尚處於發展階段，再者學校
是以學生學習為核心任務的教育場所，故本文擬以中小學校長評鑑為範
疇及參酌美國中小學校長評鑑的發展趨勢，探究國內校長評鑑的實施現
況及問題，並兼論以學生表現為核心的校長評鑑之革新方式，提出校長

評鑑未來展望趨勢，以供教育相關單位發展校長評鑑政策之參考。

貳　校長評鑑的意涵

　　美國「教育評鑑標準聯合委員會」（the Joint Committee on Standards for Evaluation）所採用的評鑑定義是：評鑑乃是有系統的評估某一對象的價值或優點（黃光雄編譯，1989；Stufflebeam & Shinkfield, 1985）。評鑑可說是透過各種多元方法，包括量性與質化的方式，有系統地蒐集評鑑對象的相關資料或資訊之後，進行價值判斷，以作為教育決定或改進的重要參考或依據（蔡進雄，2008）。

　　在了解評鑑的定義後，接著闡述校長評鑑的意涵，吳清山（2001）認為校長評鑑可定義為對於校長表現進行判斷，以了解校長表現的優劣並提供校長改進缺失的過程。陳瑞玲與鄭芳瑜（2007）表示校長評鑑乃持續不斷的歷程，透過資料蒐集與了解，客觀判斷校長的辦學績效並提供回饋，以作為校長改進及促進專業成長的依據。陳錫珍（2007）認為校長評鑑是一種對校長表現作價值判斷與決定的歷程。基於上述，校長評鑑可定義為透過各種多元方法，包括量性與質化的方式，有系統地蒐集校長各種表現的相關資料及資訊後，進行價值判斷，以作為教育相關決定或協助校長專業成長、改進校務的重要參考依據。由此定義可知，校長評鑑有兩個目的，其一是對校長的辦學成果進行驗收，其二是協助校長改進校務及促進其專業成長。

參　國內中小學校長評鑑的現況

　　校長評鑑可以使表現良好的校長看得到肯定與鼓勵，也可以使表現未達一定標準的人知所改進及了解學校所提供的教育是否有利於學生（林文律，1999）。換言之，實施校長評鑑的目的一方面希望能促進校長辦學績效與專業成長，另一方面是希望能進一步提升學校之整體發展（陳錫珍，2007）。

　　回顧校長聘用之歷史，《國民教育法》於 1999 年進行修訂是臺灣校長選用方式變革的分水嶺，1999 年之前，國民中小學校長之產生是採甄選派任制，修訂之後是規定：「縣（市）立（直轄市立）國

民中、小學校長，由縣（市、直轄市）政府組織遴選委員會就公開甄選、儲訓之合格人員、任期屆滿或連任任期已達二分之一以上之現職校長或曾任校長人員中遴選後聘任之。」並且規定遴選委員會的組織與運作方式，校長的選用是由派任改為遴選，但對於校長經營領導校務的考核，並無系統性的評鑑實施規範，且有評鑑目的不明、指標欠具體、評鑑內涵能否反應辦學績效、校長權責不符、法令欠周延等難為之處，是以主管機關如何評鑑考核校長，則是提升校長領導品質及辦學績效的關鍵（王鳳雄、翁福元，2012；龔素丹，2007）。

此外，依據《國民教育法施行細則》第 12 條有明訂：「依本法第九條第三項至第六項組織遴選委員之機構、學校，應就校長辦學績效詳為評鑑，以為應否繼續遴聘之依據；現職校長經評鑑績效優良者，應考量優先予以遴選。」此為國民中小學校長評鑑之重要法源依據，然各縣市並未完全落實校長評鑑，未來國內中小學校長評鑑仍有很大的努力空間。

由於校長辦學績效評鑑制度之規劃，法規中僅要求各縣市政府應辦理校長辦學績效評鑑，明確將校長評鑑有關之運作規範授權由地方或中央訂定辦理，因此目前各縣市基於實際運作之需要，皆由各縣市政府自主規劃各種可衡量校長辦學績效之方式，至 2011 年，在 23 個縣市，有 17 個縣市實施國民中小學與校長辦學績效之相關評鑑，但仍有 6 個縣市未實施辦理（鄭新輝、林文展，2012）。誠如鄭崇趁（2007）所言，由於評斷校長辦學績效與校長本身的「人」與「事」有關，人的部分在人品素養，難定「客觀價值」，「事」的部分與「校務評鑑」重疊頗多，糾結而不能區隔，故多數縣市是以校務評鑑結果作為該校校長參與遴選之參照資料，未另訂校長辦學績效評鑑。

綜言之，雖然校長績效評鑑已明文規範於相關法令，但有關國民中小學校長之培育、評鑑及在職進修等，國內仍缺乏一套完整的機制，使得校長專業化的發展受到限制（王鳳雄、劉幸真，2011）。職此之故，雖然國內各級各類教育評鑑已發展多年並有一定的程序規範與運作，惟國內中小學校長評鑑確實仍有改善之處，值得進一步探討與系統規劃，並加以實施，以確保教育品質。

肆　國內中小學校長評鑑的內容與指標

國內在校長評鑑內容與指標之探究方面，倪靜貴（2001）認為基於校長角色的重要性及職位的稀有性，一位有效能的校長，其被評鑑的角度應包括校長的行政領導、校長的教學領導、校長的輔導工作績效及校長的人際經營等。郭工賓與郭昭佑（2002）曾探討校長辦學績效評鑑的指標內涵，經分析結果顯示分為行政領導與管理效能、學校願景與校園文化的展現、課程與教學領導成果、社區互動關係、學生的發展與成就、相關利害關係人滿意程度等六大向度。吳松江（2006）探究國民中學校長評鑑制度之研究結論指出：(1)校長評鑑項目的建構以能反映校長權責為主；(2)校長評鑑的週期以配合校長的任期，在校長任期屆滿前辦理為宜；(3)校長評鑑結果的運用以協助校長專業成長及改進校務參考為主。宋宏明（2007）從學校、校長及學生三個角度所建構的校長評鑑規準包括政策執行、行政領導、課程與教學領導、公共關係、專業發展、學生表現等六個層面。陳瑞玲與鄭芳瑜（2007）則將校長評鑑的準則歸納如下：(1)校長應設立並發展學校目標，充分授權給成員一同完成學校目標；(2)校長應成為一個教學領導者，協助教師發展教學計畫與策略；(3)校長應提供管道與資訊，協助教師的專業成長；(4)校長成為一個管理與協調者，維持學校和諧氣氛並有效管理學校人事；(5)校長須根據學生個體需求與社會發展，促進學生的學習成長；(6)校長須具備良好的溝通技巧及抗壓力，勇於面對外在挑戰並解決衝突；(7)校長應作為學校與社區的溝通橋梁，維繫學校與社區的良好關係。鄭崇趁（2007）將校長辦學績效評鑑指標設計為六大向度，分別為：(1)具備校長核心能力；(2)帶動校務永續發展；(3)激勵教師專業效能；(4)彰顯學生多元成就；(5)營造校園優質文化；(6)提升學校教育品質。鄭彩鳳（2009）所建構之國小校長競值領導效能指標，依據競值架構之理論基礎，可分成四大領域：理性目標、開放系統、人群關係與內部過程，每個領域下各有三個層面。林煥民與鄭彩鳳（2011）歸納出國中小學校長專業發展，計有四項領域，分別是組織資源、專業素養、經營知能與績效發展。

林國楨與詹雅惠（2012）以平衡計分卡觀點所建構的校長辦學績效包括規劃運用、資源整合、顧客滿意度、教育行銷、執行力、危機管理、創新與學習、知織管理、專業發展、激勵授權、溝通協調、組織承諾等十個向度。湯志民、陳木金、郭昭佑與朱佳如（2012）所初構之中小學校長評鑑層面為行政領導與政策執行、專業認同與品格素養、課程發展與教學領導、資源管理與公共關係、特色經營與創新發展等五個層面。104 學年度國立高級中等學校校長辦學績效評估之評鑑向度包含校長與教師／教學領導、校長與學生／學生的學習與成長、校長與家長／家長互動、校長與學校／具體發展成果、校長自身／個人特質與能力（104 學年度國立高級中等學校校長辦學績效評估表，2015）。新北市曾推動中小學校長評鑑，該市 104 學年度國民中小學校長評鑑所規劃的校長評鑑包括行政領導與策略、課程與教學領導、學生學習與表現、環境設施與規劃、資源開發與運用、學校特色與發展等六大層面，在各層面之下各有六項檢視指標，總計有 36 個指標項目（新北市 104 學年度中小學校長評鑑規劃及試辦計畫校長評鑑實施手冊，2015；蔡進雄，2015）。

綜觀上述校長評鑑內容與指標之分析，不難發現絕大多數的校長評鑑指標都是採「面面俱到」的方式，與一般校務評鑑之內容指標，並無顯明的差異，如何更聚焦於學生學習表現，反映出學校教育及辦學的目的，乃是本文探討及論述的重點。申言之，筆者之所以蒐集眾多關於國內中小學校長評鑑內容與指標，主要是突顯國內校長評鑑內容與指標與一般的校務評鑑指標的相似性，故校長評鑑若要有進一步的革新與發展，則可再深思與調整。

伍 美國中小學校長評鑑——以學生表現為核心的校長評鑑探析

美國教育因實施地方分權制，各州對於校長領導能力各有所要求，但其中影響力最大的是「跨州學校領導者證照聯合會」（Interstate School Leaders Licensure Consortium, ISLLC），該會所訂定的 2008 年教育領導者政策標準為「在教育領導者促進每一位學生的成功」，透過下列六項表現標準，包括：(1)共享學習願景；(2)有利於學生學習

與教學；(3)安全有效率與效能之組織管理；(4)與教職員及社區同心協力；(5)依正直、公平及倫理而行動；(6)了解、回應並影響政治、社會、經濟、法律及文化脈絡（林明地、李麗玲、詹盛如、林慧容，2012；陳怡如，2012）。王如哲（2007）在探討美國校長評鑑後，分析歸納指出：(1)美國各州已逐漸引進校長之評鑑機制，校長評鑑已朝制度化方向發展，不論是校長資格的取得或現職校長，均需要接受評鑑；(2)校長評鑑的目的與類型之間有相互配合的關係；(3)校長評鑑之方式與內涵，不同的評量機構所發展的重點與方向有所差異；(4)美國校長評鑑本身（方法或程序）及其實施單位是透過政府部門認可之單位來負責執行校長評鑑。由此可見，美國之校長評鑑已走向制度化並藉由政府認可的單位來實施執行。

值得注意的是，在美國自從 2010 年之後，至少有 36 州通過法令要求校長接受績效考查，依據全國州議會聯合會議，逐漸增加考查內容之難度，而且修正的內容將原本專注龐大專業能力的評量，改成複雜之學生成就並行審核模組，亦即要求校長評鑑涵蓋固定比例的學生成就（學業表現或學業成長），各州涵蓋的比例由 20% 至 50% 皆有（駐舊金山辦事處教育組，2014a；蔡進雄，2015）。

整體來看，美國各州之校長評鑑模式大概可以分為以下三大類型（駐舊金山辦事處教育組，2014b；Superville, 2014, May21）：第一類為 50:50 百分比模式：亦即有一半的指標放在學生成就表現，其他占另一半。第二類為混合模組：以康乃狄克州為例，學生學習占 45%，教師效能占 5%，其他一半則包括領導實務占 40%，重要關係利害關係人之回饋占 10%。第三類為以學生成就加權校長效能模式：學生學習只占小部分可能是 20%，但若學生表現不好，校長也拿不到高分。例如：德拉瓦州長期以來一直推動校長評鑑，在獲得「邁向巔峰」1.19億美元後，增加學生表現在評鑑中之比例，新的校長評鑑有五個項目包括願景與目標（vision and goals）、學習文化的創造（creation of a culture of learning）、管理（management）、專業責任（professional responsibilities）、學生進步（student improvement），但是如果學生的進步不顯著，則校長仍無法獲得有效能或高效能之得分（蔡進雄，

2015）。

　　然而對於在校長評鑑中提高學生表現比例並非沒有問題，其爭議點大致如下（駐舊金山辦事處教育組，2014a）：(1)高信度的學生測驗成績只能反映出校長與教師成果的一個短小視角，畢業比例、輟學比例、識字率、教師流動率為更適當的評量方式；(2)除了考量學生表現及成長外，尚須包含各種證據之蒐集、與校長共事者之討論及家長、教師、學生及社區之調查等；(3)缺少心理測量的信效度，缺乏 360 度視角的專業評判，以及少了教師對校長表現及成效回饋。此外，美國中學校長協會（NASSP）、小學校長協會（NAESP）於 2012 年也共同發表「重新思考校長評鑑」（Rethinking Principal Evaluation）的研究報告，主張校長評鑑應該是多面向的、成長導向的，而非基於標準化測驗分數及懲罰的（駐紐約臺北經濟文化辦事處文化組，2012a）。概括地說，提高學生成績表現的校長評鑑之問題在於是否會過於窄化校長評鑑的內容，學生學習的表現或測驗缺乏信效度，以及缺乏其他利害關係人的回饋，故如何克服這些困難與爭議，以反映出校長表現及成果，是未來可以努力的方向。

　　質言之，提升學生學習成就的情形反映在校長評鑑指標中，認為校長表現的判斷標準必須視學生學習成就表現而定是美國校長評鑑的重要趨向（駐舊金山辦事處教育組，2014b），校長評鑑必須是有助於教與學的精進（Clifford & Ross, 2013）。據此，雖然聚焦於學生學習成就的校長評鑑有爭議之處，但已成為一種重要趨勢，畢竟學校是以學生學習為核心的，故美國中小學校長評鑑對於我國校長評鑑仍有所啟示，相關建議將於下文再加以闡述。

陸　我國中小學校長評鑑的展望與趨勢

　　校長評鑑是對有關校長的工作表現，運用科學的方法，多元及多方面的觀察及蒐集適切的資料，以了解校長表現的優劣及衡量其工作成果，協助校長改善其服務品質，使校務工作更臻完善（倪靜貴，2001）；而校長評鑑過程及結果應該正確的、有系統的及會產生影響的（Clifford & Ross, 2012）；蘇錦麗與鄭淑惠（2007）表示發展一套

完善的中小學校長評鑑制度可採行的策略頗為多元，且校長評鑑應符合適切性、效用性、可行性及精確性標準之觀點。筆者參酌的相關文獻，對於我國中小學校長評鑑提出由中央統籌規劃完善之中小學校長評鑑制度、出版編訂中小學校長評鑑的評鑑手冊、國內中小學校長評鑑可全面實施、將校長評鑑的重點聚焦於學生學習、可將國家教育研究院發展的學生學習能力檢測納入校長評鑑、校長評鑑方式宜融合質性描述及量化指標、可發展標竿取向的校長評鑑、兼顧校長形成性評鑑與總結性評鑑、重新思考及定位校長的角色及責任、訂定國家校長月等展望趨勢，闡明如下：

一、由中央統籌規劃完善之中小學校長評鑑制度

在 1999 年新修正的《國民教育法施行細則》，雖然明訂對現職校長應施以辦學績效評鑑，作為校長遴選的依據，卻未對評鑑系統作進一步的規範，以至於各縣市真正落實校長評鑑可謂少之又少，因此建議由中央統籌規劃完整的校長評鑑政策（鄭新輝，2003）。另一方面，我們亦知美國校長評鑑已制度化且透過政府認可的單位才能執行校長評鑑，但反觀國內目前各縣市對於校長評鑑之實施可說是頗為紛歧，因而影響校長專業發展及辦學績效之提升，故建議中小學校長評鑑制度、規範及運作機制，可由中央層級來統籌規劃，進而確保中小學教育品質。

二、出版編訂中小學校長評鑑的評鑑手冊

歐美先進國家為有效實施校長評鑑工作，多由州教育行政機關編修校長評鑑手冊以供各學區使用，內容包括評鑑的目的、規準、實施程序，並附有詳盡的評鑑規準與工具，校長評鑑實施時，受評校長人手一冊（林麗婷，2006）。故未來國內不論是中央統籌或地方縣市政府實施校長評鑑，建議應妥善規劃編訂中小學校長評鑑手冊，手冊內容宜完善說明整個校長評鑑的目的及實施方式等相關事宜，以利於校長評鑑推動與實地實施之重要參考依據。

三、國內中小學校長評鑑可全面實施

　　各級各類教育評鑑在國內已實施多年，而且不論在理論基礎或實施方式已漸趨成熟，並藉由教育評鑑確保教育品質，惟中小學校長評鑑還有發展努力之處。

　　美國校長評鑑已漸制度化，國內校長評鑑尚處於起步當中，雖然國內相關法令已規定各縣市應進行校長辦學績效評鑑，但目前並未完全落實校長評鑑。職此之故，為了透過校長評鑑使校長辦學得以改善及精進，建議國內各縣市中小學校長評鑑可全面實施，以確保辦學績效及教育品質。

四、將校長評鑑的重點聚焦於學生學習

　　因為學校是以學生學習為核心的教育組織，惟研究發現校長評鑑工具與學生學業成就兩者並沒有關係（McMahon, Peters, & Schumacher, 2014），這並不是一個令人期待的研究結果。事實上，致力於提升學生學習是中小學校長責無旁貸的重要任務。研究也顯示，與低成效學校的校長相比較，高成效學校的校長，被發現花相同或更高比率的時間在教學活動（駐紐約辦事處教育組，2013）。

　　綜觀國內目前學術界及實務運作的校長評鑑之指標與相關內涵並未特別針對以學生表現為核心進行探究規劃，筆者以目前國內中小學校長評鑑之現況，提出幾項權宜做法與建議：一是在校長評鑑指標項目中，將學生表現列為必通過條件，否則校長評鑑無法獲得高分或高的等第，舉例而言，某國民小學進行校長評鑑，評鑑面向可能有五大面向，如果學生表現這一面向未獲得通過，即便其他面向有不錯的表現，校長評鑑仍未能通過或無法獲得高度肯定，也就是說，將學生表現列為必過之核心關鍵項目；二是將學生表現的評鑑得分提高為占整個校長評鑑內容比例的一半，其餘評鑑項目占一半，以突顯學生學習表現的重要性；三是肯定並表揚學生表現績優的學校校長。

　　總的來說，國內對於中小學校務評鑑或校長評鑑指標是採「面面俱到」的模式，內涵常包括校長行政管理面向、教師教學面向、學生表

現面向及家長社區關係面向等，然而吾人觀察美國校長評鑑內容趨勢是強調學生的表現，有些甚至占 50% 的比例，雖然學生表現與校長領導兩者的關係見仁見智，不易加以認定及歸因，且學生表現或學生成就之定義及範疇亦有待討論，例如是否包含學生之情意及技能表現，但不論如何增加學生學習表現比重或列為關鍵項目已是校長評鑑的重要趨勢（蔡進雄，2015）。質言之，就方向及方法兩面向觀之，中小學校長評鑑加重學生表現及進步情形是未來可以努力規劃的方向，因為學生學習及表現應該是學校最核心的任務與使命，至於運作方法，包含考量區域差異、學校內外部環境及學生表現標準之認定等問題，則可進一步討論與探究規劃。

五、可將國家教育研究院發展的學生學習能力檢測納入校長評鑑

教育部為了協助各縣市的學生學習能力檢測進行測驗標準化，使其有效的回饋於補救教學並有助於學生學習，乃在 2009 年委請國家教育研究院所屬的「臺灣學生學習成就評量資料庫」團隊，規劃協助縣市辦理學生學習能力檢測計畫（國家教育研究院學力檢測簡介，2015）。此計畫以國語文及數學科二科目為檢測科目，2015 年參與的縣市包括宜蘭縣、基隆市、桃園市、新竹縣、新竹市、苗栗縣、臺中市、彰化縣、南投縣、嘉義市、臺南市、屏東縣、臺東縣、澎湖縣，施測對象及測驗科目為國小五年級學生及國語文、數學（國家教育研究院學力檢測簡介，2015）。

綜言之，學生學習表現是學校辦學的核心任務，因此將學生學習結果納入校長評鑑內容亦是可以被理解及接受的，教育部已委託國家教育研究院實施學生學習能力檢測，且已有多縣市參與，故建議在既有基礎下，未來全國各縣市可以全面實施或擴及至國民中學，並納入中小學校長評鑑之必要指標。

六、校長評鑑方式宜融合質性描述及量化指標

過於量化取向的評鑑容易落入無靈魂的評鑑，無法彰顯活潑的教育生命力，因此為了避免校長評鑑成為無靈魂的校長評鑑，因此建議校長

評鑑方式宜融合質性描述及量化指標，以免因量化指標之封閉框架來度量校長表現，因而失去校長領導創新與特色。另外，校長評鑑之內容與指標亦應保持某種程度的彈性及開放性，否則也易有校長同形化之現象產生，因而使教育現場之教育領導人少了多元及特色，此亦值得吾人深思。

七、可發展標竿取向的校長評鑑

除前述校長評鑑融合質性及量化之資料蒐集方式外，亦可發展標竿取向的校長評鑑。所謂標竿學習（benchmarking）是一種持續不斷、長期的、為改善組織績效的組織策略管理方法，期望透過連續的、漸進的、向表現較佳的組織學習，以邁向卓越的共好歷程（郭昭佑、張雅婷，2013）。許多先進國家在評鑑標準的設計上，都逐漸採取強調系統化與統整性之評鑑標竿取向，此種評鑑標竿設計的樣貌是先說明整體內涵，並採取問題導向的設計。除外還可以說明每一個標竿的特性，並提出最佳實務及表現水準為效標（王保進，2006）。基於前述，校長評鑑可發展標竿取向的校長評鑑，具體做法是先定位說明卓越校長或標竿校長之參照點，之後敘述最佳實務之內容，另外也可以採問題導向提出相關問題，例如：「校長領導如何有效地確保學生學習品質？」評鑑人員可依據此問題蒐集多元資料。綜言之，標竿取向的評鑑設計有不同的呈現方式，有助於未來校長評鑑標準的設計免於掉落狹隘的量化框架中，且有利於引導校長辦學之方向，是值得開拓的校長評鑑研究與實務之領域。

八、兼顧校長形成性評鑑與總結性評鑑

一般而言，校長評鑑依目的可分為形成性評鑑（formative evaluation）及總結性評鑑（summative evaluation），前者強調在評鑑進行過程中，視導者或評鑑人員了解校長工作表現及學校教育情形，評鑑結果可協助校長發現專業之優缺點，作為改進其工作，進而協助校長專業成長；後者是將評鑑視為一種目的，主要是決定校長工作表現的優劣，並將評鑑結果作為校長續聘、懲戒、晉升、降級或其他人事決定之依據

（陳錫珍，2007；Anderson, 1991）。基於此，校長評鑑應該可以兼顧形成性評鑑及總結性評鑑，一方面可以讓校長有改進及成長的機會，另一方面也要適時給予辦學績效之評鑑考核，以提升整體學校教育品質。

關於校長形成性評鑑與總結性評鑑，有一個爭議點及潛在挑戰值得吾人注意，即過於重視校長總結性評鑑可能無助於校長的專業改進，因為評鑑過程可能會有「隱惡揚善」之情形；而過於重視校長形成性評鑑則可能無法看出校長辦學績效。總之，未來校長評鑑之目的如何兼顧形成性評鑑與總結性評鑑，是教育行政主管機關在規劃校長評鑑可以努力之處。

九、重新思考及定位校長的角色及責任

本文一再主張校長評鑑應加重學生學習表現，惟依目前國內中小學校長所承擔的任務及責任過於繁重及龐雜，理想上校長學習領導不僅要與行政領導兼顧，其重要性要超越行政領導，我們甚至可以說一切的行政領導是為了學生學習。而事實上中小學校長用於行政領導的時間往往多於學習及教學領導，或者將教學領導授權給相關處室主任及教師，爰此，我們應該從法規制定、校長遴選及校長評鑑等面向重新思考及定位校長的角色及責任，以引導校長將重心置於學生學習並視為最核心之任務。

十、訂定國家校長月

美國於每年十月訂定國家校長月（National Principals Month），以表揚及推崇學校校長及副校長對引領全國中小學學生成功之貢獻，並表達對校長領導之關注，以使每位學生都享有高品質教育（駐紐約臺北經濟文化辦事處文化組，2012b）。國內對於卓越校長的表揚常與教師節一併舉行，為了鼓舞中小學校長更高的工作士氣，並使更多教育夥伴投入於教育行政領導工作，筆者建議國內可以參照學習美國的做法，於每年某個月分訂為全國性的校長月，擴大辦理與校長相關的活動，並公開表揚校長評鑑結果績優卓越的校長，以彰顯校長對教育及學生學習的貢獻。

柒　結論

　　教師評鑑的發展工作已極其龐大，但對校長評鑑投入的心力，卻是稀少與不受重視（駐舊金山辦事處教育組，2014a）。國內的情況亦與上述頗為相似，具體而言國內中小學校長評鑑雖已有相關教育法令之依據，但尚未見系統性規劃及全面性之推動，另外各縣市的做法亦頗為紛歧。從長期來看，缺乏有效的校長評鑑並不利於學校教育發展。申言之，「有怎樣的校長，就有怎樣的學校」此句話已充分表達出校長對一所學校發展的重要性，為了進一步提升校長辦學績效及確保教育品質，校長評鑑應是國內教育行政與政策刻不容緩的課題。再者，本文除了探討校長評鑑的意涵及相關理論外，還參酌美國校長評鑑趨勢兼論以學生表現為核心的校長評鑑，此乃國民中小學是以教學及學生學習為核心的組織，學生成長亦是學校教育的終極目標，故聚焦於學生表現的校長評鑑是可被接受的，且經得起論辯，雖然有些爭議但是可以解決的，也冀望本文的倡導能提供國內中小學校長評鑑制度規劃之參考。

問題與討論

一、請說明校長評鑑的意涵及其目的為何？

二、請闡述中小學校長評鑑的內容與指標，並論述為何校長評鑑內容與指標應以學生學習為核心？

三、請闡明我國中小學校長評鑑的展望與重要趨勢，並說明實施中小學校長評鑑的可能困難為何？

四、請闡述國內訂定國家校長月（National Principal Month）的可能性並說明國家校長月可辦理哪些具體活動或內容，以激勵更多的教育領導人？

參考文獻

(一) 中文部分

104 學年度國立高級中等學校校長辦學績效評估表（2015）。

王如哲（2007）。美國中小學校長評鑑制度及其啟示──兼論校長專業發展。**北縣教育，62**，14-20。

王保進（2006）。標竿取向的高等教育評鑑標準設計之研究。**教育研究月刊，142**，9-32。

王鳳雄、翁福元（2012）。校長評鑑之趨勢與省思。載於林文律主編，**校長專業之建構**（頁 509-530）。臺北市：心理。

王鳳雄、劉幸眞（2011）。校長評鑑之趨勢與省思。**學校行政雙月刊，76**，234-254。

行政院教育改革審議委員會（1996）。**教育改革總諮議報告書**。臺北市：作者。

吳松江（2006）。**新北市國民中學校長評鑑制度之研究**。國立臺灣師範大學教育研究所碩士論文，未出版，臺北市。

吳清山（2001）。中小學實施校長評鑑的挑戰課題與因應策略。**教育研究月刊，84**，28-36。

宋宏明（2007）。臺北縣國民中學校長評鑑規準之調查分析。**北縣教育，62**，60-64。

林文律（1999）。校長評鑑。**學校行政，1**，45-58。

林明地、李麗玲、詹盛如、林慧容（2012）。國小校長專業發展：核心能力、課程內容舉隅及運用建議。載於林文律主編，**校長專業之建構**（頁 483-505）。臺北市：心理。

林國楨、詹雅惠（2012）。以平衡計分卡觀點建立校長辦學績效評鑑指標之探討。載於林文律主編，**校長專業之建構**（頁 627-649）。臺北市：心理。

林煥民、鄭彩鳳（2011）。校長專業發展之研究──指標建構。**教育研究集刊，57**，81-120。

林麗婷（2006）。國民中小學校長評鑑面臨的問題與因應之道。**網路社會學通訊期刊，55**。取自 http://www.nhu.edu.tw/~society/e-j/55/55-23.htm

倪靜貴（2001）。國民中學校長評鑑制度之研究。載於國立嘉義大學國民教育研究所主編，中小學校長專業成長制度規劃（頁 255-275）。高雄市：高雄復文。

陳怡如（2012）。英格蘭與美國校長專業發展政策之比較。載於林文律主編，校長專業之建構（頁 415-442）。臺北市：心理。

陳瑞玲、鄭芳瑜（2007）。校長評鑑指標之探討。北縣教育，**62**，79-82。

陳錫珍（2007）。中小學校長評鑑相關議題之探討。北縣教育，**62**，37-40。

湯志民、陳木金、郭昭佑、朱佳如（2012）。中小學校長評鑑層面之初構。**教育研究月刊，224**，5-17。

郭工賓、郭昭佑（2002）。校長辦學績效評鑑之意義、實施現況與指標內涵評析。**教育政策論壇，5**(1)，112-144。

郭昭佑（2000）。**學校本位評鑑**。臺北市：五南。

郭昭佑、張雅婷（2013）。高等教育評鑑的另類思維：標竿學習。**教育研究月刊，4**，63-75。

國家教育研究院。（2015）。**國家教育研究院學力檢測簡介**。取自 http://www.naer.edu.tw/files/11-1000-1282.php?Lang=zh-tw

教育部。（2014）。**國民教育法施行細則**。

鄭新輝（2003）。英國中小學校長評鑑政策的發展及其啓示。**南師學報，37**(1)，129-153。

鄭新輝、林文展（2012）。國民中小學校長辦學績效評鑑之規劃與實施。載於林文律主編，校長專業之建構（頁 531-564）。臺北市：心理。

鄭崇趁（2007）。校長專業證照與辦學績效評鑑。北縣教育，**62**，21-27。

鄭彩鳳（2009）。**校長競值領導效能研究：理論、指標與衡量**。臺北市：高等教育。

曾淑惠（2004）。**教育方案評鑑**。臺北市：師大書苑。

黃光雄編譯（1989）。**教育評鑑的模式**（D. L. Stufflebeam & A. J. Shinkfield 原著）。臺北市：師大書苑。

黃政傑（1990）。**課程評鑑**。臺北市：師大書苑。

黃嘉雄（2010）。**課程評鑑**。臺北市：心理。

新北市政府教育局（2015）。**新北市 104 學年度中小學校長評鑑規劃及試辦計畫校**

長評鑑實施手冊。

駐紐約臺北經濟文化辦事處文化組（2012a）。多面向的校長評鑑：中小學校長協會研究報告的建議。**國家教育研究院國際教育訊息電子報**，**14**。取自 http://fepaper.naer.edu.tw/print.php?edm_no=14&content_no=876

駐紐約臺北經濟文化辦事處文化組（2012b）。慶祝國家校長月，美教育部官員跟隨校長實習。**國家教育研究院國際教育訊息電子報**，**15**。取自 http://fepaper.naer.edu.tw/print.php?edm_no=15&content_no=907

駐紐約辦事處教育組（2013）。行政管理 vs. 教學領導：一位有效能校長扮演的多重角色。**國家教育研究院國際教育訊息電子報**，**32**。取自 http://fepaper.naer.edu.tw/print.php?edm_no=32&content_no=1769

駐舊金山辦事處教育組（2014a）。校長評鑑顯現困境。**國家教育研究院國際教育訊息電子報**，**55**。取自 http://fepaper.naer.edu.tw/print.php?edm_no=55&content_no=2974

駐舊金山辦事處教育組（2014b）。美國各州逐漸重視立法制定校長評鑑政策。**國家教育研究院國際教育訊息電子報**，**55**。取自 http://fepaper.naer.edu.tw/print.php?edm_no=55&content_no=2972

蔡進雄（2003）。**學校行政與教學研究**。高雄市：高雄復文。

蔡進雄（2008）。**教育行政倫理**。臺北市：心理出版社。

蔡進雄（2015）。美國中小學校長評鑑模式對我國校長評鑑的啟示。**新北市教育**，**14**，45-46。

蘇錦麗、鄭淑惠（2007）。發展完善中小學校長評鑑制度應有之思維──人員評鑑標準第二版草案之觀點。**北縣教育**，**62**，28-36。

龔素丹（2007）。校長辦學績效評鑑之難處與展望。**北縣教育**，**62**，65-70。

(二) 英文部分

Anderson, M. E. (1991). *Principals: How to train, recruit, select, induct, and evaluate leaders for America's schools*. Eugene, OR: REIC Clearinghouse on Education Management.

Clifford, M., & Ross, S. (2012). The future of principal evaluation. *Principal, 91*(5), 16-19.

Clifford, M., & Ross, S. (2013). A new look at principal evaluation. *Principal Leadership, 13*(7), 51-52.

McMahon, M., Peters, M. L., & Schumacher, G. (2014). The principal evaluation process and its relationship to student achievement. *Journal of Scholarship & Practice, 11*(3), 34-48.

Stufflebeam, D. L., Foley, W. J., Gephart, W. J., Guba, E. G., Hammond, R. L., Merriman, H. O., & Provus, M. M. (1971). *Educational evaluation and decision making*. Ithaca, IL: F. E. Peacock.

Stufflebeam, D. L., & Shinkfield, A. J. (1985). *Systematic evaluation: A self-instruction guide to theory and practice*. Boston: Kluwer-Nijhoff.

Superville, D. (2014, May21). States forging ahead on principal evaluation. *Education Week, 33*(32), 20-21.

（本文曾發表於「2015 東亞地區校長學學術研討會」，主辦單位：國立臺北教育大學教育經營與管理學系、中華民國中小學校長協會。）

國家圖書館出版品預行編目資料

教育政策與前瞻創新／吳清基等合著. ——初版. ——臺北市：五南，2019.09
　　面；　公分
　　ISBN 978-957-763-534-1 (平裝)

1.教育政策　2.教育行政　3.文集

526.07　　　　　　　　　　　108012015

1IRK

教育政策與前瞻創新

主　　　編 ― 吳清基（64）

作　　　者 ― 吳清基、顏國樑、閔詩紜、舒緒緯、劉葳蕤
　　　　　　　謝念慈、謝翠娟、饒邦安、彭淑珍、范熾文
　　　　　　　郭怡立、張明文、許籐繼、楊淑妃、陳弘偉
　　　　　　　卓秀冬、梁金盛、陳盈宏、吳孚佑、蔡進雄

發 行 人 ― 楊榮川

總 經 理 ― 楊士清

總 編 輯 ― 楊秀麗

副總編輯 ― 黃文瓊

責任編輯 ― 黃淑真、李敏華

封面設計 ― 姚孝慈

出 版 者 ― 五南圖書出版股份有限公司

地　　　址：106台北市大安區和平東路二段339號4樓

電　　　話：(02)2705-5066　　傳　　真：(02)2706-6100

網　　　址：http://www.wunan.com.tw

電子郵件：wunan@wunan.com.tw

劃撥帳號：01068953

戶　　　名：五南圖書出版股份有限公司

法律顧問　林勝安律師事務所　林勝安律師

出版日期　2019年9月初版一刷

定　　　價　新臺幣600元